法醫師法
催生與革新

邱清華　主編

FORENSIC PHYSICIANS ACT in TAIWAN

Edit by CHING-HWA CHIU

台灣法醫學會 | airiti Press

《法醫師法：催生與革新》

目　錄

序 i
導　論 1

第一章　第一時期：面臨困境（1959～）

建立台灣法醫新制度 7
A New System for Forensic Physicians in Taiwan 11
訪邱清華博士──談法醫師、法醫制度、與法醫學研究所 19

第二章　第二時期：鑄造夢境（2000～）

建立台灣健全之法醫師培訓和進用制度 31
「法醫師法」餘波盪漾 43
我國機關鑑定改革研究──以車禍、測謊、DNA鑑定為例 53

第三章　第三時期：體驗實境（2002～）

「兩岸法醫學術交流」專輯發言詞──為兩岸法醫交流獻新猷 89
各國法醫制度的比較 93
死亡、保險、與法醫鑑定──死亡方式 vs. 死亡原因　105

江國慶冤死案的致命科學證據 ……………………………… 119
「法醫鑑定」殺人？………………………………………… 145
江國慶冤死案總統指示要全面檢討，有檢討關鍵之
法醫鑑定嗎？……………………………………………… 149

第四章 第四時期：突破逆境（2004～）
對「醫界對法醫師法之疑慮」之回應 …………………… 153
台灣法醫師的培育和法醫實務制度的探討 ……………… 157

第五章 第五時期：呈現順境（2005～）
「法醫師法」終於完成立法 ……………………………… 191
我國「法醫師法」的特色 ………………………………… 207
「法醫師法」的疑慮與解答 ……………………………… 213

第六章 第六時期：陷入危境（2008～）
「法醫師法」波濤洶湧──修法乎！廢法乎！………… 223
法醫人的社會角色：專業、良知、公義 ………………… 231
法醫師法修法應否廢除高考法醫師之法醫解剖資格 … 265
讓屍體相驗回歸法醫師專業處理 ………………………… 275

第七章 第七時期：邁入新境（2010～）
請政府協助落實法醫師法第四十四條之規定 …………… 281
法醫研究生赴中國大陸接受法醫解剖實驗 ……………… 285
建構法醫鑑定的覆鑑制度 ………………………………… 287

第八章　第八時期：大軍壓境（2015～）

《法醫師法》驚濤駭浪——修法乎！毀法乎！ ········· 295

《法醫師法》修法評析 ································· 315

《法醫師法》修法：質疑與釋疑 ····················· 323

法務部修訂《法醫師法》的五大謬誤 ··············· 331

參加立法院法制局對《法醫師法》修法評估座談會之心得報告 ·· 335

法醫鑑定攸關正義，法醫資格應由國家考試獲得 ··· 343

第九章　第九時期：脫離險境（2016～）

冤案不斷，政府卻爛搞《法醫師法》 ··············· 347

《法醫師法》修法為何獨厚病理科醫師？ ·········· 351

法醫與病理各有所長 ································· 353

讓專業培養專業化 ··································· 357

法醫專業化，不容走回頭路 ·························· 359

法務部製造「法醫大肥貓」的真相——並以修改《法醫師法》作為加持 ·························· 363

全國法醫學術團體共同聲明（修法前） ············ 371

全國法醫學術團體共同聲明（修法後） ············ 383

「法醫師法」邁向新境——向下扎根，向上提升 ··· 373

第十章　第十時期：邁入新境（2017）

後語：感動與感謝 ··································· 379

附錄一：《法醫師法》（未修正版） ··············· 381

附錄二：《法醫師法》（修正版） ··················· 395

序　言

追求法醫卓越 ‧ 維護人權公義

邱清華

　　法醫制度不僅牽涉醫事科技的問題，本質上是司法人權的伸張。法醫鑑定的正確性直接影響審判的公平性，不僅涉及個人生命及社會正義，更影響國家人權與國際形象。

　　台灣法醫原無完整的制度規模，在司法部門執行法醫解剖、鑑定的法醫師多係由病理醫師來兼任，致無法展現法醫本科的專業特色，以致影響其法醫鑑定的品質與正確性，波及司法的公正性及社會正義的伸張。因此，法醫改革勢須迫切進行，以確保人權的維護。

　　任何制度的改革原非一蹴可幾，除須先有完整的藍圖設計外，必然面對的固有法醫業務的執行者的反對，此種「反改革」的既得利益者勢必大力反撲，以致法醫改革歷程更為艱辛，因此，法醫改革面臨一波三折，必須堅守「追求法醫卓越，維護人權公義。」的原則，奮勇邁進，全力推動「法醫師法」立法，以徹底改造法醫生態，改頭換面締造嶄新的法醫制度，期待台灣法醫的新紀元的來臨。

　　觀其全程奮戰心路歷程，自學術及醫療界關心發起呼籲法醫改革1902年迄至去（2016）年底確定「法醫師法」修法完竣之時，前後歷經了14個年頭，艱辛備嚐，其歷程可分成幾個時期：

序言

一、第一時期——面臨困境（1959~）

自台灣光復以來即已存在的法醫窘迫狀態，當時司法系統無法醫專業單位，亦無法醫專業人員，更無法醫學術機構，當然也無法醫養成單位。

二、第二時期——鑄造夢境（2000~）

經過 40 年的法醫暗淡歲月，台灣法醫的困境亟待突破。有識之士，發起法醫改革的建議書，描繪法醫的理想境界，期待有所改革，邁向實現。

三、第三時期——體驗實境（2002~）

面對現實的環境，談理想容易，要實踐必有障礙。其肇因是司法機關對法醫革新顯得被動；醫界則認為法醫非屬醫療，自非其所轄。因此，法醫遂成為醫法兩界「爹不疼，娘不愛」的棄兒，如何能成長？

四、第四時期——突破逆境（2004~）

有創新始有突破，法醫荒是法醫落後的關鍵，培育法醫人才是首要任務。2004 年，國立台灣大學首發法醫改革起手式——成立「台灣大學法醫學研究所」，招收碩士班學生，建學第一功，「中興以人才為本」，預期引發一系列的革新方案。

五、第五時期——呈現順境（2005~）

歷經「法醫師法」是啟發法醫改革的發動機，經多方努力，

面對反對聲浪，終於 2005 年 12 月 28 日「法醫師法」立法成功，由總統公布於一年後，2006 年 12 月 28 日起正式實施，從此邁向法醫改革的大道。

六、第六時期——陷入危境 (2008~)

未料，反改革勢力心有未甘又起反撲，對法醫師法的執行法醫業務橫加阻撓，並企圖修改法醫師法，實則欲癱瘓法醫師法。台大法醫學研究所畢業生到法務部法醫研究所實習法醫解剖，原是天經地義的事，未料卻遭受拒絕與打擊。

七、第七時期——漸入佳境 (2010~)

由於國家法醫師考試按年辦理，每年產生合格法醫師數名，人數雖不多，但為司法機關注入源源不絕的法醫新血，分發至全國各地檢署，逐漸改變法醫生態，展望法醫新境界。

然而，由於法務部法醫研究所部份病理出身的法醫師對新進法醫師解剖實習採取抵制與敵視的態度，不得已之情況下，各大法醫研究所在台灣法醫學會贊助下，將其畢業生送往境外 (包括中國大陸及日本等處) 學習解剖技能，遠走他鄉苦學以增加其專業能力。

八、第八時期——大軍壓境（2015~）

2015 年 12 月，由於部份病理醫師出身的而執行法醫業務者，堅持祇有他們才可執行法醫業務，對於台大法醫學研究所訓練養成的全部法醫師始終持反對的態度，並且動員透過中華

民國醫師公會全國聯合會及其他專科醫學會，舉辦記者會，透過大眾媒體影響社會視聽，及透過醫界立法委員，企圖將「法醫師法」修改為其所用，僥倖立法院未被其所蒙蔽，堅持原則，確定司法解剖屍體，限由法醫師為之。換言之，任何醫師(包括病理醫師)均不得執行司法解剖屍體。有幸，法醫師法精神因而得以維繫，反改革大軍壓境，得以解除。

九、第九時期——脫離險境（2016~）

「法醫師法」修法爭議既已落幕，確定了法醫師與醫師分流，法醫師不是醫師，醫師也不是法醫師。法醫師是一種獨立的專業科技人員，其主管機關是法務部，而非衛福部。

十、第十時期——邁入新境（2017）

面對法醫新局面，期待法務部切實負起輔導法醫師科技的發展，提升法醫素質，確保法醫鑑定的正確性，增進司法人權的維護。

綜合觀之，法醫改革是一條漫長的奮鬥歷程，推動起草立法至確定完成，即已消耗了 14 個年頭，今後則是新一代法醫師自身的責任，如何將法醫學理論與實務相互結合，加以發揚光大。

在此法務改革的奮鬥史上，有許多有心人士的參與與默默的付出，貢獻良多，均已不及細載，但其卓越參與可散見於各方文獻記載當中，凡走過必留下痕跡，其成就不會磨滅。在奮

《法醫師法：催生與革新》

鬥改革的過程中，台灣法醫學會、中華民國法醫師公會，及台大法醫學研究所為主軸發動的原動力，功不可沒，立法委員的英明更令人欽佩，凡此種種在屢次「戰役」中均有所報導，因此，台灣法醫學會將歷年來在其「台灣法醫學誌」所刊登的相關文章，配合時序及內容彙集成冊，以留青史，讓人可知其歷經艱辛與堅忍，藉與各界共勉，為期法醫新秀體認前人的奮鬥精神與辛勞，及為法醫發展增添新能量。尚祈讀者不吝指正。

主編 邱清華 謹識
台灣法醫學會 理事長
2017.12.25 聖誕夜

序言

導　論

法醫師：人權的最後捍衛者

邱清華
台灣法醫學會　理事長

　　這是一部台灣法醫制度的開創改革史，也是一部法醫師法立法的艱辛奮鬥史，一步一腳印，如何彰顯「追求法醫卓越，維護人權公義」所作種種的過程，凡走過必留下痕跡，前人種樹，後人乘涼，期待真理得以發揚。

　　這是一個重視人權的時代，人的一生自出生至死亡的每一個歷程，都應該予以尊重與關心。然人生最後的終點站卻往往被忽略，甚至被視為忌諱，不無遺憾。

　　法醫師的角色就是人生善終的捍衛者。人生的結局，是壽終正寢（自然死亡）、是他殺、或自殺、或意外，是靠法醫師來作鑑定澄清，人生最後的尊嚴有賴法醫師來維護。

　　法醫制度不僅牽涉醫事科技的專業水準，本質上是司法人權的延伸。法醫鑑定的精確度直接影響審判的公平性，不僅涉及個人生命及社會正義，更影響國家人權與國際觀瞻。

　　台灣法醫問題癥結是在於人才短缺，因量寡而質衰，以致於法醫鑑定的品質頻頻遭受質疑，不時有冤錯假案的發生，依

I 導論

據相關報告資料，例如江國慶冤死案、日月明功集體虐殺詹姓少年案、徐自強案、鄭性澤案等相關法醫鑑定，莫不受到社會的關注與專業的挑戰，如何革新以提升法醫水準，是大眾普遍的祈望與心願。

法醫人力不足的核心是由於原法律規定法醫必須由醫生來擔任，但因法醫的待遇與工作環境皆不如醫師，醫師多不願從事法醫工作。因此，六十多年來法醫人才匱乏的困局均難予解脫，以致於全台灣在第一線的 22 個地檢署僅有一位法醫可作屍體解剖，其他僅皆是檢驗員的配置。

更遑論法醫屍體解剖了，全台灣每年有 2,000 多個法醫屍體案，但約 90% 皆由 6 位法醫師（皆係病理醫師）所包辦壟斷，其中 3 位為高薪的專任職外，另外 3 位是兼任的病理醫師，其中涉及龐大的個人金錢收益，因此，他們基於既得利益的立場，對於任何改革都難免有排斥的心態。

為了推動法醫全面革新，台灣唯一的台大醫學院法醫學科同仁與各界有心人士，發動了一系列的改革措施，以「法醫師法」為主軸開拓法醫人才源流，改變法醫生態，促進法醫水準為目的，作了多方的努力。

首先，於 2000 年，成立「台灣法醫學會」提高法醫學術研究，促進國際法醫交流，台大首創成立「法醫學研究所」(2003 年)，培育法醫專才，除招收醫師人才，也招收其他醫事人員，這是突破性的創舉，打破限醫師才能當法醫的藩籬。

2005年立法院通過「法醫師法」，這是台灣法醫的里程碑，於2008年，成立「中華民國法醫師公會」。再於2009年，創刊「台灣法醫學誌」，提供了法醫學術專業的園地，是台灣第一本法醫學術雜誌。2009年，舉辦第一屆「兩岸法醫學術交流論壇」，是一甲子六十年兩岸隔閡以來，難能可貴的首次法醫交流盛會。

在上述種種創新措施，其中以催生「法醫師法」立法過程最為艱辛，因為遭受上述部份病理醫師出身的法醫師所大力阻撓，從立法之初即開始反對，企圖繼續維持舊制，墨守成規，拒絕改造革新，以維護其既得利益，故先後屢次動員醫師公會、牙醫師公會、各專科醫學醫學會，且舉辦記者招待會，發布新聞，並促使法務部為其撐腰，引致「驚濤駭浪」、「風波再起」、「餘波盪漾」等過程。企圖再修「法醫師法」以復辟原舊制，限醫師才可當法醫，重溫其舊夢。幸而，皇天不負苦心人，立法諸公深明大義，不為其所動，終於於2015年12月11日，立法院通過了「法醫師法」修正案，堅持了法醫師與醫師分流，確定了法醫師與醫師是二種不同的專業，除醫師外，其他醫事人員也可以成為法醫師，但二者皆需經法醫專業訓練（醫師為二年，非醫師為五年）後，再經法醫師國考，始獲得法醫師資格。法醫品質得以保障，至此，終於鬆一口氣，大功得以完成。

I 導 論

　　本書即係將台灣法醫改革的心路歷程，透過在「台灣法醫學誌」上所刊的種種「戰役」的記載，收錄成冊，以饗關心的讀者，並藉此對於熱心參與法醫改革的先進所作貢獻，表達衷心的感佩與謝忱。

主編 **邱清華** 謹識

2018.1.1

I

第一章──
第一時期：面臨困境（1959～）

建立台灣法醫新制度

邱清華
台大法醫學科 前代主任
消基會 名譽董事長

法醫制度不僅是醫學的技術問題，本質上是司法人權的伸張。法醫鑑定的正確性直接影響審判的公平性，不僅涉及個人生命、社會正義，更影響國家人權與國際形象。先進國家莫不加以重視。

台灣法醫問題之癥結在於人才短缺，因量寡而質衰。因此問題益形嚴重。茲分析如次：

一、為何台灣發生法醫人才荒

由於目前法醫師是由醫師轉任的，半世紀來，有意願投身從事法醫師者寥寥無幾。雖然曾經採取種種補救方式，如在學士後醫學系增加額外名額專案培育法醫、出國留學法醫獎助、增加津貼補助等等措施，均徒勞無功。以致數十年來，法醫短缺依然無解，甚至變本加厲。

二、為何醫師不願當法醫？

這是現實問題。醫師的社會地位、金錢收入、工作性質均非法醫師所能比擬。醫師是診治活人，法醫是解剖死人。人心好惡，各有所依。然則，醫師是為個人論症，法醫是為社會把脈，

意義究有不同。惟實際上，莘莘學子投考醫學系是為了懸壺濟世，而非為了司法鑑定。況二者之工作性質又如此懸殊，因此，任何期待醫師能投入法醫行列之想法，均屬不切實際。縱使有醫師願當法醫，究屬鳳毛麟角而已。職是之故，法醫不足的窘況，難以解除。

三、如何突破法醫荒的困境？

面臨非常狀況，必須施以非常手段，方期突破。既然在專業上，法醫與醫師是如此迥異，突破之方，即勢須將法醫與醫師二者分流。亦即法醫師的來源，不能再倚賴由醫師轉任，必須另闢途徑，力求自力更生。換言之，法醫是法醫，醫師是醫師。何況醫師原即歸衛生署主管，法醫則歸法務部主管。

四、解困之道，究竟為何？

解困之道，必須完成「法醫師法」立法，實行法醫師證照制度，以建立台灣法醫新制度。以下是新制度的藍圖構想：

（一）法醫師的培育與養成

1. 設立法醫學研究所，招收碩士班學生。法醫必須獨立培育，專門單位培育法醫人才，招收各相關科系學士後畢業生，以4年時間（惟醫學系、牙醫系、中醫系畢業生，得縮短為2-3年）完成法醫教育，並經完成論文後，授予法醫學碩士學位，得參加國家專業考試，可獲法醫師資格。
2. 上述辦法，係比照目前法律研究所招收非法律本科畢業

生，屬學士後性質，研究所畢業獲法學碩士後，得參加國家專業考試，可獲律師資格。

(二) 法醫師的執業與開業

1. 法醫師係專業人員，專司執行法醫鑑定。俟有專門機構培育法醫人才，新血源源不絕，且具專業水準，司法系統法醫荒困境，將可迎刃而解矣！
2. 法醫既係專門職業人員之一，如同醫師或律師，亦應有自行開業的權利。醫師開治療所，律師開事務所，法醫師開鑑定所。如此，部份不能如願擔任公職者，亦可自行開業。如同法律專業人員，服公職時為司法人員，自行開業時為律師然。法醫師不僅可作屍體解剖鑑定與屍體檢驗外，尚包括臨床法醫鑑定，包括因毆打、殺害、車禍、意外等的創傷鑑定；因強姦案所需的婦科鑑定；因婚姻血緣、財產糾紛引起的 DNA 鑑定等，不一而足。因此法醫鑑定所涵蓋之業務範圍，其空間應尚不少。

(三) 法醫的待遇與升遷

1. 待遇是生活所必需，升遷是尊嚴所依賴。以法醫師的專業與培育過程言，應較一般四年制的專業人員為高，諒屬合理。以實際薪津言，目前除醫師外之醫療專業人員（包括藥師、醫檢師、營養師及護理師等），一般能有月入 4 萬至 5 萬元，已屬不惡。因此，法醫師薪津如有一倍以上（即

10 萬元以上），應可被接受。至於開業法醫師收入則因業務多寡而異，自另當別論。
2. 至於服務公職的法醫師，其升遷管道允宜暢通，始能吸引優秀人才投入藉以提升法醫鑑定品質，而利司法人權之發揚。惟法醫師職權升遷涉及司法體系組織及人力設置，尚有待周詳規劃，或許可考慮一併納入「法醫師法」內，以竟全功。

（本文原刊載於：台灣法醫學誌，1卷1期（2009年），頁1-2。）

A New System for Forensic Physicians in Taiwan

Ching-Hwa Chiu, Tsung-Li Kuo, Yao-Chang Chen, Chuan-Ping Yang

Abstract

Forensic physicians play an important role in legal justice. Taiwan has a population of 23 millions. It has had a serious shortage of forensic physicians for more than half a century. This has resulted in poor quality of forensic medical practice.

In order to increase the number of forensic physicians, new education and training system have been proposed. Legislation of Forensic Physicians Law was enacted in 2005. It is expected that the quality of forensic practice will be improved when the new forensic physicians join this profession.

Keywords : Forensic medicine, Forensic medical system, Forensic Physicians Law, Education and training for forensic physicians, Specialization in forensic physician, Private service of forensic physicians.

1. Introduction

1.1. Historical background of forensic physicians in Taiwan

1.1.1. Why forensic physicians are insufficient?

In Taiwan, only medical doctors were qualified to be forensic physicians in the past. There were 35 official positions for forensic physicians in 2007, but only 5 were filled. The majority of the positions were not taken. The Job of external examination of the body of the deceased has been carried out by the forensic medical investigators who are para-medicals (i.e., medical technologists, pharmacist, physical therapists, nurses, etc.) with little forensic training. This task has also been undertaken by "honorary forensic physicians", who are local medical practitioners. Autopsies have been conducted by 12 pathologists on a contract basis.[1]

Various measures have been undertaken to improve this situation, but these have not successfully remediated the shortage of forensic physicians in Taiwan. For example, young medical doctors were sponsored to study forensic medicine overseas, but most of them changed their minds and studied medicine or surgery instead.

Another strategy was to allocate extra financial subsidies in the medical schools to recruit students to be trained as forensic physicians after they graduated from medical schools. However, almost none of them chose to become forensic physicians after completing 7 years of medical education.

1.1.2. Why medical doctors are unwilling to become forensic physicians?

There are four main reasons (1) the income for medical doctors is 3 times greater than that for forensic physicians. (2) The social status is higher for medical doctors. (3) The working environment is poor for forensic physicians. Autopsies are performed mostly in mortuaries or funeral establishments, not in the hospitals or universities. (4) Promotion system for forensic physicians is not well established.

Because of the above reasons, only 5 out of about 50,000 medical graduates for the past 50 years have stayed in forensic medical service.

1.2. Solution of the problem

Since medical doctors had little intention to become forensic physicians, our attention had to turn to para-medical professionals. Para-medical professionals can become forensic physicians, if adequate education and training are provided. Although this idea faced various challenges and oppositions, after consultation with the medical, legal, and social groups, we believed that a law leading to a new system for forensic physicians is imperative.

1.2.1. Enactment of the Forensic Physicians Law

Through our efforts, Forensic Physicians Law was enacted on December 28, 2005.[2] It was a unique law in the world. The law stipulates that a forensic physician has to have a degree from a graduate institute of forensic medicine in a university. Moreover, only the medical, dental, and paramedical graduates are qualified to attend the graduate institute of forensic medicine.

Established on August 1, 2004, the National Taiwan University Graduate Institute of Forensic Medicine is the only graduate institute in Taiwan that offers forensic medical education.

After 5 years of education for students with bachelor degree in paramedical sciences or 3 years of education for students with bachelor degree in medicine or dentistry, the students are conferred the Master Degree of Forensic Medicine. To become certified forensic physicians, the graduates have to pass the National Examination for Forensic Physicians.

1.2.2. Education and training

The curricula for the Master Degree of Forensic Medicine are divided into 4 categories:[3]

 A. Basic medicine：Anatomy, Physiology, Biochemistry, Microbiology, Parasitology, Pharmacology, Pathology, etc.

B. Clinical medicine：Internal medicine, Surgery, Pediatrics, Obstetrics/Gynecology, Clinical emergency, etc.

C. Forensic medicine：General Forensic medicine, Forensic pathology, Forensic odontology, Forensic toxicology, Forensic psychiatry, Forensic biology, Forensic serology, Clinical forensic medicine, Law and medicine, Civil and criminal law, Forensic testimony, etc.

D. Practical training：Forensic autopsy and external examination, Laboratory forensic medicine, etc.

1.3. Special features of the Forensic Physicians Law

1.3.1. Specialization in forensic medicine

The Forensic Physicians Law adopted specialization for forensic physicians. (1) Forensic pathologist, (2) Forensic odontologist, (3) Forensic psychiatrist, (4) Forensic toxicologist, (5) Forensic biologist, and (6) Clinical forensic physician. Each specialization requires certain training including lectures and practice leading to a "specialist" title.[4]

1.3.2. Private practice

Forensic physicians are government employees carrying out official duties. However, there is increasing demand from the public for medicolegal enquiries and assistance. The role of forensic physicians could function somewhat as "medical lawyers" to offer services to the public. A breakthrough is that under the new law, forensic physicians can do private practice after acquiring licenses issued by the Ministry of Justice.[5]

2. Conclusions

A new system of forensic physicians was established in Taiwan to increase the number of forensic physicians. New forensic medical graduates with Master Degree of Forensic Medicine have started to join the profession. It is expected that the quantity and quality of forensic medical practice in Taiwan will improve. Specialization and private practice are considered new measures to help people reaching the ultimate goal -- protection of human right.

Conflict of interest

None.

References

1. Chiu CH. Establishing a new system for forensic physicians in Taiwan (in Chinese). Journal of Law and Medicine (Taiwan) 2003;10(3):6-7.
2. Chiu CH, Kuo TL, Chen YC. Enactment of Forensic Physicians Law (in Chinese). Journal of Law and Medicine (Taiwan) 2005;13(3):5-11.
3. Kuo TL, Chiu CH, Chen YC. Education and practice of forensic physicians in Taiwan (in Chinese). Journal of Law and Medicine (Taiwan) 2003;10(3):8-21.
4. Kuo TL, Chiu CH, Chen YC. Special features of Forensic Physicians Law in Taiwan (in Chinese). Journal of Law and Medicine (Taiwan) 2005;13(3):12-4.
5. Chiu CH. Questions and answers about Forensic Physicians Law (in Chinese). Journal of Law and Medicine (Taiwan) 2005;13(3):15-7.

（本文原刊載於：台灣法醫學誌，1卷1期（2009年），頁29-31；Legal Medicine 2009;11(1):194-195）

A New System for Forensic Physicians in Taiwan

訪邱清華博士——談法醫師、法醫制度、與法醫學研究所

古清華 ‧ 程淑文

引　言

　　長久以來，台灣法醫人才嚴重匱乏，乃至青黃不接而斷層，進而影響司法鑑定的正確性，危及人權保障，這是司法界所最令人憂心的一個課題。為求彌補此一缺陷，雖然不斷積極尋覓法醫人才，但成效卻停滯不前，至民國 91 年 1 月 24 日止，全國雖有法醫師名額 32 人，但在執法醫師只有 6 人（其中，台灣高等法院檢察署及彰化地方法院檢察署 2 位檢查員佔法醫師缺，故實際法醫師僅 4 人），幸而，另編有檢驗員 36 人，不得已只好權代以從事全國基層法醫業務重大責任。因此，不禁為我國法醫鑑定品質憂慮，也為我國司法人權擔心。

　　法醫荒困擾半世紀，紛紛擾擾，未有解方。日昨（民國 92 年 3 月 15 日），石破天驚，台大校務會議衝破萬難通過成立「法醫學研究所」，招收研究生，修業 2-4 年，授予「法醫學碩士」學位，可經國家考試獲法醫師資格，預期 3-5 年後，法醫專才將源源不絕投入司法系統服務，擔任法醫鑑定工作，期待法醫人才困境終將可迎刃而解。

I 訪邱清華博士——談法醫師、法醫制度、與法醫學研究所

本刊為此特訪問推動此方案原始構想之一的邱清華教授，他早年考取國家高考法醫師資格，並擔任台大法醫學科代主任，且為「法醫師草案推動小組」成員主要執筆者之一，多年來對法醫制度極為關注，投入無數心血，貢獻良多。本刊將訪問內容摘錄如後，以饗讀者。

一、問：台灣為什麼法醫人才不足？其癥結原因何在？

答：為什麼法醫師人才不足？為什麼法醫學發揚不起來？究其癥結原因就是依據相關法令規定，法醫師必須是從醫師轉任過來的，這是最大關鍵所在，法律硬性規定法醫師必須具備醫師資格才能來做。可是，因為醫師的收入、地位、晉升要比法醫好的太多了，所以，壓根兒就沒有醫師願意當法醫，這是現實問題。因此，這個結就解不開。法務部曾經採取一個措施，就是在大專聯考招生的時候增加醫學系名額，先後在成大醫學院及陽明醫學院，額外多招數名醫學系新生，且規定畢業後必須做法醫師，但是，結果是學生畢業時，就說對不起我沒興趣做法醫，我要去做醫師，公費多少錢我賠你，所以，最終大家都跑掉了，在成大與陽明的先後兩批都臨陣脫逃了，只剩一個人。此外，在公費出國留學設法醫學名額，錄取出國後又改念其他科目去了，所以，這就是台灣為什麼多年來法醫沒有新血進來，而長期不能解決的癥結原因就在這裡。

《法醫師法：催生與革新》

二、問：法醫給人的印象好像都是在做檢驗屍體或解剖屍體，究竟法醫的業務是什麼？

答：法醫學是應用科學，一直都在不斷進步當中，最早的法醫工作的確是做解剖屍體、看死人、追查死因。解剖屍體是屬於病理學的範疇，所以病理學是法醫學的基礎。然而，近代法醫學蓬勃發展後，就不是單單靠解剖了，譬如北一女校門口前那個姓何的女士把強酸潑在北一女學生身上，你要去解剖她嗎？他沒死，但精神可能異常？而精神鑑定也是法醫的事；還有，飛機摔下來，需鑑定死者是誰？牙醫法醫可作鑑定，但也不作解剖，只是看口腔狀況及 X 光判讀作鑑定，這也是法醫呀；還有打架受傷、性侵害、強暴、兒童虐待，這些都是活人，需要驗傷證明，也就是法醫鑑定。所以法醫不是單單看死人的，因此，我們觀念必須改過來。綜合上述種種，稱之謂「臨床法醫學」（Clinical Forensic Medicine），現在很多社會人士一想到法醫就以為是驗屍或解剖，這是落伍的觀念。此外，親子鑑定、DNA 鑑定，也都是法醫學範圍。事實上，法醫學是法律與醫學間的一個溝通橋樑，替司法界解決醫學疑難，在司法圈子裡面唯一懂醫學的就是這班人，法界得天獨厚可以就近諮詢，而收地利之便。另外，醫療糾紛鑑定當然也是法醫師業務範圍，世界各國莫不如此。

三、問：照你的意思是說，像民事上親子鑑定、性侵害案件的相關醫學專業上的協助、檢體上的分析，還包括被害者受害部位的一些描述和鑑定；甚至你剛剛提到像精神鑑定，加害者或被害者的精神狀態等，這應該都是法醫的事嗎？

答：對，依照先進各國之定義與實況，這些都屬於法醫業務範圍。法醫將來也可分專科，譬如精神法醫專科、牙醫法醫專科、病理法醫專科、臨床法醫專科等。醫學愈進步，分科愈精細。這就是世界潮流。

四、問：但是照你剛剛描述的話，會不會引起一般醫師的疑慮？到底法醫師跟臨床醫師在業務上的區分在哪裡？

答：醫師跟法醫師都是醫學院畢業的，在工作上，分野在哪裡？答案只有一句話：醫師做治療，法醫做鑑定。醫師可以看病、治療、處方、給藥；但法醫師只能做鑑定，不能處方、不能給藥、不能做治療。所謂鑑定，在臨床醫師言即是診斷，名詞是同樣的，但用的地方不一樣，當然診斷主要是對活人而言；鑑定對活的，死的都可以。

五、問：法醫師雖然那麼重要，卻人才缺缺，那該怎麼辦呢？又該如何突破法醫師困境呢？

答：台灣法醫不足，將近半世紀了，為了維護人權，伸張司法正義，法醫困境必須突破，我們無法再虛度光陰

了！如何突破呢？我倒有一點經驗。長久以來中醫系畢業生幾乎都是必然要考西醫，他們念中醫的目的許多也不是要做中醫，因法律沒有禁止中醫不可以跨過來考西醫。基於現實，中醫系畢業生大多放棄本行，大家一窩蜂投靠西醫去了，但是如此狀況對中醫界來講太不利了，因為中醫人才流失太多，導致中醫人才空洞化。可是，我們希望中醫能發揚、中醫能科學化，然此期待似乎必然落空。那是十幾二十年前的事，當時我在消基會就提出來說中醫系畢業生不應考西醫，應專心投入中醫，研究中醫，中醫才有明天。未料，既得利益者強烈反對，致我的建議沒有成功。最後不得已，我改建議另增設「學士後中醫系」，讓真正對中醫有興趣的人來報考，為畢業後只准考中醫師不准考（西）醫師。此一構想經一波三折，最終獲接受，中國醫藥學院後來就開辦了「後中醫學系」迄今已十多年，學生也畢業十多屆了。如今看到中醫科學人才逐漸茁壯，奠定發展基礎，吾心願已足矣！

如今法醫也面臨同樣情形，我們可以參酌學士後中醫系的做法，設立「學士後法醫系」，讓真正有心投入法醫師行列者投考加入，畢業後考法醫師，不得考（西）醫師。換言之，法醫師必須與醫師分流，二者不能混為一談。唯有如此才能救法醫界。

六、問：報載台灣大學最近要設立一個法醫學研究所，請問當時您們推動設立這個法醫研究所主要的想法與目的是什麼？

答：台大法醫學科是台灣的8家醫學院中唯一的法醫學科，現任主任為郭宗禮教授、前任主任陳耀昌教授、本人有幸亦曾擔任代主任。有關促成台大法醫學研究所的成立，是大家有志一同共同努力的結果。近日，台大校務會議通過擬在醫學院裡面設立法醫學研究所，即將呈報送教育部核定。

原本台大是規劃要成立「學士後法醫學系」的，然在招生方面，因大學部設系，規定每班必須至少招生30名。然以法醫市場需求言，不需這麼多人，於是經教育當局協調，改設研究所（碩士班），其招生人數不受硬性規定，可以彈性決定招生人數，以利法醫師就業市場供需調節。

大家都很關心，我們為什麼要設立這個研究所？法醫師是法律跟醫學之間一個跨科際整合的一個學門，說來社會實在很需要法醫學，因為很多醫療糾紛的個案也好，有關法律跟醫學之間的事務也好，都需要有一個兩邊都有關係的專業來提供意見，同時也可作為司法鑑定的裁判依據。但是很遺憾的，在過去多少年來，我們可以說法醫師不足，法醫學的研究也不夠，法醫

學的設備也嫌欠缺。更令人關切的是人權的保障不周。法醫的主要的一個目的就是鑑定死因,假如死因不明,難免死者家屬不安,造成社會不平、甚或有冤情之疑慮。如此對人權的保障言,實在是一件很愧疚而遺憾的事。所以多年來我們常常在想,怎樣使法醫上軌道?學術上怎麼來發揚?怎麼樣來建立一個健全的法醫制度?當然,這不單是一個醫學界的問題,也是司法界的問題,更是社會的一個問題。

七、問:台大法醫學研究所預定於何時設立?預備收多少人?

答: 明年(民國93年)成立,預定5、6月間招收碩士班學生,9月入學,現有1年的時間作籌備。預定收15名,分甲乙兩組招生。甲組收8名;乙組收7名。但兩組招生名額必要時可以互為流用。

八、問:招生的對象為何?如何分組呢?

答: 由於法醫學是科際整合的科學,且以醫學為基礎,需有較長的養成教育。甲組開放給醫學院醫學系、牙醫學系畢業生;乙組開放給醫學及生物相關科系,如護理、醫技、藥學、物理治療、職能治療、公衛、營養學系等。修業2-4年,甲組者酌可扣抵學分而縮短修業年限。

九、問：台大法醫學研究所設立以後,對我們法醫學界會產生什麼樣的影響?

答：招考新生入學後,甲組生最快2年到3年,乙組生需3年到5年,便可以畢業,這些畢業生無異為法醫界注入新血,法醫中興可待矣!

十、問：如果將來台大法醫研究所成立的話,會不會像現在衛生署不管是針對醫療糾紛案件或其他案件,接受民眾或其他單位的鑑定?也就是說有沒有自許成為一個鑑定的單位?

答：其實根據刑事訴訟法,並沒有規定哪個單位做鑑定,故任何機構、專家都可以接受委託做鑑定。醫學中心、醫院可以;個人也可以。因此,鑑定單位多元化,避免鑑定定於一尊,是司法進步的象徵。

十一、問：台大法醫研究將來也不排除接受法院或其他單位的委託鑑定?

答：事實上,台大法醫學科現在都有接受委託鑑定,不論是官方委託或民間委託。此外,由於臨床法醫學的蓬勃發展,台大醫院有規劃擬設立「法醫部」(法醫門診),將來或可更方便提供相關的鑑定服務。

十二、問：未來台大的「法醫學研究所」和法務部的「法醫研究所」，你覺得在功能或其他方面有什麼區別？

答：這是完全不一樣的，法務部法醫研究所隸屬於法務部，因為法務部本身是行政單位，所以其法醫研究所應該是一個指揮整個法醫體系的中央單位，在行政上負有統籌、管理與監督之職責；在實務上，有改善法醫的工作環境、充實工作內容和提升鑑定品質的責任。此外，地方法醫對疑難個案不能解決的，都可往上陳報法醫研究所，請求技術援助等。

至於台大法醫學研究所則有三個目的，一個是學術研究、發表成果；另一個是教學訓練、培育學生；三是鑑定服務、貢獻社會。可見，台大法醫學研究所與法務部法醫研究所功能不同，職責也不一樣，應完全是二回事。雖然名字相似，但台大是教育學術單位，可授予學生碩士、博士學位；法務部是行政督導單位，對下級單位可以下達指揮命令，促進法醫實務順利運作。

十三、問：最後，新的法醫師制度即將來臨，法界應該做什麼樣的調整？法醫未來應該怎麼自我期許？

答：當然心態上應該重新定位，現在以為法醫沒做什麼，或者做不了什麼，今後，新法醫師出來了，就應該給予適當的尊重。現在很多法醫業務都是由檢驗員

代行,如果檢驗員是大專醫療相關科系畢業,將來都可以投考法醫學研究所,完成學業並考取法醫師資格,重新回到崗位,既有實務經驗又加上學理基礎,當可勝任工作,逐漸提升法醫水準與業務創新,預期有更多的新血來充實各階層的法醫人力。

長遠來講,建立具有層級制的法醫系統,然後配合升遷制度,讓地方法醫有機會可以升到中央,待遇薪津也做適當調整,如此整個法醫制度就建立起來了,這是個願景,有待共同努力。司法界方面,尤其是涉及醫學相關部分,與人民生命、權益關係密切,保障人權就是保障人命,期待司法界與醫學界協同攜手合作,共求發展。

(本文原刊載於:台灣法醫學誌,1卷1期(2009年),頁3-6。)

Ⅱ

第二章——
第二時期：鑄造夢境（2000～）

建立台灣健全之法醫師培訓和進用制度

陳耀昌 ・ 郭宗禮 ・ 邱清華

第一章　前　言

　　從民主法治先進國家的經驗來看，健全的法醫制度，應該是法治社會在追求維護司法正義和保障基本人權兩者目的的過程中，發揮關鍵性影響力的機制。然而，由於司法制度發展的歷史因素使然，我國鑑定機構的公信力卻往往是司法案件當事人和輿論質疑的焦點。在台灣目前司法改革工作已經逐漸步上正軌的同時，健全的法醫制度是協助司法改革順利完成任務不可或缺之一環，而合理且具有前瞻性的法醫培訓和進用制度，則是落實健全法醫制度的唯一手段。我們認為，台灣現行之法醫人才培訓和進用制度，仍有相當多值得商榷興革之處，有賴相關部會如法務部、教育部和衛生署本於國家司法體制長遠利益的考量和社會民眾殷切的付託，同心協力進行法規制度方面的興革，以法醫培訓與進用制度的健全化，作為公正、中立且超然的專業法醫系統的基礎。

　　以下我們將先針對台灣現行法醫制度的缺失進行分析，接著說明如何從建立完善健全的法醫培訓和進用制度著手，矯正

這些缺失，至於在此一法醫培訓和進用制度芻議下，我國未來法醫制度之展望如何，亦將一併說明之。

第二章 現行法醫制度缺失之分析

身為司法檢察系統第一線的專業法醫師異常缺額的窘狀，嚴重影響司法相驗案件之進行時效及司法判決的正確性，導致司法正義遭到扭曲，違背憲法及相關法規保障基本人權的宗旨，早是長久以來國內司法體系運作上的難題之一。過去監察院於民國八十四年即具體建請法務部積極協調教育部研究在大學醫學院廣泛設立法醫學科（組），並提供法醫師進修及訓練的管道（參見附件一），足見社會對法醫需求之殷切。然自八十五年迄今，雖有八十七年法務部法醫研究所之成立，解決了部份法醫業務執行之窘況，但對專業法醫人才之培育，迄無具體方案及措施，以致整體效果不彰。

更進一步言之，由於法醫人才培訓和進用制度未上軌道，無法提供司法體系所需之法醫專業人才，導致目前各地檢署法醫室在原有之法醫師退休後未能有適當人才補缺，普遍出現專職法醫師大量不足，目前地檢署具醫師資格之法醫師僅約五、六人，以致出現由檢驗員代行大部份之法醫師工作的現象，自八十五年以來，不但未能解決，反而更形嚴重；再加上人事進用管道未能為有心擔任法醫工作者提供適當的誘因，嚴重影響

司法制度運作的品質,此是絕對錯誤而有待改正的問題。專職法醫師不足的問題,可以說已經具體反映在台灣的法醫解剖率上:台灣的法醫解剖率一向遙遙落後,在民國八十六年以前大約為 6~7% 之間,最近幾年來在 8~9% 之間,距離日本的 30~40%,美國的 40~50%,香港的 50~60% 依然遙遠(參見表一)。而且,由檢驗員佔法醫師缺所衍生的問題反映出,要檢驗員開具只有專業法醫師才能開具的屍體相驗證明書,實務上有很大的缺失和困難。根本解決辦法是必須有計畫的培訓專業的法醫師。此一問題在八十七年七月一日法務部法醫研究所成立之後,仍然未見顯著的改善,法醫研究所成立之旨意原亦希望能有專職法醫師,惟目前離理想值甚遠,絕大部份仍由其他機構之病理專科醫師兼任法醫顧問,主要原因在於法務部法醫研究所當初之設計理念和相應的組織規程仍然未能真正反映出國內法醫系統的需求。

我們要指出,專職法醫師短缺的根本原因,主要在於國內尚未建立法醫師專業證照系統,導致法醫師地位不高、待遇偏低、缺乏進修昇遷管道和缺乏成就感等幾個問題。在地位方面,法醫師與一般衛生署認證之醫師社會地位差距甚大,是不爭的事實。例如在有關法醫人事之法院組織法第六十八條,法醫師之職等為委任第五職等或薦任第七職等至第九職等,最高的主任**法醫師為薦任第九職等或簡任第十職等,即無法再昇遷**。在待遇方面,法醫師的待遇僅**相當於公立醫院住院醫師之待遇**,

無法達到主治醫師級之待遇,因此一般醫學生畢業以後,不會願意去擔任基層法醫師,更遑論具有專科醫師資格之醫師,能屈就擔任各地方檢察署法醫室法醫之理,**過去成大醫學院及陽明醫學院法醫公費生構想先後全軍覆沒之前例,即為醫學系畢業生不太可能投入法醫師系統之實證**。而法醫進修及升遷管道的缺乏,則更是雪上加霜。若非對於專業法醫師角色之重要性有深刻之認知及熱忱,並且對司法體系內的法醫制度深具使命感者,亦難以從法醫師之工作中獲得充分的成就感,應是不難想像之事。我們認為,從健全法醫培訓和進用制度做起,才足以為台灣建立可長可久,具現代視野的法醫制度。

第三章 專業法醫師人才培訓和進用制度芻議

以法醫制度比較健全的國家之實際運作經驗做為基礎,每二十萬人需要一名法醫師,我們認為**台灣約需一百至一百二十名左右的專職法醫師人力**,才足以提升法醫鑑定水準並支援司法制度的順暢運作。此一人力配置理想遠非目前各地檢署之實況可比,法務部法醫研究所之制度亦無從滿足此一需求。我們認為專業法醫師人才之培訓制度必須從納入大學醫學院教育體系著手,方屬根本解決之道;其次,我們**認為專業法醫師證照制度必須做進一步的配合修正**,方能暢通專業法醫師任用管道,提供專業法醫師專心致志奉獻於司法體系的必要誘因。以下則分項說明專業法醫師人才培訓和進用制度設計的基本方向:

第一節　法醫學範疇

　　司法科學（Forensic Science）包含法醫學（Forensic Medicine）及鑑識科學（Criminal Science）二大範疇。而法醫學則包括法醫病理學（Forensic Pathology）、法醫毒物學（Forensic Toxicology）及法醫血清學（Forensic Serology），後來再加入法醫牙科學（Forensic Odontology/Dentistry）、法醫人類學（Forensic Anthropology）及法醫生物學等。一九九〇年代 DNA 的研究及應用大有進展，因而有法醫分子生物學（Forensic Molecular Biology），將 DNA 研究方法應用於親子鑑定及人身鑑定等。

　　近年來，有鑑於現代知識與觀念之開放進步，人權的發展在法醫學的範疇已拓展並涵蓋至受害活人的範圍，因此臨床法醫學（Clinical Forensic Medicine）乃應運而生。除最廣為人知的「法醫精神學」（Forensic Psychiatry）外，尚包括「性侵害防治」、「藥物濫用」、「兒童保護」、「交通事故傷害」及「工作傷害」等，由於此是臨床導向，故稱為臨床法醫學。

　　簡言之，傳統法醫學（Traditional Forensic Medicine）涵蓋了法醫病理學、法醫毒物學、法醫血清學，而現代的臨床法醫學（Clinical Forensic Medicine）則擴大至活人的部分，如法醫精神醫學等，所以法醫學的範圍愈來愈廣，因此也必須有法醫專業及法醫細分科（或專科）之必要。

第二節 世界各國法醫人才培訓制度

隨著法醫學內涵之進展及時代的需求,單純一般醫師已不足擔任法醫師之業務。以歐洲及日本之法醫人才培育制度為例,醫學系畢業後,須接受三年以上法醫師專業訓練,方具法醫師資格。日本基層以特聘之開業醫師作為相驗之工作,而缺乏專業之第一線法醫師亦為人所詬病,但日本的大學醫學院全部設有「法醫學教室和實驗室」,並有法醫學博士研究所,法醫師皆為大學教員,絕大多數的法醫解剖均由大學正副教授負責執行。美國則是直接進入我們後文要提及的「專科法醫師」層次。醫學畢業生在接受三年的病理專科訓練及二年的法醫病理訓練取得「法醫病理醫師」(Forensic Pathologist)之專業證照後,方得擔任直接隸屬於

州或郡官職的「醫檢官」(Medical Examiner)或「主任醫檢官」(Chief Medical Examiner)之資格,而獨立於「司法檢察制度」之外。所以歐美日的法醫制度,雖有風俗人情及司法體系的不同,但其對於「法醫師」的專業專職,精神是一致的。台大法醫學科曾於民國八十八年參訪中國大陸、香港及澳門的法醫制度,他們亦皆有專職的法醫師和法醫專門培訓計畫,更甚者,中國大陸還有法醫學系及法醫學院的設立(參見附件二),有關台、港、中三地的比較,足供我們三思。

第三節　設立「學士後法醫學系」，建立專業法醫師人才培訓制度

國內現行法醫制度的多項缺點，已見於第二章，我們不厭其煩再分析一次：其一，法醫師人才不足，以致大部份由檢驗員佔缺代行其業務；其二，在法醫解剖方面，則幾乎完全以病理專科醫師兼任之形式為之；其三，基層法醫師之進修及昇遷管道窒塞。以上種種，導致法醫師之待遇、位階及社會地位皆比一般醫師為低，對醫學系畢業生毫無吸引力，鮮有人願意以法醫師作為其終生之生涯規劃，惡性循環之下阻礙了法醫專業制度及專業專職精神的建立，所以我們對於法醫人才的培育，實在有重新檢討和另闢途徑的必要性和迫切性。

我們認為專業法醫師人才的培訓，應該納入大學醫學院教育體系之中，因為法醫專業知識日新月異，需要有多階層的訓練和教育，以提高實務上之應用，此亟需有學術背景之大學作為相關工作之後盾。至於具體有效的作法，則建議在**台大醫學院設立「學士後法醫學系」，以學士後教育四年的時間，施以專業法醫師所需之基礎教育和專業訓練（參見附件三），畢業後直接成為各地檢署法醫室所需之專業法醫師基本人才庫。**

專業法醫師教育設計成「學士後法醫學教育」，乃是以建立永久性和可行性兼備之完善法醫人才教育制度，確保法醫人才之綿亙不斷為基本目的。以台大醫學院擬議之學士後法醫學教育為例，每年招生十名左右，修業期間四年，十年左右即可

培養至少五十名專業法醫師,並且未來專業法醫師之人才來源均將不虞匱乏。

學士後法醫學教育的設計,具有幾項優勢。首先,招收已經完成大學相關科系基礎教育之學生或目前之檢驗員進入法醫師培訓系統,可以針對學習動機和目標比較明確、對於法醫制度之社會責任有所體認之學生施以教育;而且,**藉由學士後法醫學教育的體制和目前一般醫學系教育做徹底之分流**,不但可以針對專業法醫師所需之基礎教育和專業訓練特別設計課程,不受一般醫學系教育之牽制,亦可鼓勵接受學士後法醫學教育的學生專心致力於法醫學之學習過程,**避免重蹈過去成大及陽明醫學系法醫公費生失敗之覆轍**。此一制度一則可建立適合我國國情的法醫師培育制度,提升法醫學術教學研究的風氣;再則亦能培育出符合現代司法制度需求的法醫師,提昇法醫工作的品質,成為司法正義的尖兵和學術研究的先鋒。

第四節 訂定「法醫師法」,建立專業法醫師證照制度與進用制度

我們認為,專業法醫師人才之培訓,必須有良善之法醫師進用制度,方能畢竟全功,**而健全之專業法醫師考試和證照制度的建立**,則是最為具體可行的作法。我們認為考試院和法務部應該以國家司法人員考試的模式考用專業法醫師,**核發法醫師證書**。

換言之，專業法醫師證照制度的建立，不但是法醫師專業人才培訓制度健全化之所需，更是健全法醫制度之必然選擇。**我們認為法醫師證照制度不應直接列入醫師法之規範範圍內，以免導致法醫師培訓制度所訓練出來的人才又回流成為一般醫師，徒然浪費培育法醫師人才之資源。而應該訂定「法醫師法」做為規範依據，由法務部主導法醫師證照制度，限制接受法醫師專業教育者只能取得法醫師執照；然而在此同時，我們也認為應該讓接受一般醫學相關教育者，在經過合理的訓練考用之後，有適當管道可以進入法醫師體系內，以便能夠為法醫體系保持一定的活力與彈性。**詳言之，為了提高相驗、解剖與鑑定的品質，必須有健全的法醫師制度，而加強法醫師之數量和品質，則是健全法醫師制度的不二法門。所以，在制度規劃上，以「法醫師法」做為法醫制度的主軸，透過法醫師專業教育和法醫師證照制度兩者，確保法醫師的專業品質，應該是受到優先考量的解決方案。

第五節　設立「大學醫院法醫部」，建立「專科法醫師」晉升制度

如第一節所言，法醫學範疇甚廣，因此將來有法醫細分科（專科）的必要。為了使法醫師能夠以法醫業務為專業生涯，應該仿照目前衛生署次專科醫師的作法，責成法醫學會建立專科法醫師制度，如「病理專科法醫師」、「精神專科法醫師」、「牙科專科法醫師」等，以建立法醫師之進修及昇遷管道。

II 建立台灣健全之法醫師培訓和進用制度

　　為了建立專科法醫師制度，我們於民國八十七年八月即已提議，台灣至少應有一所大學附設醫院設立「法醫部」，並在其下設立一個具公信力、獨立於司法系統及警察系統外之法醫學實驗室，同時可為服務、教學與研究之用，此亦**早已取得社會賢達及精英之共識（參見附件四）**，我們認為這是將來作為**「專科法醫師」訓練的最佳架構**。台大醫院亦以身負「社會責任」的使命感，已在民國八十九年修改的「台大醫院組織章程」內，將「法醫部」列入，**只待將來上游專業法醫師人才培訓完成後，能馬上接軌進行「專科法醫師訓練課程」**，如此能讓（地檢署）法醫師或一般醫師有意願進入法醫體系服務者，能有提升研究水準及在職進修及進用升遷之管道，並為未來各大學法醫學科或法醫學研究所之人才種子庫。

　　最後，在功能劃分方面，**目前檢驗員之逐年增加與進用，是一個問題所在**。查法院組織法第六十八條有關法醫師與檢驗員之設置及職等，自民國二十一年十月二十八日公布，二十四年七月一日施行後，迄今未有修改之紀錄，此法條之不合時宜甚明。**我們建議法務部應重新考慮規劃法醫師人才體系之定位、昇遷及指揮統屬，方能發揮未來專業法醫師之功能**，提升法醫鑑定水準。

　　我們深信，在以上所擬議之專業法醫師人才培訓和進用制度運作下，可以使我國具備成熟法治國家應有之前瞻性的法醫制度，提升台灣的司法品質與司法人權，達成人民對社會公義

的期待。我們本於對建立完善國家法醫制度的熱忱和期盼,希望對建立上述專業法醫師人才培訓制度和進用制度能夠發揮關鍵性影響力之行政院和考試院等政府機關,能夠儘速徹底檢討現行法醫制度,全力支持上述芻議,互相合作協調達成健全專業法醫師人才培訓和進用制度的目標,則國家社會幸甚。

(本文原刊載於:立法院院聞,33 卷 2 期(2005 年),頁 16-30。)

II 建立台灣健全之法醫師培訓和進用制度

「法醫師法」餘波盪漾

邱清華
台灣法醫學會 名譽理事長
中華民國法醫師公會 副理事長

　　劃時代的「法醫師法」歷經多方波折、溝通、協調、說明、公聽、協商等程序，皇天不負苦心人，終於在 2005 年 12 月 6 日獲立法院經三讀通過，總統府於 12 月 28 日公布，並訂於一年後（2006 年 12 月 28 日）起實施。此一徹底改變台灣一甲子六十年來法醫困境的新制度，已逐漸上路，邁入佳境。法醫師因而得與醫師分流，各司其職：醫師從事治療病人，法醫執行司法鑑定。從此，法醫師與醫師係兩種不同的專業，分別貢獻所長，分工合作，為民服務。

法醫新制上路・法醫新血投入

　　培育法醫人才，提升法醫鑑定水準，是國家重大政策。為改善法醫人才凋零，國立台灣大學醫學院於 2004 年成立台灣首一、唯一的「法醫學研究所」，招生分甲、乙組的「双軌制」：甲組（醫學系或牙醫系畢業）修業 2-3 年，乙組（醫學相關科系畢業）修業 5-6 年。2007 年誕生了第一位碩士畢業生，並依「法

醫師法」，經考試院考試及格，成為第一位新制「法醫師」。如今，台大法醫學研究所已有畢業生8名通過高考法醫師，其中，醫學系畢業者佔5位，故仍以醫學系畢業生為優先。因此，可見「法醫師法」並未排除醫師進入法醫體系。目前，在台大法醫學研究所就學的學生，有38人之多，期待法醫新血將逐批投入法醫鑑定行列，台灣法醫願景正欣欣向榮。

無風起浪・越俎代庖

未料，正處於緊鑼密鼓為推動法醫新制之階段，竟有少數三、二人自稱所謂「法醫病理醫師」（按此非法定頭銜，依「法醫師法」相關法規，僅有「病理專科法醫師」名稱，惟迄今尚無一人獲此資格）挺身反對法醫新制，認為非醫師，甚或非病理醫師，更甚或非法醫病理醫師，不得擔任法醫師。其實，此一論調早在立法院進行「法醫師法」立法程序時，曾經即有人提出，此番再提，無非舊調重彈，了無新意。然而，令人訝異的是，該等人士竟串連「中華民國醫師公會全國全聯會」等組織，以加強聲浪，焉不知自「法醫師法」通過實施後，法醫師並非醫師，法醫師依法自組「中華民國法醫師公會」，與醫師公會互不隸屬，理應相互尊重，不宜橫加干涉友業「內政」，以免有失專業間的彼此尊重。

法務部顧彼失此・令人詫異兼失望

尤有甚者，2010年12月14日，於台大醫院國際會議中心舉辦「落實人權保障，提升法醫鑑驗品質」研討會，法務部係主辦單位之一，卻對「法醫師法」甚感陌生，竟置「中華民國法醫師公會」及「台灣法醫學會」於不顧，而資助「中華民國醫師公會全國聯合會」共同主辦該研討會，以致無端招引反對法醫新制的有心人，再度聚集，進行打擊法醫新制的種種措施，以期阻撓「法醫師法」之推行，令人驚訝與遺憾。

追究明日品質・忽略當今缺失

復以該研討之目的既是強調研討法醫新制之「法醫鑑驗品質」，卻不聚焦於多年來執行法醫鑑驗品質之良窳，外界原已質疑頗多，然卻未加理會，竟對正甫努力上路，尚未實際參與法醫鑑定作業的法醫新制進行所謂「法醫鑑驗品質」的研討，豈非錯亂？不檢討現行品質缺失，卻指責將來法醫品質優劣，焉非顛倒？

創意台灣新路線・何須全盤美國化

對台灣法醫新制究應採美國路線？抑或中國大陸路線？或歐、日等國路線？我們認為，台灣有本土獨特的問題要解決，

有醫界不願加入法醫實務的特殊困難需要面對，我們應設計適合台灣自身的路線，不必盲目追求抄襲他人。有說法醫新制係效法中國大陸，係純屬子虛烏有，並非事實。

美國並無「法醫師」之名稱，美國大學無「法醫學院」，亦無「法醫學系」。美國司法系統中，以「Coroner」（驗屍官）及「Medical Examiner」（醫驗官）來執行屍體解剖，按「Medical Examiner」不是「法醫師」，應譯為「醫驗官」，始屬恰當而不失真。況美國司法系統屬海洋法系，我國與歐、日等國屬大陸法系，歐、日各國多係由大學法醫學科（所）教師執行法醫解剖及鑑定，與美國法系有所不同，況國情彼此不同，文化亦不相同，何須全盤「美國化」？

先獲法醫全科・後取法醫專科

法醫師養成非要靠醫師轉任才可嗎？六十年來，醫師願當法醫者，寥寥無幾，僅數人而已，這是造成法醫人才凋零之肇因。因此，痛定思痛，勢須獨立養成法醫師，方能突破困境。所以，部分病理人士如仍堅持主張法醫師必須由醫師轉任者，已屬舊思維，且不合時宜，早在「法醫師法」立法時，經多次辯論、溝通後，立法院業已決議，應獨立培育法醫人才，無須由醫師轉任。（請參閱台灣法醫學誌「創刊號」，2009年6月，「法醫師法專輯」）

新制法醫師係比照醫師制度，醫學系畢業生先考取醫師執照（全科醫師）以後，再經訓練甄審，取得專科醫師資格。換言之，法醫本科畢業生，須先考取國家法醫師資格（全科法醫師）後，再經多年之教育及訓鍊，始有可能取得病理、精神、牙科、毒物、生物、臨床等專科法醫師資格。

醫師從事服務病人・法醫執行司法鑑定

法醫師重「非病死」個案；病理醫師重「病死」個案。雖然，法醫師與病理醫師皆執行屍體解剖，但二者有別，病理醫師屬衛生醫療體系，對「病死」者作解剖，以瞭解其因何病而死；法醫師屬司法系統，以解剖死者尋求「非病死」之死因，探討死亡方式，如他殺、自殺、意外等。以檢察偵查言，有無「他殺」是關鍵之核心，而病理上之病因探索則非其重點，亦非其專業。法醫師法第9條「依刑事訴訟法規定所為之檢驗或解剖屍體，非『法醫師』或受託執行之執業『法醫師』，不得為之」。換言之，「法醫師」係執行刑事訴訟法規定之專門職業人員，並非「醫師」。「醫師」亦非「法醫師」，其理甚明。至於法醫鑑定品質，則與鑑定者之法醫專業知識成正比，故德、日等國規定須由大學教師執行，係基於社會要求公正、獨立及品質之考量。

醫學院設法醫部門・北中南東齊作後盾

「法醫師法」第44條規定「醫學院或其附設醫院、一定規模以上之教學醫院、……應設置法醫部門；……」，作為法醫鑑定後援機構，事關法醫鑑定品質之提升，自有其必要。然因牽涉醫院經營及健保收支平衡等因素，部分醫院自有其窒礙難行之處，惟基於斟酌現實狀況，為折衷計，我們建議政府提供經費，由國立或私立醫學院設立法醫學科暨法醫鑑定中心，不必經由修法，即可解決上述「法醫師法」第44條之要求，亦可落實歐、日等大陸法系法醫鑑定獨立於「公部門」之外的精神，並由五個區域做起，即台北、台中、台南、高雄及花東，每處取一家，全台共5家，這是基本要求。

六年創新局・法醫挑大樑

有人擔心，依「法醫師法」第48條規定，該法實施滿6年起，醫師即不得執行刑事訴訟法規定之檢驗、解剖屍體業務。意即自2012年12月28日起，醫師就不再能執行相關鑑定業務了，那麼新制法醫師是否足夠擔任法醫的任務？答案是「沒有問題」。根據民國98年各地檢署榮譽法醫師（係由醫師兼任）之人數及相驗件數之統計，台北、士林、桃園、新竹、苗栗、台中、南投、雲林、嘉義等9個地檢署共聘有100位榮譽法醫師，

但其一整年之法醫相驗總件數皆為 0，即事實上並未從事法醫相驗，只是徒發聘書而已。

另外，板橋、彰化、台南、高雄、屏東、臺東、花蓮、宜蘭、基隆、澎湖等 10 個地檢署，共聘請 156 位榮譽法醫師，一整年之法醫相驗總件數為 964 件。換言之，台灣地檢署年聘 256 位榮譽法醫師，而平均 1 位榮譽法醫師一年相驗件數僅約為 4 件而已。尤有進者，各地檢署目前專職檢驗員共 38 位，一年之法醫相驗總件數為 16,190 件，由台東地檢署的一年 225 件到台中地檢署的一年 692 件不等，平均 1 位檢驗員一年執行相驗件數 426 件，與榮譽法醫師平均僅 4 件相比，相差百倍以上。

至於榮譽法醫師執行的相驗，案件最多的是高雄地檢署，一年有 440 件委由 39 位榮譽法醫師執行，其他 10 個地檢署之榮譽法醫師執行之件數僅約在 100 件之下。可見，榮譽法醫師的角色並不顯著。換言之，只須增加 1 位專職法醫師協助高雄地檢署（兼含澎湖地檢署）外，其他地檢署之現任檢驗員，當有餘力吸收所有榮譽法醫師之相驗案件。復以長期言，以民國 99 年台大法醫學研究所畢業生，且取得法醫師資格者已有 3 名，況今後之畢業生將源源不斷的逐年加入法醫陣容，執行相驗自必游刃有餘矣！可見此「問題」，根本不是問題！

至於屍體解剖，原大部分即係由特約的兼任病理專科醫師代行工作，此等醫師皆可不經考試、逕行請領法醫師證書而取得法醫師資格。因此，可以繼續執行法醫解剖及鑑定工作，當不致於中輟。

十二載辛勞成果・法醫檢驗品質可提升

　　也有人擔心,「法醫師法」第49條規定,實施12年(即2018年12月28日)後,檢驗員即不得執行檢驗屍體業務,惟恐屆時無人可執行檢驗屍體業務了。其實,以台大法醫學研究所現有法醫碩士班研究生38名言,5年後(2016年)全數早已先後培育完成畢業,及取得法醫師資格而投入職場,全台灣檢驗員職缺也不過38名,屆時應可全數填滿,且恐供已超求矣!以培養專業人才的「教、考、用」三階段言,重要的是教育部已完成增撥教師員額以成立台大法醫學研究所,今後年年養成「法醫師」,此為「上游」階段;考選部亦配合舉辦「法醫師」高考,且已有「法醫師」產生,已完成「中游」階段;最後,法務部自更應積極增加各地檢署「法醫師」員額,配合法醫師法第49條,「檢驗員自本法實行屆滿12年起,不得執行刑事訴訟法規定之檢驗各地檢署屍體業務」之規定,以完成「下游」階段,落實國家重大政策。

「法醫師法」目前無修訂之必要

　　自2002年4月25日台大法醫學科發表「建立台灣健全之法醫師培訓和進用制度」建言書起,直至2005年12月6日立法院三讀通過「法醫師法」止,在此期間,遭受不少挫折和反

對聲浪,然承各界包容與諒解,使全案在歷經 3 年又 8 個月的波折歷程後,終於大功告成。

詎料,自立法通過又經 5 載,少數未明究理者對此一徹底改變台灣法醫生態、終結法醫師不足的革新方案再生異議,而致風波再起,惟經理性溝通與誤解釋疑,當可發現法醫新制是一可長可久且可鬆解法醫懸結之良方,其前瞻性與可行性,應可獲得共識。

十年樹林,百年樹人,一個新制度的產生,須經萌芽、茁壯、開花、而結果。值此栽植養成期間,期待各界多加愛惜與呵護,共同為「追求法醫卓越,維護人權公義」而努力奮鬥。

(本文原刊載於:台灣法醫學誌,2 卷 2 期(2010 年),頁 1-4。)

II　「法醫師法」餘波盪漾

《法醫師法：催生與革新》

我國機關鑑定改革研究——
以車禍、測謊、DNA 鑑定為例

林志潔 [*]・**洪堃哲** [**]
[*] 交通大學科技法律研究所 副教授
[**] 交通大學科技法律研究所 碩士生

一、前言

　　隨著社會與科技的發展，以及社會分工的精緻化，司法審判中發生需要專業能力以進行事實判斷，便必須借助鑑定釐清事實的真相。鑑定為刑事訴訟法的法定方法之一，當法院必須藉助鑑定的協助來發現真實，就必須考慮鑑定的證據能力與證明力，前者牽涉鑑定人適格、具結、交互詰問的必要，後者牽涉法官用什麼標準去看待鑑定的結果達成心證。

　　我國實務鑑定常為機關鑑定[1]，而又以書面報告取代交互詰問居多，對於鑑定書面如有疑問，須另外耗費時間與成本多次鑑定。其中原因涉及法院對於鑑定報告的態度、及客觀現實上受囑託機關是否願意到場接受交互詰問等問題。如僅僅以書面方式為之，無法對於鑑定報告的證據能力或證明力透過交互詰問進行挑戰，此種情形是否合適亦應值得進一步探討。

---

[1] 李佳玟：鑑定報告與傳聞例外——最高法院近年相關裁判之評釋。政大法學評論 2008;101:197.

二、我國機關鑑定的問題

我國法院實務常直接引用鑑定報告的結論做為判決依據，主要原因如下[2]：（1）刑事訴訟法第206條明文允許鑑定人以書面方式說明鑑定經過與結果，提供法院以鑑定報告取代鑑定人當場證詞的形式合法性。（2）刑事訴訟本於職權主義之效能，凡得為證據之資料，均具有論理之證據能力，是以法律上對於證據之種類，並未設有若何之限制。

依刑事訴訟法第197條、第202條之規定，鑑定的法定調查方式應包含具結與到場交互詰問，但是依刑事訴訟法第208條第1項準用第203條至第206-1條，似排除了鑑定機關具結之義務，並且可以書面為之，實際實施鑑定之人，如無必要，並不需到場接受交互詰問。但鑑定報告的證據能力重點並非在鑑定主體為何，而應以受囑託實施鑑定之機關或團體是否有公信力以及實施鑑定之過程及方法是否值得信賴。90%以上之刑案係由警察機關偵查後移案，是以實務上多非由審判長、受命法官、檢察官選任鑑定人，實務僅以檢察一體解決，似有於法不合的情事。除此之外，機關無法負偽證罪，不可能具結，又無交互詰問之規定[3]，當事人如何能夠對機關鑑定之過程方法提出質疑，頗有疑問。

---

[2] 同前註，頁200。
[3] 吳耀宗：鑑定人在刑事訴訟程序的角色與權利義務——兼與證人、鑑定證人相比較。中央警察大學法學論集 2007;12:155-80。

《法醫師法：催生與革新》

　　有學者從囑託鑑定的目的出發認為[4]：機關內不乏協力完成者，如何界定實際實施之人，似成難題，如此運作結果，機關內恐大量藉詞推託鑑定，而囑託鑑定與選任鑑定人鑑定將無分別，機關鑑定之立法意旨恐將蕩然無存[5]。縱然承認我國有機關鑑定的必要，但必要之標準付之闕如，依刑事訴訟法新法，機關鑑定者是否要出庭或具結，係取決於法院的裁量，惟標準何在？法院為何可以豁免機關鑑定者具結或出庭之義務，未見說明[6]。

　　事實上，自然人鑑定與機關鑑定，就其鑑定意見而言，不該有本質上的差異[7]。理論上來說，皆應該由作成鑑定意見之人加以具結，以擔保該鑑定意見的可靠性、公正性與真實性，而並非只有在鑑定人進行言詞報告或說明時，始有具結之必要。我國刑事訴訟法第202條有關具結之規定，於機關鑑定時亦應準用，同法第208條應作相對修正。

　　除了立法上的問題外，實務運作上，如檢察官及法院對於鑑定報告欠缺批判能力，鑑定又缺乏具結、交互詰問等保障，倘當事人對於鑑定報告有疑慮或不同意見、或鑑定過程及結

---

[4] 翁玉榮：最新實用刑事訴訟法（上），初版。台北市，學林文化，2005:502。
[5] 黃東熊、吳景芳：刑事訴訟法論，第六版。台北市，三民書局，2004:233。薛瑞元，《刑事訴訟程序中「機關鑑定」之研究》，台北市：國立台灣大學法律系碩士論文，2001年。
[6] 林鈺雄：刑事訴訟法（上），第二版。台北市，作者，2005:487。
[7] 吳耀宗，前揭（註3）書。

果有錯誤之可能時，如仍採之為判決依據，則有害程序及實體正義，故此時應命鑑定機關陳明實施鑑定或審查之人，並傳喚其出庭接受交互詰問，較為妥當，如實施鑑定之人或審查之人不願到庭，法院宜囑託其他機關另為鑑定，一併做為裁判之參考[8]。

　　刑事訴訟法規定於必要時法官仍可命實施鑑定之人到場，交互詰問於機關鑑定仍有適用的餘地，但如實施鑑定之人不只一人、多人合作或是以委員會形式（如行車事故鑑定委員會、行車事故覆議委員會、衛生署醫療審議委員會）組成之機關鑑定，要如何到庭接受交互詰問具有現實之困難。因此本文除了應要求合議制機關於決議後，若法院傳喚說明，仍應派員前往法院依照鑑定人身份陳述具結之外，此類合議機關之專業能力，恐怕才是更重要的。當鑑定品質有所疑義，而機關鑑定並無具結以及交互詰問等等程序保障，當事人對於鑑定證據幾無挑戰之可能，為求刑事訴訟法發現真實以及保障當事人之目的，實有探討雙管齊下、加以修改之必要。是以本文打算從車禍鑑定、測謊鑑定、DNA 鑑定為出發，提供我國機關鑑定改革的可能方向。

三、機關鑑定的檢討──以車禍鑑定為例

　　車禍鑑定為刑事訴訟上常見的科學鑑定類型，在我國鑑定機關或鑑定人的來源主要有兩大來源，一個是依公路法第 67 條

---

[8] 吳巡龍：刑事訴訟與證據法全集，初版。台北市，新學林，2008:542。

在全國省市政府下設立的行車事故鑑定委員會以及覆議委員會，另外一個來源就是交通部委託大學學術單位，如我國交通大學、成功大學、中央警察大學、逢甲大學、中央大學等數校設立行車事故鑑定中心。惟由於後者通常需要較為高昂之鑑定費用，且鑑定所需時間較長，除非有重大爭議，大部分之行車事故鑑定，均由各地之鑑定委員會進行。行車事故鑑定委員會屬於典型的機關鑑定，由多人一同鑑定，鑑定定報告係以機關名義所發，實際鑑定之人並不對外公開，除此之外，鑑定結果係有多人一起做成，交互詰問是否需要由所有委員到場亦有疑義，是以實務上亦少有到場交互詰問。而我國行車鑑定機制另外設有覆鑑的機關，亦即行車事故覆議委員會。

（一）我國行車事故鑑定委員會與覆議委員會之組織

依我國公路法第 67 條第 2 項：省（市）政府，為處理省道、縣道、鄉道、專用公路及市區道路之車輛行車事故，得在各地設立車輛行車事故鑑定委員會及覆議委員會，辦理車輛行車事故鑑定及覆議事項。其委員由省（市）政府遴聘各相關之專家、學者擔任之。而依照交通部 88 年交路字第 056573 號函解釋，專家宜具備之資格條件為「具有行車事故鑑定相關領域之技師證照者，或專業技術及能力足被公眾所信賴之專家且為非相關主管機關（含交通執法、交通管理、交通工程、道路工程、公路監理等）之現職人員」現行大部分車禍鑑定委員會之成員多以相關領域之學者擔任，以 2010 年台北市行車事故鑑定委員會

為例,該委員會係聘任十位學者(包含法律、土木、交通、機械領域)以及有領有證照之車禍鑑定專家一位所組成。

(二)我國行車事故鑑定之爭議與檢討

1. 內部組織問題

實際訪談行車事故鑑定與覆議委員會,可以瞭解我國行車鑑定實務上須面對案件量龐大但是人力短缺的窘境,以台北市行車事故鑑定委員會為例,平均每週處理四到五個鑑定案件,人力更為吃緊的台北縣行車事故鑑定委員會 98 年全年收案量為 1948 件[9],其中有 601 件係為受機關囑託所為之鑑定。以台北市為例,在肇事鑑定科的人力支援下,案件負擔量仍舊不小,而聘任委員的預算亦不充足,許多委員幾乎是半義務地參與工作。除此之外,鑑定人員晉用未有法令予以規範,更無正規的養成教育途徑[10],而大學相關系所教授聘任選擇亦有限,人才的斷層亦不待言。

2. 鑑定品質問題

由於聘任委員待遇不高,人力亦有限,除台北市行車事故鑑定委員會擁有肇事鑑定課的支援外,其他人力短缺資源不足的鑑定委員會往往只能透過分案進行,由於案件量龐大,資源

---

[9] 台灣省各區行車事故鑑定委員會網頁。台北縣行車事故鑑定委員會九十八年全年收案量,2011 年 3 月 23 日,檢自:http://subtpg.tpg.gov.tw/AAAWebx/Table_Case.aspx?Year=98。

[10] 張新立、吳宗修、何昶鴛等:提升行車事故鑑定品質及建立交通事故鑑定師制度之研究,初版。台北市,交通部運輸研究所,2001。

不足,鑑定品質亦有所影響。各鑑定委員會大部分欠缺專業的行車事故鑑定的設備與軟體,過去曾經有嘗試引進模擬軟體,惟我國對於車輛、道路、氣候等等相關因子尚無資料庫的建立,縱然引進軟體亦無用武之處,現階段大多僅能由專家的科學專業配合經驗以進行鑑定。

3. 覆鑑機制效果問題

提供給當事人或是法院對於行車事故鑑定委員會之結果有所疑義,覆議委員會提供再次檢驗鑑定內容的專業判斷。一方面由於委員的名單通常是保密不公開以維護委員之個人安全,二方面由於行車事故鑑定委員會之鑑定結果係採共識決,委員的專業能力不盡相同,又無法代表所有的意見,是以交互詰問亦有實質上的困難。覆鑑機制雖然不拘束法院之判斷,但仍提供對於鑑定機關之結果有疑義時之折衷解決方法。

4. 各大學行車事故鑑定中心的支援問題

我國於幾所大學設有行車事故鑑定中心[11],惟該中心通常僅接受法院委託,但受理案件數量較少,僅在於複雜案件才會接受委託。費時較長,鑑定所需的經費也較高,惟負責鑑定之大學教授通常會到庭接受交互詰問,有助於問題的釐清。

---

[11] 民國92年交通部提供1,500萬鼓勵大專院校設置「車輛行車事故鑑定中心」,交通、中央、成功、逢甲等四所學校均此設立,中央警察大學、交通大學、台北科技大學等學術單位亦有接受車禍鑑定之委託,相關資料參考:劉心橋,《我國刑事鑑定制度之研究——以我國車輛事故鑑定之運作為探討》,頁94,嘉義市:國立中正大學法律系碩士論文,2007年以及李開,《行車事故鑑定制度之研究》,頁80,台北市:中國文化大學政治學研究所碩士論文,2002年。

5. 合議制交互詰問之困難

機關鑑定的問題在於交互詰問的困難以如前所述，對於鑑定報告細節有問題之處，法官大部分以函詢方式解決，但對於當事人而言，如果無法交互詰問，難以挑戰鑑定報告之內容。而就與實務司法官訪談亦可知，如果鑑定人到場交互詰問往往有助於法官瞭解鑑定之內容，當事人與檢察官亦對鑑定報告較為信服，因此雖為合議制機關，仍宜於每次決議後指定某位合議委員，於司法機關傳喚時，得就決議結果進行陳述具結、並接受交互詰問。

6. 多個鑑定結果之判斷問題

在無法對質詰問之情形下，對於有疑義的鑑定報告，法官往往必須再送鑑定，但如多個鑑定結果不一時，法官如何判斷亦為難事。我國對於鑑定報告並無一定的判斷準則可以依循，如果實際上無法進行交互詰問，或許亦可以從建立鑑定證據認定準則來解決機關鑑定之問題。

（三）可能之改革方案

1. 針對鑑定機關的內部問題解決

我國對於行車事故鑑定的科學化進展仍有空間，人力資源的編組、待遇有提升空間，硬體設備與所需的資料庫付之闕如，僅能仰賴專家之經驗。就組織方面，於鑑定人有可能成為交互詰問攻訐的焦點，對於鑑定人專業性與品質有更高的要求日益

提高,是以組織上似有必要走上更專業更自主更獨立的方向發展[12]。惟實際上偵查機關與鑑定機關仍有其緊密之關係,全然絕對的切割未必有利於鑑定資源的經濟利用,於可重複鑑驗之鑑定類型,透過追加試驗可能性[13],使訴訟當事人以及法院有重新鑑定之機會或可緩解其中之衝突。

2. 改革現有車禍事故覆鑑制度

有研究認為行車事故覆鑑制度並非司法權之運作,雖然採兩級制度設計,但並無上下隸屬關係,鑑定意見亦無拘束關係,採取二級設計並不合理[14]。鑑定與覆議人力資源亦無明顯區隔,案源亦無區別,造成制度功能上的混淆以及重疊;惟現今各地行車鑑定品質頗受非議,貿然廢止亦非妥適。是以適當區隔現存兩級制度的功能與性質為可能的改革方向,可以透過第二級鑑定受理案件的限制或是改變各級事物管轄內容兩種方向來改革[15]。依照前者的方法,將覆議機關受理案件的範圍限縮在重大案件之再處理或是增加收費設計,以減少覆議機關資源的浪費;而依後者方法,可以考慮將第一級改為「獨立之事實鑑定」,而覆議機關改為「合議之法律鑑定」,是以第一級由專業人員

---

[12] 郭華:「偵查機關內設鑑定機構的負面影響與消解」。現代法學 2009;6:150-7。
[13] 蘇滿麗:科學證據中 DNA 型鑑定的證據能力——日本足利案件的探討。法令月刊 2008;59(2):122。
[14] 湯儒彥、邱佩諄:公辦車輛事故鑑定組織與作業之檢討與展望。都市交通 2005;20(2):47。
[15] 同前註,頁 52。

進行獨立的鑑定報告，而覆議的二級機關則針對鑑定推論過程，科學論證基礎進行審查。將兩者事務範圍進行劃分。

3. 現行鑑定機關以外的選擇

以司法實務而言，可接受交互詰問之自然人鑑定似較為符合刑事訴訟法之規定，亦有助於司法審查，除了大學行車事故鑑定中心以外或可以建立鑑定技師制度或是透過政府協助組織財團法人或是協會，提供培育相關人才之工作並接受法院委託進行鑑定並到場接受交互詰問。

4. 對質詰問的貫徹或鑑定證據準則的建立

機關鑑定並非完全無法到場進行交互詰問，實務亦有鑑定委員會成員到場進行交互詰問之情形。對於無法交互詰問之多個鑑定報告，如果能夠有一定之司法審查準則，不但可以協助法官判斷，亦可減少爭議。

四、鑑定準則的建立──以測謊與 DNA 鑑定為例

測謊原理係為測量人體在說謊時生理反應的波動，以判斷有無說謊的一種科學技術。雖測謊技術隨著科學的進展嘗試透過許多方式改善，但其涉及刑事訴訟法上對於不自證己罪，以及該項科學證據其技術範圍之內是否可靠，是以實務上與學說上不斷演變許多判斷的準則以及不同的見解。雖然其他科學鑑定不如測謊鑑定一般具有這麼多的爭議，但不代表所有鑑定證據的使用均無問題。DNA 鑑定、指紋鑑定、解剖鑑定、測謊鑑定、事故鑑定等等無論在我國或是國外均有爭議的案例。

如 DNA 鑑定在可能因為檢體污染的問題,以及族群人口統計與機率分析,造成 DNA 鑑定證據發生問題[16],美國 People v. Howard[17]及 People v. Barney[18]兩個案例因為涉及 DNA 鑑定對於統計分析方法的疑義而排除了 DNA 證據的使用。而著名 Simpson 案亦涉及 DNA 證據的汙染問題。日本實務對於亦曾對於 DNA 證據的保存、統計的出現頻率過低等等情形產生爭議。是以科學證據雖有助於法官釐清事實真相,但過度迷信亦不妥當,以 DNA 為例,鑑定流程、方法、原理、判讀數據等等往往會造成過度地預斷評價[19]。

(一)國外法院對於測謊證據之認定

1. 美國法院對於科學證據的判斷法則[20]

早期採取 Frye Rule,聯邦法院以該科學證據所屬之科學領域中是否為「普遍接受」(General Acceptance Test)作為基準。1993 年後改採可信性法則亦即 Daubert Test,其標準為(1)該科學理論是否可被證實。(2)有無正式發表並被同儕審查。(3)

---

[16] 呂文忠,《DNA 證據在刑事案件運用之實證研究——以台北、士林、板橋地方法院訴訟轄區為例》,頁 41,新竹市:交通大學科技法律研究所碩士論文,2006 年。

[17] People v. Howard, 430 N.Y.S.2d 578 (App. Div. 1980).

[18] People v. Barney, 10 Cal.Rptr.2d 731 (Cal. CT. App. 1992).

[19] 蘇滿麗,前揭(註 13)文,頁 123。

[20] 王兆鵬:重新思維測謊之證據能力。月旦法學雜誌 2006;135:137-54;朱富美,《科學鑑定與刑事偵查——以人身為主》,頁 441,台北市:國立台灣大學法律學研究所博士論文,2003 年;吳巡龍:科學證據與測謊的證據能力。月旦法學教室 2005;38:98。

誤差率多少。（4）有無建立客觀的應用或操作技術標準。（5）是否被相關科學領域所普遍接收，並由法官基於個案狀況衡量上述標準認定測謊證據可否擁有證據能力。大部分聯邦法院容許法官依具體個案情形裁量是否容許作為證據，僅有第四巡迴法院不准以測謊證結果作為證據，而各州法院目前有22州容許測謊作為證據，27州與哥倫比亞特區不允許測謊證據[21]。

2. 日本最高裁判所認為測謊有證據能力[22]

日本實務在測謊鑑定符合四個要件：測謊儀器之性能操作、技術具有高度信賴性、由適格之專業人員施測、受測者確實同意接受測謊、測謊結果報告書須施測者親自檢查忠實記載。日本學者認為在警察廳警察研究所等研究中心的努力下，對於鑑定研究與體制水準日趨完備，透過測謊機的統一化、規格化、施測方法統一以嘗試達成的可信性[23]。我國調查局、刑事警察局、各地警察局，均有測謊鑑定的能力，惟測謊機器與施測方法未盡統一，如果司法審查上如果沒有一定標準流程的建立，法官於審查鑑定證據上亦有困難。我國實務上亦曾有針對一件案件同時送調查局、刑事警察局、台北市警察局三個機關進行鑑定（可參考：士林地方法院90年度重訴字第1號判決），使用不同之鑑定儀器，鑑定方法，得到不同結果。但在我國鑑定

---

[21] 吳巡龍，同前註，頁100。
[22] 石宜琳，《測謊於刑事司法審判上之運用──兼論測謊於證據法上之評價》，頁35，台北市：台北大學犯罪學研究所碩士論文，2007年。
[23] 陳宗賢：測謊鑑定──日本最高裁判所昭和四十三年二月八日第一小法庭判決。法令月刊 2008;59（3）:143。

機關並未規格化,是以需靠實務建立審查標準。除此之外,日本測謊員皆隸屬警察機關,對於保持測謊結果的客觀性、公平性或許應該保有一定的疑慮[24]。我國進行測謊鑑定之機關亦以警察機關為主,相同之疑慮亦應注意。

3. 德國實務

德國實務原則禁止對被告進行任何型態的測謊,主要理由在於測謊不可避免地影響被告「意思決定及意思活動的自由」,因為測謊原理本就在於透過被測試人的生理反應來探知其不欲透露的訊息,德國判例認為此舉侵害人格自由。德國法院原則上完全禁止使用測謊證據[25]。

（二）我國對於測謊證據之認定與判準

我國並未如美國一樣發展出科學證據的判斷準則,亦無如同德國一般禁止測謊證據,惟測謊鑑定卻是我國實務對證據能力要件判斷發展較為詳細的鑑定方法。測謊鑑定除了其本質上的爭議外,甚是會面對相同案件不同測謊鑑定機關之相反鑑定結論的取捨,是以實務對於測謊鑑定審查標準進行一定的建立[26],在我國實務上對於測謊的鑑定證據可否採用,曾有不同看法（可參考台灣高等法院暨所屬法院95年法律座談會刑事類提案第35號）,後實務多以折衷說法作為判準。詳述各方看法如下。

---

[24] 同前註,頁144。
[25] 林鈺雄,前揭（註6）書,頁183。
[26] 施俊堯:刑事鑑定證據之法院審查標準（一）。法務通訊 2007;2365:3-6。

1. 肯定說

認為機關鑑定所為之鑑定報告，檢察官或法院依刑事訴訟法第 208 條所為之機關鑑定，並依同法第 206 條出具鑑定之書面報告，即屬符合傳聞法則之例外，依法自有證據能力。

2. 否定說

認為測謊雖有其科學根據，但是人類生理反應變化受到許多因素的影響，是以生理反應與說謊之間尚不能成立因果關係，縱使現今技術以提供許多方法來減少其他因素的干擾，惟科學上仍不足以排除所有因素。科學鑑識技術重在「再現性」，亦即一再的檢驗而仍可獲得相同之結果，如指紋、血型、去氧核糖核酸之比對，毒品、化學物質、物理性質等，至於測謊原則上沒有再現性，測試之對象為人，其生理、心理及情緒等狀態在不同的時間不可能完全相同，是測謊技術或可作為偵查之手段，以排除或指出偵查之方向，然在審判上尚無法作為認定有無犯罪事實之基礎。

3. 折衷說

測謊報告，係受囑託機關之鑑定報告，惟法院應審查其於符合下列測謊基本程式要件，始有證據能力：

（1）經受測人同意配合，並已告知得拒絕受測，以減輕受測者不必要之壓力。
（2）測謊員需經良好之專業訓練及相當之經驗。
（3）測謊儀器品質良好且運作正常。

（4）受測人身心及意識狀態正常。

（5）測謊環境良好，無不當之外力干擾

是以受囑託之鑑定機關不僅應將鑑定結果函覆，並應將鑑定經過一併載明於鑑定報告書中，除此之外有關測謊報告之證明力，受測者否認犯罪之供述呈現不實之情緒波動反應，不得採為有罪判決之惟一證據，仍應有其他補強證據方可。（最高法院 92 年度台上字第 2282 號判決、台灣高等法院暨所屬法院 95 年法律座談會刑事類提案第 35 號）

我國目前實務多採第三說。在證據能力方面，條列鑑定人應具備的資格以及鑑定過程應有之環境與應符合之流程，提供一定的判斷準則，使法官可以有客觀標準檢視測謊證據。

（三）國外法院對於 DNA 證據之認定

1. DNA 證據於美國的運用[27]：

State v. Andrews[28]

美國於 1987 年 State v. Andrews 中首次採用 DNA 鑑識技術，來確認嫌犯的身分。專家證人作證指出被告 DNA 型別在 839,914,540 人才會出現一人與之有相同 DNA 型別，最後法院認可 DNA 證據的容許性，陪審團亦裁決被告有罪。

---

[27] 呂文忠，前揭（註16）文，頁48。
[28] State v. Andrews, 533 So.2d 841 (Fla. Dist. Ct. App. 1988).

People v. Castro[29]

　　1989 年美國紐約（New York）州法院審理的 People v. Castro 一案,是美國法院第一件否認 DNA 證據容許性的案件,該案被告 Joseph Castro 涉嫌殺害一名懷孕婦女及其小孩,警方在被告手錶採得血跡,經以 RFLP 鑑定法進行 DNA 比對結果與遭殺害之婦女 DNA 吻合。法院為了重新檢視該證據的觀點,進一步提出三叉分析以協助評估及解決該問題,(1)科學界普遍接受的理論支持 DNA 檢驗結果的可信賴性。(2)目前的技術與實驗是否能獲得可信賴的 DNA 檢驗結果,且為科學界所普遍接受。(3)在本案中實驗室在執行及分析樣本時,是否採用被接受的科學技術。法院認為在執行分析樣本時並未符合第三要素,而認該證據不具容許性。

People v. Howard 及 People v. Barney[30]

　　本件上訴法院在審理前,學界就 DNA 鑑定吻合所依據的族群統計資料發生爭論,有學者於期刊發表論文指出 DNA 統計分析不可信賴,但同時有學者於同一期期刊發表論文提出不同看法認為並不影響 DNA 統計分析的信賴性。由於上開 DNA 統計分析的爭議,法院認為本件 DNA 鑑定就此部分並未達科學界普遍接受程度,因此未具證據容許性。

---

[29] People v. Castro, 545 N.Y.S.2d 985 (Sup. Ct., 1989).
[30] People v. Barney, 10 Cal. Rptr. 2d. 731 (Cal. App. 4th 1992).

People v. Simpson[31]

Simpson 案最後由於證據存在諸多採樣、處理污染、栽贓疑點及 DNA 估算頻率等問題，經陪審團宣告無罪釋放。

2. DNA 證據於日本的應用[32]

東京地裁昭和 63.8.12 判決

本案為強姦傷害之案件，於被害者下體採集到之樣本運用 DNA 型的鑑定結果，與被告 DNA 型相同，由於辯護人同意使用該 DNA 型鑑定書為證據，而獲判有罪確定。

日本著名冤獄案件──足利事件

本案係發生於 1990 年一位四歲女童之命案，經查在女童屍體上發現之精液與嫌疑人之 DNA 進行鑑定，發現血型與 DNA 型相同，此中同一血型及 DNA 型鑑定結果所得之機率為 1000 分之 1.2。一審認定被告有罪，上訴於二三審皆遭駁回，最高裁判所於此案作出對於 DNA 型鑑定證據具有證據能力之見解。

最高裁判所認為該案件所用的 DNA 型鑑定方法其科學原理有理論的正確性，且由習得技術者依照科學之方法操作，而允許以 DNA 作為證據。惟學者認為[33]：該判決以無誤認實例而得為證據，惟無誤認實例的定義為何，錯誤與否的參考對象，以及檢驗過程中可能產生的其他錯誤亦未做出詳細的規範。

---

[31] People v. Simpson, BA097211 (Cal. Super. Ct. 1995).
[32] 蘇滿麗，前揭（註 13）文，頁 113-6。
[33] 同前註，頁 121。

在被告服刑 17 年後，由於 DNA 技術的進展，十多年前被認為無誤認實例之 DNA 技術被認為不可靠。由於 DNA 技術的發展，2008 年 12 月 24 日，東京高等法院同意再行鑑定，鑑定結果確認 DNA 不符，因此高等法院終於在 2009 年 6 月同意再審，最後辯論甚至係由檢察官向法官為無罪論告並史無前例向被告認錯，審判長並在無罪宣告的同時代表司法向被告承認錯誤。2010 年 3 月 26 日，被告被無罪釋放[34]。此案可能將撼動日本司法實務對於 DNA 證據的見解。

（四）我國對於 DNA 證據之認定與判準

1. 鑑定需記載鑑定過程

我國實務要求鑑定需記載鑑定過程，若欠缺法院可要求其補正。最高法院曾表示：機關鑑定未載鑑定經過，屬欠缺法定記載要件之鑑定報告，但並非不可補正，法院自應先命補正，必要時並得通知受囑託機關實施鑑定之人以言詞報告或說明，使之充足，不得逕以其欠缺法定記載要件，即謂無證據能力[35]。

2. DNA 證據的法律關聯性與自然關聯性[36]

在實務上，科學證據只要符合自然關連性以及法律關連性即可作為證據，因科學證據一般難會有產生不當偏見而致使判

---

[34] 相關新聞請參考：http://mainichi.jp/select/jiken/news/20100326k0000e040015000c.html（最後點閱時間：2010 年 4 月 14 日）。

[35] 最高法院 94 年度台上字第 6881 號判決。

[36] 唐淑美、李介民：我國司法實務有關 DNA 鑑定對刑事犯罪認定有效性的分析。東海大學法學研究 2004;21:43-98。

斷錯誤之危險[37]。自然關聯性意指該證據資料必須與待證事實存在有經驗上與自然科學上的蓋然性，方可取得證明該待證事實之證據能力，例如用 DNA 來認定被告、認定被害人身分、認定兇器等等[38]。法律關聯性的問題，意指鑑定人必須依照法院與檢察官之指示進行鑑定，此鑑定證據方有證據能力，而法律關連性的另一層次，係指科學技術，本身的可靠性、檢驗過程的正確性、數據解讀無誤，使法院在心證形成不致造成錯誤以及危險[39]。

惟須注意的是，DNA 證據係為統計上的結果，並非絕對的根據。DNA 鑑定相符結果只能證明兩個檢體間就特定部分 DNA 序列是一樣的[40]。人類基因組基因的數量，約 2 萬至 2.5 萬個，且 DNA 鹼基對約 28.5 億。以 DNA 分析做為人別鑑定時，不可能把每個人全部 DNA 定序出來[41]，只能依統計學原理，找出幾個變異性高的基因，鑑定它的基因型，計算出這些基因型的出現機率。是以基因同一性與人別同一性，需透過統計學的橋梁來告訴我們，這兩個檢體來自同一個人的機率有多高。惟 DNA 證據在實務的理解和判斷上，亦被批評為有許多錯誤觀念，論者曾對我國實務判決中對 DNA 證據理解是否正確進行實證研

---

[37] 同前註，頁 66。
[38] 同前註，頁 62。
[39] 同前註，頁 67。
[40] 許恆達，《科學證據的後設反省──以刑事程序上的 DNA 證據為例》，頁 66，台北市：國立台灣大學法律學研究所碩士論文，2002 年。
[41] 呂文忠，前揭（註 16）文，頁 41。

究，發現法院有下列錯誤如：（1）誤解 DNA 統計運算方式，將獨立事件機率再乘上其他事實因素。（2）混合染色體檢體與親子鑑定混淆。（3）對於 DNA 名詞的誤解。（4）不理解混合型檢體的判斷方式[42]。

3. 檢驗過程的正確性——我國實務的個案審酌

為了降低 DNA 鑑定的錯誤，提升實驗品質是極為重要的關鍵。美國於 1988 年開始建立標準化的流程，並且建立必要的準則與標準。可透過對於鑑定人員資格、實驗室的認證以及常態性準確度測試此三個要素來確保，其對個案之具體檢測要求如下[43]：

（1）判斷實施鑑定之人員是否具有充足的專門知識及技術水準。

（2）判斷鑑定資料的管理及保存有無瑕疵，質量是否適於鑑定的實施。

（3）判斷所採用的鑑定方法有無依已確立之鑑定原理、步驟、方式等進行。

（4）判斷整個鑑定過程中有無令人對其鑑定結果之信用性產生懷疑的情形存在。

---

[42] 施俊堯：簡述 DNA 鑑定證據判斷（上）。司法周刊 2008;1396:2-3。
[43] 呂文忠，前揭（註 16）文，頁 65。

4. 我國 DNA 機關鑑定的相關實證數據 [44]

我國實務研究者亦曾以判決所做之實證研究，其以全文檢索語詞「DNA」搜尋台北、新竹、板橋地方法院 90 年 9 月 1 日至 92 年 8 月 31 日及 93 年 1 月 1 日至 94 年 12 月 31 日共四年的刑事判決，90 年到 92 年有效樣本 43 件，93 年到 94 年有效樣本 87 件，共計 130 件。相關資料羅列如下 [45]：

（1）以案件類型區分：使用 DNA 證據之刑事案件類型，以妨害性自主為大宗占 39.2%、其次為殺人案件占 14.6%、強盜與竊盜案件（均為 11.5%）、竊盜 11.5%、毒品亦有 8.55%。

（1）88% 的案件以 DNA 為確認被告有無犯罪之主要證據。

（2）98.5% 並未探討 DNA 證據能力。

（3）鑑定方法的敘明：敘明其採 STR 鑑定法有 62%，敘明採使用 mtDNA 鑑定法有 12%，另有 26% 未敘明鑑定法。

（4）70% 之案件並無敘明 DNA 型別相同的族群分布機率。

（5）鑑定人到庭作證及重新鑑定之情形：在全部有效樣本中並無任何案件請鑑定人到庭作證，亦無任何案件請提出鑑定報告以外之專家到庭作證。送請其他機關重新鑑定部分，僅有 1 件，且重新鑑定結果與原鑑定一致。另有 3 件係就鑑定內容疑義，函請原鑑機關再為

---

[44] 同前註，頁 73。
[45] 同前註，頁 73-82。

補充說明。是以法院對於鑑定內容的疑義，較傾向以函請原鑑定機關再為補充說明方式處理。

依其實證研究結果，DNA 證據，是法院判斷有罪與否的重要證據，且 DNA 證據能力甚少遭到彈劾，相較於美國法院及學界常面臨對 DNA 證據的挑戰如：鑑定方法、檢體及實驗室汙染族群遺傳及人口統計資料庫等問題，我國法院有過度信賴鑑定機構之 DNA 鑑定之虞[46]。

（五）車禍鑑定、測謊鑑定及 DNA 鑑定覆鑑機制之建立

從上述三種鑑定證據在我國以及他國應用的情形與問題可以發現，欲提升我國鑑定的品質，必須從兩方面著手：

第一，從執行鑑定工作的方向觀之，在我國以機關鑑定為常態的情況下必須使機關更加專業而且獨立化，增加到庭陳述並且接受交互詰問。惟實務中偵查與鑑定之需求關係密不可分，以我國為例相關鑑定如 DNA、指紋、測謊鑑定多由刑事鑑識系統所為，欠缺其他大型鑑識中心的選擇。除此之外，鑑識的專業人員多非法律專業人士，如何面對法庭上的交互詰問，需要經過一定的訓練與經驗。

第二，從司法實務的方向觀之，司法審查應該學習如何面對非其所專長的科學證據，在講究科學的時代，既要科學證據以協助釐清真相、但又不能受役於科學，

---

[46] 同前註，頁 99。

失去法院發現真實的功能,因此必須整合兩邊之準則,以提出可以客觀審查遵守的審查標準。

1. 覆鑑機制的幫助

我國刑事鑑識工作多由刑事組織系統下之單位為之,許多單位具有長期第一線執行鑑定業務之經驗與能力,惟對內而言,由於鑑識體系因受刑事組織所指揮,容易影響鑑識工作的獨立性與超然性,對外而論,亦可能遭受訴訟當事人之質疑[47]。為兼顧偵查與鑑定兩者之平衡,尤其是對於可重複性檢驗之鑑定證據,如指紋、DNA、微物跡證、解剖,或許可以透過一獨立之鑑定中心進行覆鑑,一方面保持偵查機關對於鑑定業務的需求,二方面亦可在訴訟當事人以及關係人對於鑑定證據有疑慮時,提供較為獨立之鑑定選擇,以減少爭議。

2. 鑑定之司法基準建立

科學並非司法之專業,但對於科學證據的使用仍必須作出一定的判斷,美國專家證人制度之使用可供我國參考,以釐清法院在面對鑑定證據時應該扮演什麼樣的角色。

3. 美國專家證人制度之參考

美國採專家證人制度,兩造提出專家證人在庭上接受交互詰問,法官只需把關專家的適格性,並且經由交互詰問方取得證據能力,而由陪審團決定證明力。

---

[47] 楊永年:警察鑑識組織體系組織變革之研究——以實施刑事訴訟法當事人進行主義為例。警學叢刊 2006;36(5):239。

（1）專家證人適格性的把關

A. 受過的教育或是訓練

當專家證人其專業能力係經由學校教育或是訓練所取得的，則專家證人的學經歷表現的資訊就必須十分詳細[48]。該專家證人受教的學校名稱地址，該學校或是教學機構是否有受認證、得到的學位為何時間為何、是否有畢業殊榮、所受的研究所教育為何、該受教育領域與本案的相關性都是重要的資訊[49]。

B. 經驗

通常經驗的取得與受過的訓練或是教育是難以分開的，惟不管其專家證人的適格性是由於其具有學術訓練或僅僅係因其有實際的操作經驗，均可獨立作為專家證人適格的條件。只是在實務操作的經驗可以免除該專家證人僅僅為學術上的能力，而且更加強該專家證人對於該領域十分熟悉的印象[50]。

C. 其他的增加專家證人適格性的條件

專家證人所受過的教育與訓練以及經驗可說是專家證人適格性中最常被提出來了兩種條件。其他條件的補充往往可以增加專家證人的資格以及可信性。專家證人在特定的領域擁有執照或是認證，或擁有經過一定篩選或是貢獻而生之學會會員身

---

[48] Kenneth Mogill, Richard A. Gonzales: Examination of Witnesses, 2nd ed. Eagan, MN: West Group, 2000.

[49] Douglas Danner, Larry L. Varn: Expert Witness Checklists, 3rd ed. St. Paul, MN: West Group Pub, 2008.

[50] *Supra* note 48.

分,而擁有該領域的獎項、研究與發表,甚至是教學經驗等都可增加專家證人在美國法院上的資格與可信性,而先前有擔任專家證人的經驗,尤其是曾為被告與原告方的專家證人時,更可以給與陪審團該專家證人較具有公正性的印象[51]。

(2)法院對科學證據能力的把關

美國對於專家證人的證據力把關最早以 Frye 法則為基準,只要該專家證人之證詞可以幫助釐清事實,而且符合普遍性原則(general acceptance),即可做為科學證據[52]。Frye 案中之被告通過測謊測驗而認為無說謊,被告方要求專家證人做證,惟法院認為測謊技術在相關科學領域中尚未被普遍性接受而駁回該項請求[53]。

之後美國聯邦證據法(Federal Rules of Evidence)於 1975 年對於科學證據提出規範,第 702 條(Rule 702. Testimony by Experts)規定科學、技術、或是其它專門知識,如果可以用於協助認知事實,以瞭解證據或是確認真相,擁有專業知識、技術、經驗、訓練或教育之人可為專家證人[54]。

---

[51] *Id.*

[52] Frye v. United States 54 App. D. C. 46, 293 F. 1013 No. 3968: When the question involved does not lie within the range of common experience or common knowledge, but requires special experience or special knowledge, then the opinions of witnesses skilled in that particular science, art, or trade to which the question relates are admissible in evidence.

[53] *Id.*

[54] If scientific, technical, or other specialized knowledge will assist the trier of fact to understand the evidence or to determine a fact in issue, a witness qualified as an expert by knowledge, skill, experience, training, or education, may testify thereto in the form of an opinion or otherwise, if (1) the testimony is based upon sufficient facts

惟美國聯邦證據法則是否取代 Frye 法則的應用卻仍是曖昧不明[55]，1993 年美國聯邦最高法院在 Daubert 案中對於科學證據提出如下的改革[56]：

A. 把關責任

事實審法院必須判斷專家證人係基於可靠的科學理論或方法，成為把關專家證人的關口（gatekeeper）[57]，亦即專家自己所保證的專業並不足夠，除了提出專家證人的一方必須要能證明此專家的發現係奠基於可靠的科學，而法院必須客觀地檢視專家方法的可靠性[58]。

B. 相關性與可靠性

該專家之作證必須基於科學知識，並且必須有助於本案事實的釐清與確認[59]。

---

or data, (2) the testimony is the product of reliable principles and methods, and (3) the witness has applied the principles and methods reliably to the facts of the case.

[55] John Monahan, Laurence Walker: Social science in law cases and material, 7th ed. 2009.

[56] Daubert v. Merrell Dow Pharmaceuticals, Inc., 509 U.S. 579 (1993).

[57] Reference manual on scientific evidence. Retrieved from: http://www.fjc.gov/public/home.nsf/autoframe?openform&url_l=/public/home.nsf/inavgeneral?openpage&url_r=/public/home.nsf/pages/16,

[58] *Supra* note 55, at 36.

[59] *Supra* note 56：(1) "general acceptance" is not necessary precondition to admissibility of scientific evidence under Federal Rules of Evidence, and (2) Rules assign to trial judge the task of ensuring that expert's testimony both rests on reliable foundation and is relevant to task at hand.

C. Daubert 法則

最高法院對於是否為科學知識提出了測試的法則，最高法院認為，所謂科學的方法必須是奠基於假設以及測試，以便能夠檢視該結果是否為假造的。最高法院並不希望做成一個定義性的清單或是量表，但仍提出五點衡量的要素[60]：

(a) 該理論或是技術必許可以被檢驗真偽。

(b) 必須經過該領域的同儕審酌或是發表。

(c) 已知或潛在的誤差為何。

(d) 控制該項技術操作的方法是否存在有標準的作業程序。

(e) 該理論或技術是否廣被相關科學社群所接受。

然而，Daubert 案只解決了科學證據是否得做為證據，從聯邦證據法第 702 條可以發現，所謂的科學證據並不僅僅限於科學學術領域上的專家，似乎還包含了擁有專業技術或是知識之人，是以後續的 General Electric Co. v. Joiner[61] 與 Kumho Tire Co. v. Carmichael[62] 進一步將專家證人的容許性從科學領域之人延伸到擁有特殊技術與知識之人。

2000 年美國聯邦證據法因應上述案件所提出的要件進行修改，增加了三點要件（1）該證詞需以足夠的事實與資料為基礎。

---

[60] (1) Empirical testing: the theory or technique must be falsifiable, refutable, and testable. (2) Subjected to peer review and publication. (3) Known or potential error rate and the existence. (4) The existence and maintenance of standards and controls concerning its operation. (5) Degree to which the theory and technique is generally accepted by a relevant scientific community.

[61] General Electric Co. v. Joiner, 522 U.S. 136 (1997).

[62] Kumho Tire Co., Ltd. v. Carmichael, 526 U.S. 137 (1999).

（2）該證詞必須為經過可靠的原則與方法所得出的結果。（3）該證人必須確實將原則與方法確實應用在該案件中的事實上[63]。

4. 建立司法審查準則的必要性

由兩次與司法官的焦點訪談過程（「建立法醫鑑定與刑事鑑識覆鑑機制研究計畫」法官座談會會議，中華民國98年11月23日，台灣大學法律學院霖澤館1703研討室。檢察官座談會會議，中華民國98年11月30日，台灣大學法律學院霖澤館1703研討室。），本文發現，法院於鑑定人受交互詰問之前，往往需要先判斷該鑑定人是否擁有專業能力，雖有司法院諮詢名單，通常都是個人專家名單，亦只有服務機關，並不會敘明其專業背景。是以實務工作者建議司法實務上應該對於鑑定證據，應如同測謊鑑定一般，提出一套SOP流程，以供法院檢視鑑定證據的證據能力[64]。實務工作者認為：美國在鑑定方面有不少具體案例並且產生許多具體審查標準，但我國並未建立，大多賦予事實審法官權限，最高法院通常認為鑑定為事實審法院的職責，對於兩份不同的鑑定報告，只要事實審法院有敘述理由即可，並未要求必須要符合一定的司法審查要件，而且實務判決對此亦未形成統一標準[65]。

---

[63] Fed. Rules of Evidence Rule 702.
[64] 同前註。
[65] 同前註。

我國對於 DNA 證據未如測謊一般建立審查標準，實務上之判決往往對 DNA 鑑定證據產生理解與判斷的問題[66]。是論者建議除應由鑑定機關編寫可供法律人參考之原理過程介紹、並且落實到庭作證詰問之程序外，亦應該比照測謊鑑定的方式，明確列出 DNA 鑑定報告應具備之法定條件，以利提升 DNA 證據在司法審查上的正確性[67]。日本今年初足利案件 DNA 證據的大翻盤，甚至讓法官於做出無罪宣告時向冤獄 17 年之被告道歉，其係肇因於司法未對科學證據進行合宜的審查標準，而相信科學證據。在相關準則未完成前，應該由 DNA 鑑定機關編寫一般人能夠瞭解之 DNA 鑑定原理與介紹供法律工作者參考。並由 DNA 鑑定機關提出詳細實際操作案例以供法律工作者學習如何運用於實際案例。對於未記載鑑定經過、結果、設備等資料，能夠落實交互詰問的程序，使 DNA 鑑定證據之疑慮與爭議減小[68]。

五、結論與具體方案

（一）結論

欲提升我國刑事鑑定之品質，必須分別從法院與受委託鑑定者兩個層面一起解決，尤其面對我國以機關鑑定為主之情形，必須兼顧實際上對於鑑定機關的需求，以及司法程序上發現真實與程序正義之目的。

---

[66] 施俊堯，前揭（註42）文。
[67] 施俊堯：簡述 DNA 鑑定證據判斷（下）。司法周刊 2008,1397:2。
[68] 同前註。

在機關鑑定的制度設計上，應增加鑑定機關的透明度，如：適度公開實際鑑定之人使法院、使兩造有機會去審查實施鑑定之人是否擁有足夠的專業能力，此有助於增加鑑定報告被檢視的可能，以有助於當事人對鑑定報告之信服，減少上訴之爭執。

以司法程序上的觀點，交互詰問固然是根本解決機關鑑定爭議之方法，覆鑑機關應提供更專業的設備與人力資源，並且到場接受交互詰問應有助於解決爭議，如真有現實上的困難，則宜另尋途徑檢視鑑定證據的方法，以行車事故鑑定為例，實務上對於複雜爭議案件往往委託大學相關系所或研究中心進行鑑定並接受交互詰問。此外，應該盡速比照測謊鑑定的模式，建立一套刑事鑑定證據的判斷準則供法官依循，一方面減少法官負擔，二方面以杜爭議。此部分除有賴實務判決上的努力外，更需要鑑定機關與司法機關的整合方能建立。日本足利事件之殷鑑不遠，相關標準與制度之建立豈能怠惰蹉跎？

（二）具體方案

1. 解決方向

本文認為，為解決我國鑑定品質可以從幾個方面考量建立具體鑑定覆鑑制度，包括：鑑定的品質、鑑定的中立性、司法審查的可能性、以及效率考量。

（1）品質部分

對於可能欠缺再現性之鑑定類型，如行車事故鑑定，透過覆鑑制度進行改革，而其他科學鑑定類型，若本身已經建立有

實驗室認證、鑑定人員資格認證、常態性準確性考核三個科學鑑定品質要素,並且行之有年擁有一定經驗,技術之鑑定類型如我國刑事警察局的 DNA 鑑定,則透過司法審查是否遵守上述三個要素即可,較不需要透過覆鑑再次檢證。

(2)中立性

如我國刑事警察局負責大部分的刑事鑑識工作,雖其鑑定品質透過上述三項要素考核,品質上擁有相當技術與經驗,但中立性因隸屬偵查輔助機構,容易受當事人質疑,是以必須透過補強方式增加其中立性。本文筆者於「建立法醫鑑定與刑事鑑識覆鑑機制研究計畫」的檢察官座談會會議中(中華民國 98 年 11 月 30 日,台灣大學法律學院霖澤館 1703 研討室。)進行訪談時,有實務家認為,透過學會、大學,甚至透過財團法人的組織進行醫療、測謊、槍械等鑑定,以及像是法醫師法、建築師法一樣立法去規定其職責與能力,建立認證制度並且課以其一定的義務,可以建立較為超然中立的鑑定制度。

(3)司法審查的可能性

對於擁有三個品質要素之鑑定單位,既有一定實驗以及檢核流程,可以透過與司法單位的合作擬出司法審查該項證據的證據能力要件,以協助司法機關判斷科學證據之證據能力,對於其他尚無一定實驗室認證或是鑑定人員資格認證之鑑定,則透過覆鑑機關的協助建立一套司法審查標準。對於司法機關而言,交互詰問是法官、檢察官與當事人面對鑑定證據爭議時,最能夠檢視科

學證據能力的方法,是以在司法審查的方向上,鑑定制度必須盡可能讓鑑定人能到場接受交互詰問,以減少爭執。

(4)效率考量

覆鑑制度或許可以使當事人對於鑑定證據不滿意時,提供額外的選擇,但往往會造成訴訟效率下降以及成本的提高,如何避免當事人僅僅為了孤注一擲而任意使用覆鑑或是再送鑑定的機制,必須增加使用覆鑑制度的門檻與要件,以避免資源的浪費。

2. 方案架構

本文建議區分兩種不同鑑定種類,一種屬於符合三項鑑定品質要素之鑑定,第二種則為欠缺此三要素之鑑定種類,前者以 DNA 鑑定為典型,後者以行車事故鑑定為典型。

(1)第一種鑑定:

 A. 不需要覆鑑制度:由於已有現存之鑑定人選定資格與訓練,亦有實驗室認證,並且配合常態性準確度的設計,此方面的鑑定證據品質上較無疑問,是以法院把關時,只需要把關好該項鑑定是否符合三項品質要素的需求,並且對於常用之鑑定方法,應該與司法機關基於這三項品質建立司法審查要件。

 B. 中立性質疑的配套:貫徹交互詰問並且在爭議較大或是影響重大的案件,適當允許私人委託鑑定或是再送鑑定的方式為之。

（2）第二種鑑定：
  A. 需要覆鑑制度：對於尚無法建立三項標準之鑑定類型，可以建立一級獨任二級合議之覆鑑制度。
  B. 第一級鑑定機關：宜採獨任制，而非如同現行行車事故鑑定一般採合議制，是以鑑定人可以獨立做出專業判斷，並且到庭接受交互詰問。
  C. 第二級鑑定機關：可採合議制，由相關學會組成該領域或是跨領域的合議單位，進行該鑑定的事後審查，審查其科學流程是否符合該領域的要求，必要時亦可協助司法機關對該項鑑定建立司法審查標準，以判斷該科學鑑定證據；而對一級獨任之鑑定人，亦可以提供其提升鑑定品質以及符合司法審查標準。

合議機關往往需要龐大資源需求，是以，應限定可使用覆鑑制度之二級單位的案件，必須屬重大案件、或多次鑑定確有不同結果案件、或高度爭議案件等類型之情形。

最後將本文支件以架構圖呈現如圖1。

（本文原刊載於：台灣法醫學誌，3卷1期（2011年），頁10-21。）

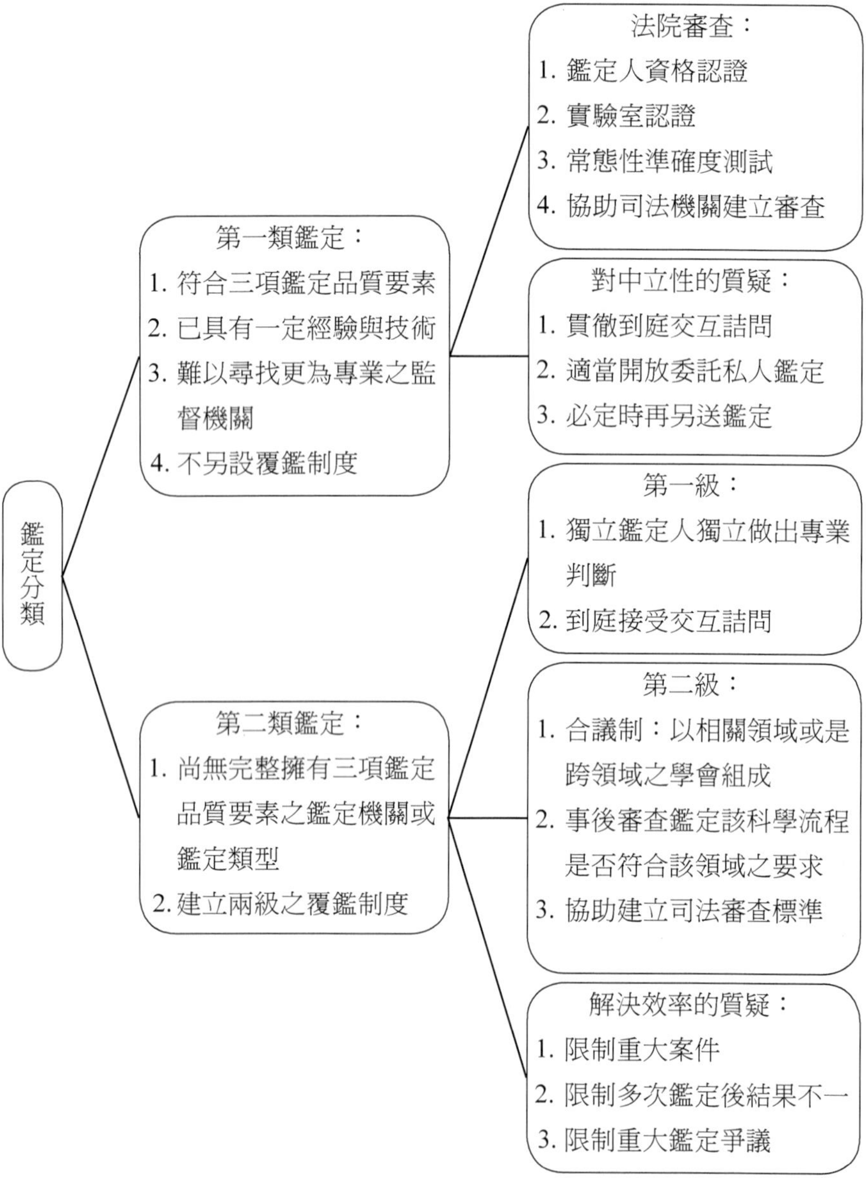

鑑定分類

第一類鑑定：
1. 符合三項鑑定品質要素
2. 已具有一定經驗與技術
3. 難以尋找更為專業之監督機關
4. 不另設覆鑑制度

→ **法院審查：**
1. 鑑定人資格認證
2. 實驗室認證
3. 常態性準確度測試
4. 協助司法機關建立審查

→ **對中立性的質疑：**
1. 貫徹到庭交互詰問
2. 適當開放委託私人鑑定
3. 必定時再另送鑑定

第二類鑑定：
1. 尚無完整擁有三項鑑定品質要素之鑑定機關或鑑定類型
2. 建立兩級之覆鑑制度

→ **第一級：**
1. 獨立鑑定人獨立做出專業判斷
2. 到庭接受交互詰問

→ **第二級：**
1. 合議制：以相關領域或是跨領域之學會組成
2. 事後審查鑑定該科學流程是否符合該領域之要求
3. 協助建立司法審查標準

→ **解決效率的質疑：**
1. 限制重大案件
2. 限制多次鑑定後結果不一
3. 限制重大鑑定爭議

圖1　覆鑑制度改革與理想流程

Ⅲ

第三章——
第三時期：體驗實境（2002～）

《法醫師法：催生與革新》

「兩岸法醫學術交流」專輯發言詞
——為兩岸法醫交流獻新猷

邱清華
台灣法醫學會 理事長

　　法醫學是以維護人權法治及伸張社會公義為目的之社會醫學，也是世界各國共同努力的方向。法醫學已日益受到各界的重視。台灣法醫學會是台灣唯一的法醫學術團體，成立於2000年6月3日，迄今已近10年。係非政治性、非營利性之學術團體。今後，如何提昇法醫學術及開拓法醫鑑定技術，是大家追求的目標，進而推動彼此之間的法醫學交流，互享彼此經驗心得，更屬必要。

　　鑒於中國大陸與台灣同屬華人社會，且法醫實務皆為歐陸法系，多年來，大陸及台灣的法醫學，在制度研發及應用各方面皆有相當的進展，亟待彼此有借鏡切磋的機會。然而，受限於政治環境因素，而至數十年疏於來往，不無遺憾。

　　惟在10年前，1999年7月台大法醫學科即曾組「台大法醫考察團」前往大陸四川華西大學及北京公安部物證鑑定中心參觀訪問，訪問團的成員包括陳耀昌、方中民、郭宗禮、蔡墩銘、邱清華、蕭開平、吳木榮等教授，醫生一行七人。其實，華西大學甫成立「法醫學院」邁向欣欣向榮的發展。我們會見了侯

Ⅲ 「兩岸法醫學術交流」專輯發言詞——為兩岸法醫交流獻新猷

一平院長、吳家駁教授、吳梅筠教授、劉世滄教授,及至北京,會見了劉耀院士等,相見甚歡,收穫頗豐,留下深刻印象。

大陸法醫蓬勃發展,對來自台灣的我輩而言,不啻是一種啟示與激勵。在台灣,台大法醫學科是台大醫學院醫學系下的一個科,而且是台灣獨一無二的法醫學科而已,與大陸相比差異頗大,不言可喻。然,可喜的是,此一「激勵」,觸發了其後構思改造台灣法醫制度,堅持須先成立「台大法醫學研究所」為第一要務的重要依據。

尤有進者,在三年前,2006年12月西安交通大學法醫學系主任李生斌教授曾致函本會當時理事長陳耀昌教授,建議召開兩岸法醫學術交流研討會,表示第一屆在台灣召開,第二屆輪由大陸舉辦,李教授且以陝西省法醫學會理事長身分表示合辦之雅意,誠懇感人。可惜經各方接觸試探,礙於當時政治等時空因素尚未成熟,而致未竟實現,功虧一簣。

峰迴路轉有前兆,2008年9月本會邱清華理事長、郭宗禮副理事長,楊全斌理事長代表本會出席在日本大阪舉辦的「第七回國際法醫學大會」（The 7th International Symposium Advances in Legal Medicine,ISALM）,會中與大陸法醫學者有廣泛的接觸,深感有共同推動兩岸法醫交流的必要,以及雙方互訪的殷切期待,增強了本會主辦第一屆法醫論壇的決心。

終於,皇天不負苦心人,年來,由於兩岸關係漸趨和緩,生機蓬勃,除商業貿易早有向大陸投資外,目前在文化、體育、

科學和醫學上，來往頻繁，民間交流尤其活絡。基於此，本會感受到兩岸法醫學交流的脈動，該是突破現狀的好時機了！

鑑於上述，台灣法醫學會為了相互合作，建立兩岸法醫學術交流機制，特訂於 2009 年 12 月 5-6 日於台北市信義區亞太會館召開「第一屆兩岸法醫學術交流論壇」，邀請中國大陸各地法醫教授、學者和專家與會，共同研討。會議專題包括：法醫制度與法規、法醫病理學、精神法醫學、法醫毒物學、法醫 DNA、法醫分子生物學等學門，雙方進行學術對話，以期增進彼此的了解與科技心得的溝通，藉以提昇法醫學術的精進，為法治社會邁進一步。

目前，已有大陸法醫學界先進 50 人應邀出席，分別來自廣州中山大學、瀋陽中國醫科大學、西安交通大學、復旦大學上海醫學院、廣州南方醫科大學、蘇州大學以及四川省人民檢察院等法醫相關單位，我們熱烈歡迎各位先進蒞臨參與，共襄盛舉，共同為兩岸法醫學術交流奠定里程碑，這是歷史的一刻，能不欣慰？

（本文原刊載於：台灣法醫學誌，1 卷 1 期（2009 年）。）

Ⅲ 「兩岸法醫學術交流」專輯發言詞——為兩岸法醫交流獻新猷

各國法醫制度的比較

郭宗禮 [*]・**邱清華** [**]・**陳耀昌** [***]
[*] 台大法醫學科 前主任
[**] 台大法醫學科 前代主任
[***] 台大法醫學研究所 所長

前 言

頃閱洪政武醫師在中華民國醫師公會全國聯合會《台灣醫界月刊》（洪政武，2009，頁 10-12）的大作「台灣醫界對法醫師法立法之疑慮」（以下簡稱該文）一文。茲就該文中以其「世界各國法醫師現況比較表」（以下簡稱該表）指摘台灣法醫師法違背世界潮流之說法，顯與事實不符，特提出本文「各國法醫制度的比較」，以加說明，敬請指教。

固然，法醫解剖是法醫實務相當重要的一環，但在提供該表者之心目中，以為法醫解剖即等同病理解剖，病理醫師即等同法醫師，完全無視病理與法醫之差異及近代法醫學各種科技之成長與涵蓋面之多元化，包括法醫 DNA、法醫毒物學、法醫精神學、法醫牙科學、臨床法醫學、法醫影像學等領域之鑑定。由於該文並無相關之學術文獻及各國法醫制度之資料來源為佐證，只是提供者個人本位主義之偏頗認知，而本刊本期「特別企劃」欄所轉

載之 2003 年 3 月《醫事法學》第 10 卷第 1 期之「台灣法醫師的培育和法醫實務制度的探討」一文，已有詳細的分析及文獻可供查詢及討論。故僅對此表繆誤之處，提出說明如下：

一、「病理專科醫師」等同「法醫師」之誤解

（一）該文中所稱之「美國法醫師制度」云云，事實上，美國並無「法醫師」之名稱，故亦無所謂法醫師制度。由於美國大學並無法醫學科，亦無法醫學研究所，因此只好由病理醫師經一年法醫訓練之後，由該學會授以法（醫）病理醫師（Forensic Pathologist）資格，從事司法解剖（按：Forensic 只是「法」而已，並非「法醫」）。

（二）我國「病理」專科醫師有兩種，其一為「解剖病理專科醫師」（Anatomic Pathologist，簡稱 AP），其二為「臨床病理專科醫師」（Clinical Pathologist，簡稱為 CP）。而一般所謂之「病理醫師」應正名為「解剖病理專科醫師」（AP）。根據我國衛生署「解剖病理（AP）專科醫師訓練課程基準」，其訓練宗旨與目標為：「達成以『病人』為中心之全人『醫療』理念。」其訓練課程為：「1. 病理解剖 6 個月，參與解剖 10 例以上。2. 外科病理 27 個月，檢診全身各系統切片 6,000 例以上。3. 細胞診斷 3 個月，檢診至少 2,000 例以上，其中婦科佔 1,500 例以上。4. 專科全人醫療訓練及基礎病理 6 個月。」

(三) 由此可知,所謂「解剖病理專科醫師」(AP)的四年專業訓練中,也僅需有 10 件解剖例即可,且僅係「參與」,並不一定要親自「解剖」,何況其解剖是以「病人為中心」的「病理解剖」,而非以「非病死」為中心的「法醫解剖」。且其主要訓練課程中,時間最長(3年)的是「外科病理」的切片及婦科的「細胞」診斷。連「臨床病理醫師」(CP)的訓練及資格都沒有,更無「法醫解剖」或「法醫病理」(FP)之課程及訓練。哪來「法醫病理醫師」資格及「法醫病理醫師」證照?至於一般醫師或專科醫師,自更無法醫專業之證照。

(四) 難怪美國著名的病理學教授 Dominick J. Di Maio 及 Vincent J.M. Di Maio 在其《法(醫)病理學》一書中,大聲疾呼:「法醫業務已成為一種專業,因此,無論是一般醫院的病理醫師,或『非病理』之醫師,都不適格從事『法醫業務』,縱然他們一直都亟有意願要參與。」(The practice of forensic medicine has also become a specialty. Neither the average hospital pathologist nor the physician who is not a pathologist can adequately practice in this field no matter how well intentioned they are, and they are often well intentioned.)

(Dominick J. Di Maio & Vincent J.M. Di Maio,1993)

（五）尤有進者，Mavroforou 在 2002 年指出，美國的病理醫師大部份為醫院的病理醫師，卻從事司法解剖，無疑的經常將會發生許多不實的錯誤，因為美國的非「法醫專業」的「病理醫師」，並沒有受過法醫病理的訓練。（Pathologists, who very often are hospital pathologists, perform the autopsies in their jurisdictions, and thus it is not uncommon for many of autopsies to be riddled with errors of both commission and omission. This is to be expected because in the United States the nonforensic hospital pathologists take no training in forensic patholgoy.）（Mavroforou, 2002）

二、法醫業務以「大體解剖」之觀察為主，「顯微鏡」之觀察，幾乎無用武之地！

至於病理專科醫師的主要專長——「組織切片」的「顯微鏡觀察」，在「法醫鑑定」上也派不上用場！或許可作為唬外行人之用？美國德州 Bexar 郡 Medical Examiner's Offfice（醫驗官局）的 Molina，以 189 個案例從事是否作「顯微鏡觀察」的比較研究，其結果顯示未作「組織切片」顯微鏡觀察的案例中，只有 1 例的死亡原因與作「顯微鏡觀察」者不一致，但是對死亡方式的判斷完全無影響。 其結論為：「沒必要將『組織切片』的顯微鏡觀察，當作法醫解剖案例的常規業務，因為在法醫解剖時的大體（gross）觀察，其死亡原因（非病死）及死

亡方式（意外、自殺、他殺）幾乎已可確定。」（We contend that routine microscopic examination is not required or useful in forensic pathology cases where the cause and manner of death are evident at the time of gross autopsy examination and no further characterization is necessary for the case.）此看法與美國病理學會（College of American Pathology，簡稱 CAP）及美國全國醫驗官協會（National Association of Medical Examiners，簡稱 NAME）完全一致。且經 CAP 列入「法醫解剖」之實務指南（Practice Guidelines for Forensic Pathology），只有當「大體解剖觀察」及「法醫毒物鑑定」無法確定死亡原因時，才須要作「組織切片」的顯微鏡觀察（日本的法醫制度則是將此組織切片送往更專業的病理學教授觀察，以確保鑑定品質）。未悉台灣目前的法醫解剖是依照那一國的標準作業程序？

三、法醫師主管機關應屬法務部

刑事訴訟法第218條規定：「遇有非病死或可疑為非病死者，該管檢察官應速相驗，如發現有犯罪嫌疑，應繼續為必要之勘驗。」「法醫相驗」及「法醫解剖」的宗旨與目標為「非病死者」的「犯罪偵查」，其專業訓練主要在於追查「非病死」之原因，以及意外、自殺或他殺的死亡方式之鑑定，其專業訓練與醫院病理醫師探究「病死」原因有所不同。且法醫解剖乃是法務部所轄之業務，行政主管機關為「法務部」，有何不妥？

四、法醫制度端視各國國情不同，而因地制宜

（一）美國的法醫實務操作有二，其一為驗屍官（Coroner）制度，其資格法律並未規定一定要醫師，而是經公民選舉的公正人士即可。其二，與驗屍官不同的，乃是 Medical Examiner 制度（日本譯為「監察醫」，與「法醫」有所區別，中國大陸譯為「醫學檢驗人」，如譯為「醫驗官」應更恰當）。依美國法律規定只要具備醫師資格即可擔任醫驗官，並未規定非病理醫師不可，甚至在某些地區，非醫師也可當醫驗官。此外，在英國甚至法律規定只限非醫師的「律師」才有資格當驗屍官。

（二）日本的主流法醫制度，乃是引進德國之制度，法律規定須具有大學法醫學科副教授以上資格者，才可以從事法醫解剖。因此，日本大學法醫學科之法醫毒物學及法醫 DNA 之教授，縱然未具醫師資格，但都有資格從事法醫解剖及鑑定，因為日本法醫學科的所有教師，都一起參加法醫案例之解剖及鑑定報告的撰寫及討論，況且要升到副教授，至少已四、五十歲，不論是學術或實務，都該具有相當的水準。

（三）於日本之另類的監察醫制度，則是二次大戰後，聯軍統帥麥克阿瑟將軍接管日本時，要求日本在五個大都市成立美式的 Medical ExaminerOffice（日本譯為

「監察醫務院」），從事「病死者」之解剖為主，而非日本的法醫主流制度，目前具有此制度的都市僅剩下東京、大阪和神戶，且逐漸的消失中。（詳見本刊本期所轉載之「台灣法醫師培育和法醫實務制度的探討」）。

五、法醫師是「犯罪偵察」；專科病理醫師是「疾病究查」

（一）中國大陸的法醫培育制度與台灣法醫師法所規定頗為類同，其法醫學系的學生，除須與醫學系學生修相同的課程及學分之外，另須修習法醫課程，但畢業後法醫師與醫師分流。醫師不能充當法醫師，如有意從事法醫工作者，仍須修畢全部法醫學課程及實習，再通過法醫師資格考試，方可取得法醫師資格。

（二）台灣一年約 2,000 例的法醫解剖，其經費也不過只有約 4,000 萬元的市場而已，證照由哪一個機關主管，端視各國制度而有所不同。法醫師如逕由醫師轉任，或法醫師係醫師中之一專科，則法醫師由衛生機關主管，係理所當然，但若法醫師已與醫師分流，且法醫師之職責係協助「犯罪偵查」，而非「疾病究查」，則由法務部主管，自更合理。何況事涉刑事之「法醫解剖」，最重要的是法醫鑑定的正確性，才是關係著司法之公正、人權之維護及社會之公平。且「非病死」

的「死亡原因」及死者係「意外」、「自殺」或「他殺」之「死亡方式」之確認,並非僅靠「法醫解剖」就可水落石出,往往仍須倚賴「法醫毒物」、「法醫DNA」等相關之法醫鑑定。

六、「交互詰問」法醫師可以勝任

該文中提及戕害司法改革中的「交互詰問制度」一節,其實此問題正是一個關鍵,到法庭去接受「交互詰問」恐非一般醫師所能勝任,且可能是一件揮之不去之夢魘。新制法醫師皆接受法律教育及法庭實習,出庭作證為其職責,有關法醫鑑定事涉專業,如有法醫師出庭,將可解除醫師之煩憂,這也是法醫師法的目標之一。

七、加強溝通,消弭歧見

此外,台灣法醫學會近三年來,連續舉辦多次研討會,邀請「醫界」各相關領域專家學者及「法界」的學者、檢察官、法官及律師公會全國聯合會、台北律師公會、民間司法改革基金會等之律師,參與「法律人」與「法醫人」的對話,為提升台灣法醫鑑定品質而努力。如果醫界對法醫師法或法醫制度仍有疑慮之處,法醫學會隨時歡迎通過學術性之相互討論,共同協助台灣法醫的發展,讓人權得以維護及司法正義得以伸張。

八、提高法醫素質,建構法醫新制

最後,非常感謝洪醫師及醫界對法醫的關心及指教。事實

上，由於待遇、工作環境、升遷管道及地位等，法醫師與臨床醫師仍有很大的差距，因此，台灣50年來雖培育了5萬多名醫師，但目前投入各地檢署法醫工作的醫師僅有4名，這也是需要立法訂定法醫師法的原因。如有醫師願意投入法醫界，當然非常歡迎。依照法醫師法之規定，通過合理的法醫教育及訓練，醫師仍可取得法醫師資格及執行法醫業務。2007年依照「法醫師法」的新制度，經法醫學研究所畢業及國家考試取得台灣第一位新制「法醫師」資格者，即為醫師。同樣的，依照法醫師法，過去十幾位兼任法醫解剖的病理醫師，也依照該法的落日條款，就地合法，方取得「法醫師」資格。

結　論

　　各國都會針對不同的國情及需求，而設計有不同的制度。不論白貓或黑貓，會抓老鼠的就是好貓。因此，不宜對不同的制度，就逕指控為「違背世界潮流」。況且，筆者等於2008年9月出席日本大阪第七回國際法醫學大會，報告台灣法醫師法新制度，尚獲得各國法醫先進的正面回響。如今，台灣法醫新制度已誕生，我們將盡力維護，並加以發揚，期待明天會更好。

參考文獻

1. 郭宗禮、邱清華、陳耀昌：台灣法醫師的培育和法醫實務制度的探討。醫事法學 2003;10（1）:8-21.

2. Chiu CH（邱清華）, Kuo TL（郭宗禮）, Chen YC(陳耀昌), Yang PY（楊全斌）: A new system for forensic physicians in Taiwan. Legal Medicine 11. 2009:194-195.

3. Knight B.: The medico-legal autopsy. In: The Coroner's Autopsy: A Guide to Non-Criminal Autopsies for the General Pathologist. Edinburgh, Churchill Livingstone 1983.

4. Dominick J. Di Maio, Vincent J. M. Di Maio: Forensic Pathology. In: Medical Investigation Systems. Florida, U.S.A., CRC Press Inc, 1993.

5. Luke JL.:"Disadvantaged"Medical Examiner Systems. The American Journal of Forensic Medicine and Pathology 1994:15:93-94.

6. Prahlow J. A., Lantz P. E.: Medical examiner/ death investigator training requirements in state medical examiner systems. Journal of Forensic Sciences 1995:40:55-58.

7. 水野禮司：M.E.（Medical Examiner）System。日本法醫學雜誌 1950;4:225-227.

8. 永田武明、原三郎：法醫學，第三版。日本，南山堂，1991。

9. 若杉長英：法醫學，第三版。京都，金芳堂株式會社，1994。
10. 吉田謙一：法醫學案例。東京，有斐閣株式會社，2001。
11. Ajiki W, Fukunaga T, Saijoh K, Sumno K: Recent status of the medical examiner system in Japan: demographic variation of medicolegal deaths in Hyogo prefecture and uncertainty in medicolegal investigations conducted by medical practitioners. Forensic Science International 1991;51:35-50.
12. Brinkmann B, Cecchi R., Chesne A. Du: Legal medicine in Europe -- Quo vadis? International Journal of Legal Medicine 1994;107:57-59.
13. Brinkmann B: Harmonisation of medico-legal autopsy rules. International Journal of Legal Medicine 2000;160:997-999.
14. Mavroforou A, Michalodimitrakis E.: Forensic pathology on the threshold of the 21st century and the need for harmonization of current practice and training. The American Journal of Forensic Medicine and Pathology 2002;23:19-25.
15. Molina D.K, Wood E. W, Frost R.E. Is routine histopathologic examination beneficial in all medicolegal autopsies ? The American Journal of Forensic Medicine and Pathology 2007;28: 1-3.

16. National Association of Medical Examiners. (2005, October17). Forensic autopsy performance standard. From http://thename.org/

（本文原刊載於：台灣法醫學誌，1 卷 1 期（2009 年），頁 33-37。）

死亡、保險、與法醫鑑定
——死亡方式 vs. 死亡原因

邱清華
台灣法醫學會 前理事長
中華民國消費者基金會 名譽董事長

一、保險與理賠之爭議

　　保險，就是萬一出險時有保障。民眾購買保險，目的是不幸遭受意外之時，能獲得財務上的補償，惟如應獲理賠而未獲，無疑就喪失了保險的積極意義與社會功能。

　　事故的發生已是不幸，但受險者或其家屬向保險公司請求理賠時，卻時有遭受刁難的情形發生。其中原因很多，除溝通不良外，原因之一是受害者之醫學診斷或法醫鑑定未能精確或完整，而致因果關係未明，引發理賠爭議，終使投保者未能獲得及時的賠償，而保險業者商譽卻又受損。因而，造成投保者與保險業者雙輸的局面，殊為可惜。

二、法醫鑑定的重要性

　　民眾購買保險，目的是為了萬一遭受意外或不幸之時，期能獲財務的補償、理賠的保障。然而，卻有不少的個案，往往發生投保者不能獲得如願的理賠，其原因很多，但其中一項，

Ⅲ 死亡、保險、與法醫鑑定──死亡方式 vs. 死亡原因

如上所述與法醫鑑定或醫師的診斷證明書有關。由於在診斷上的觀點差異,或僅根據當時法醫相驗所見或屍體解剖局部發現,而致所下診斷,雖固有所本,但卻因未窺全豹,以致引發保險業者以偏蓋全而拒絕理賠,投保者則可能應該獲得理賠,結果卻未得。因此,抱怨連連,造成社會的不平。保險的社會意義與積極的功能,也因而受損。職是之故,如何才是合乎科學、倫理、及社會需求的正確診斷,保險業者也可因此而能對理賠有更明確的發放標準,使保險事業更能發展,民眾的權益獲得應有的保障。

三、賠償醫學的興起

賠償醫學涉及法律、醫學及鑑定,為法醫學最重要課題之一。日本早於 1982 年成立「賠償醫學研究會」。我國於 1990 年 3 月,由筆者擔任「中華民國醫事法律學會」理事長時,即曾邀請「日本賠償醫學會」理事長渡邊富雄教授來台,介紹此項新觀念,當時並召開研討會,廣泛加以討論,獲得各界回響。然而,遺憾的是,台灣歷經二十年,賠償醫學卻無甚進展,其中原因之一,是醫界保守的觀念作祟,一旦談到賠償似乎就牽連到醫療過失的存在,認為有過失才有賠償。因此,有誰願意談自己的過失呢?更何況談賠償呢?

四、法醫師的任務:相驗與解剖

1. 依刑事訴訟法第二百一十八條第一項及第二項前段:

「遇有非病死或可疑為非病死者，該管檢察官應速相驗。檢察官得命檢察事務官會同法醫師、醫師或檢驗員行之。」因此，對於非病死或可疑為非病死者，是檢察官相驗的對象。檢察官且得命檢察官事務官會同法醫師、醫師或檢驗員行之。

2. 至於解剖屍體，根據刑事訴訟法第二百一十六條第二項及第三項：「檢驗屍體，應命醫師或檢驗員行之。解剖屍體，應命醫師行之。」換言之，檢驗屍體，可由醫師或檢驗員執行；解剖屍體，則只有由醫師執行之。

3. 民國95年（西元2006年）新制訂實施之「法醫師法」第九條：「依刑事訴訟法規定所為之檢驗或解剖屍體，非法醫師或委託執行的執業法醫師，不得為之。」基於此，醫師執行法醫業務便受到限制。然而，法醫師法第四十八條規定：「醫師自本法施行屆滿六年起，不得執行刑事訴訟法規定之檢驗、解剖屍體業務。」據此，醫師可繼續執行屍體相驗、解剖至2012年底止。按法醫師於2005年12月28日發布，2006年12月28日施行，其屆滿六年時，即2012年12月28日。

五、相驗或解剖屍體之目的

法醫相驗及法醫解剖乃是尋求「非病死」或「可疑為非病死」的人是什麼死法，也就是追求查明其「死亡方式」。

III 死亡、保險、與法醫鑑定──死亡方式 vs. 死亡原因

死亡方式的分類如下：
1. 病死／自然死（屬病理醫師的業務）
2. 非病死／非自然死（屬法醫師的業務）
   （1）意外
   （2）自殺
   （3）他殺
   （4）未確定（或未能確定）
3. 未確定（或未能確定）

根據上述之之分類，可知如因「意外事故、自殺、他殺致死或未確定者，都非屬於『病死』（自然死）」。換言之，「病死」者須排除「非病死」之「意外事故、自殺、他殺致死、或未確定者」。進而言之，縱然這些「非病死」之案例，經解剖發現有許多「病」的存在，其死亡方式仍與「非病死」有關。其鑑定報告應為「非病死」，且須進行「犯罪」之偵察程序。

六、意外險死亡的理賠

依保險法第一百三十一條第二項規定：「意外傷害，指非由疾病引起之外來突發事故所致者。」因此，意外保險理賠主要是賠給非病死者。如係病死，則將被拒賠。因此，法醫師簽發死亡證明時，宜格外小心，如未參考死亡現場資料、警方調查資料、死者病歷資料等，而輕率寫上病死／自然死，則死者家人即無法獲得理賠，而被保險業者所乘。

另外，投保時如已有病或曾得病，而未曾據實填報者，一

且出險即會被指為故意隱匿病史，或因過失遺漏，或為不實之說明，保險公司即據而拒賠，且得解除保險契約。此即保險公司所常用以拒保的條款，有稱之謂「陷阱條款」，即保險法第六十四條第二項規定：「要保人故意隱匿，或因過失遺漏，或為不實之說明，是以變更或減少保險人對於危險之估計者，保險人得解除契約；……。」

然而，在保險理賠紛爭實務上，投保者投保時未知自己曾得何病，或未記得何病，或雖得輕症之病而未加注意時，或曾得病惟醫師未有明告，病人亦不清楚，但病歷上卻有記載。一旦發生保險糾紛時，由於保險公司很容易獲得投保者的全部詳細病歷資料，病人本身卻難取得病歷資料，一有糾紛，投保者往往吃虧，有啞吧吃黃蓮之苦，而遭受拒賠之痛。同理，法醫在相驗或解剖後，如輕易寫上病死／自然死，其結果也是導致受害者無法獲得理賠。

七、死亡原因（Cause of Death）vs. 死亡方式（Manner of Death）

1. 死亡原因：是為了追究體內因素所造成死亡的過程。

   探究因何「病」而致死，是病理醫師尋求的目標及專業。但其他因「器械、藥物、毒物等」而致死，則非病理醫師之專長，而屬法醫師之專業。

2. 死亡方式：主要是指體外致死的因素，固然，隨後身體內也會有生理、病理變化，最後終至死亡。

III 死亡、保險、與法醫鑑定——死亡方式 vs. 死亡原因

　　如上所述，死亡方式是分辨是什麼死法，是因「病」或「非因病」而死；如係「非因病」而死，則須進一步追查是否意外？自殺？或他殺而死？問題是病患也會發生因「非病」而死，但不管是什麼死法，在瀕臨死亡的過程，都有類似的生理、病理變化，最後都是心跳停止，呼吸停止，瞳孔放大而離開人世了。因此，有時若非審慎仔細尋找體外致死原因，便以為是因病而死。縱使執行屍體解剖，初步容易找到「病因」，而忽略了體外「非病因」。尤有進者，縱使找到了「非病因」，但同時也有發現一些「病因」，卻一齊將二者都寫在報告上，而致「病死」與「非病死」並列，因而掩蓋了「非病因」，終於造成保險公司一知道有「病因」存在，便藉以作為拒絕理賠的堂皇理由，結果導致病家卻因此而未能獲得應得的理賠，如此，孰人之過呢？

八、死亡的過程

　　自然死：疾病 → 瀕臨死亡 → 死亡

　　非病死：$\begin{cases} 意外 \\ 自殺 \\ 他殺 \end{cases}$ → 瀕臨死亡 → 死亡

　　（惟死者雖原罹有疾病，也可能死於「非病死」，但死者因罹有疾病在身，故往往可能被忽略而認為是「病死」。）

九、法醫解剖引發的保險理賠爭議

由於法醫解剖或病理解剖的報告或屍體相驗報告，難免有時僅止於眼觀所見，可能顧此失彼，而未能探究其他既存在而未看到的「非病因」之因果關係，而致有所誤判，而偏向病因，忽略了非病因，終而影響受害者請求保險理賠，甚或遭受拒賠。

茲舉二例以說明之：

1. 甲案（解剖個案）：

死者甲，機車車禍而致體傷多處，有蜘蛛膜下腔與硬腦膜下出血，惟死者生前原有上消化道出血、肝硬化、肝膿腫之病，不幸於一個月後死亡，臨床診斷是多重器官衰竭。

解剖所見：死因是有多重病症存在而致腸胃道出血性休克。

死亡方式：病故。

結　　果：因未獲理賠而發生爭議。

分　　析：（1）本案死亡方式竟是「病故」，令人詫異。

　　　　　（2）死者縱原有病，惟不一定因此而死亡，但因車禍發生致顱內出血而在開刀的壓力下，快速發生敗血症及上消化道出血等併發症，造成多重器官衰竭而致死亡，此項死亡自與車禍有因果關係，死亡方式應為意外，自應予以理賠。

III 死亡、保險、與法醫鑑定——死亡方式 vs. 死亡原因

（3）法醫師所追究的應是「死亡方式」為主，也就是否因意外、自殺、他殺而死；但病理醫師往往追究的是「病因」，就是因何病而死，以及受傷或疾病在體內發生的病理變化，及終至死亡的原因。

2. 乙案（相驗個案）：

死者乙，因車禍而致體傷多處，二個月後因鼻出血造成呼吸道阻塞死亡。

相驗結果：死因是上消化道出血致死。

死亡方式：病死或自然死。

結　　果：因未獲理賠而發生爭議。

分　　析：（1）呼吸道出血係因車禍而引起，在出險後的二個月治療中，因為心理壓力可造成上消化道出血，皆肇始於車禍，與車禍有因果關係，自應予理賠。

（2）由於解剖所見係以當時目視器官所呈現的變化為主，而未探究其前因後果，而無法彰顯其「非病死」的死亡方式，終致無法獲得理賠，不無遺憾。

（3）保險業者或以保險法第一百三十一條第二項：「意外傷害，指非疾病引起之外來突發事故所致者。」認為上消化道出血是

「病」,並非外來突發事故,以作抗辯而拒賠。然則,上消化道出血因何而發生,實肇自車禍,係因車禍隨伴而來之症狀或疾病,或稱其為併發症,實難脫與車禍之因果關係,保險業者不予理賠,顯非合理。

十、法醫師與病理醫師：

(一) 任務有所不同

病理醫師：探究因何「病」而致死。

法醫師：探究「非病死」,進而追查犯罪。

(二) 目標有所不同

病理醫師：「因病死」之死亡原因為主。

法醫師：「非病死」之死亡方式為主。

十一、死亡方式的分類與指標

「美國醫驗官公會」（National Association of Medical Examiners, NAME）於 2002 年,出版「死亡方式分類指標」（A Guide for Manner of Death Classification）,特別指出法醫師最重要的工作,就是鑑定死者的死亡方式,尤其是追究「非病死的死亡方式」,蓋其可能牽涉及他殺等刑案。尤引人關注的是何以研判「死亡方式」?其研判的基本關鍵前提,是靠「情境決定」,包括死亡現場、犯罪偵查、刑事鑑識情資等等;而非由「病

III 死亡、保險、與法醫鑑定——死亡方式 vs. 死亡原因

理決定」，解剖並非萬能，只是鑑定方法之一，自不可能判斷所有的「死亡方式」。

復按美國所謂「Medical Examiner」一詞，一般多譯為「法醫師」，然因美國並無法醫師（Forensic Physician）制度，翻譯為「法醫師」，有違事實真相，故本文將 Medical Examiner 譯為「醫驗官」，以求貼近原字意而免失真。

總而言之，研判「死亡方式」的基本前提：

必須由：情境決定（circumstance-dependent）

非僅由：解剖決定（autopsy-dependent）

十二、法醫鑑定的確認程度（Degree of Certainty）

法醫鑑定影響法庭判決正確性甚鉅，也是司法正義、人權保障之所賴，且往往涉及一個人的生死，不得不慎。然因法醫學係一具有生物學的變異性質，以及屍體解剖時外觀環境影響，解剖者難免有主觀判斷，且隨其個人學歷、經驗與學派，而有差異存在。其最後的綜合所作的確認度，因人而有程度上的不同，故不應僅以「零和」為表示，宜有量化的呈現，以彰顯其真正的含意。

茲根據「美國醫驗官公會」所提出的指標，作下列簡介：

1. Undetermined（less than 50% certainty）.

   未確定（確認度低於 50%）。

2. Reasonable medical or investigative probability（greater than a 50:50 chance; more likely than not）.

具合理的醫學／調查機率（大於 50% 的機會，無法予以否定）。

3. Preponderance of medical/investigative evidence（for practical purposes, let's say about 70% or greater certainty）.
具優勢的醫學／調查證據（實務上言，有大約 70% 或更高的確認度）。

4. Clear and convincing medical/investigative evidence（for practical purposes, let's say 90% or greater certainty）.
具明顯而令人信服的醫學／調查證據（實務上言，有 90% 或更高的確認度）。

5. Beyond any reasonable doubt（essentially 100% certainty）.
不具任何合理質疑者（應有 100% 的確認度）。

6. Beyond any doubt（100% certainty）.
不具任何質疑者（有 100% 的確認度）。

十三、「嚇死人」也算「他殺」

被他人嚇到而心生恐懼，因而遭受傷害，甚至導致死亡時，可歸為「他殺」。惟此項死亡縱使作屍體解剖，恐也不一定能得病理證據，然亦不應影響其為「他殺」的鑑定。

（Homicide occurs when death results from a volitional act committed by another person to cause fear, harm, or death.）

III 死亡、保險、與法醫鑑定——死亡方式 vs. 死亡原因

十四、當外因與內因共存時,應歸為「外因」(即非自然死)

通常,當「死亡」涉及自然程序(如疾病)與外在因素(如受傷、中毒)同時存在而致死時,其死亡方式應判定為「非自然死(非病死)」為宜。

(In general, when death involves a combination of natural processes and external factors such as injury or poisoning, preference is given to the non-natural manner of death.)

十五、「死亡方式」的案例類型

包括自殺、中毒、槍走火、蛇咬死、過敏死、醫療過失、嗆死、哽死、手淫死、嬰兒猝死症候群……等多種。

十六、摒棄舊觀念・引進新做法

死亡方式的分類就在某種程度上言,往往是基於歷史與傳統的因素,各國各地均有一套原有的作法與寫法,習慣成俗,往往不願修正。若進一步尋究為何作如此的分類,通常的反應答案無非是「我所受的訓練,以及我所學的就是這樣,且我從事這行以來,就是這樣。」我為什麼要改?原來,人類的慣性就是社會進步的絆腳石,其病根在此!

(Manner-of-death classification has, to a signification degree, an element of history and tradition. When asked why manner-of-death is classified in a specific way, a not uncommon response is "that's the way I was trained" or "that's the way it's always been done where I have worked."）

十七、結論（一）：對法醫人的期待

1. 法醫師／醫師對保險鑑定或診斷，應根據多方證據，詳究其前因與後果，審慎作出合理判斷，避免被保險業者所斷章取義，甚至被利用作為拒絕理賠的藉口。
2. 決定保險相關鑑定時，要以社會良知為主軸，同情受險人的遭遇，給予適當的正確鑑定，不可心存避免麻煩，而導致不正義的結論。
3. 法醫人要認定自己是社會中堅的一份子，應有專業的倫理與職業道德，努力締造一個公平合理的社會。

十八、結論（二）：對保險業的期待

1. 保險就是在危險發生時能有保障之謂。否則，投保有何用？保險應發揮雪中送炭之作用。
2. 保險者要有道德良心，被保險人出了險，即應儘速予以理賠，方係正辦。而不應該是儘量不賠，減賠或拖賠。
3. 保險業者不應以減少理賠作為業績獎金，不可以鼓勵員工對出險者給予理賠的種種刁難。
4. 對於以保險詐財或虛偽作假者應予拒絕理賠，以維社會善良風氣，而避免投機取巧者得逞。
5. 正當經營的保險公司甚少虧損的，因為理賠若超出預算時，常藉由調整保險費率，以資挹注。

6. 保險公司的虧損大多因投資不利、經營不善而引起,並不是由於理賠過多所拖垮。

(本文原刊載於:台灣法醫學誌,2卷1期(2010年),頁29-33。)

《法醫師法：催生與革新》

江國慶冤死案的致命科學證據

李俊億
法務部法醫研究所
國立台灣大學法醫學研究所

摘　要

　　民國 85 年空軍作戰司令部女童姦殺案之兇手江國慶被確認為冤死，為亡羊補牢，政府應查明冤獄原因，嚴懲造成冤獄之人，並要求相關單位深切檢討，避免再生冤獄，始足以平息江家與全民之怒。然近日所見相關單位在追究冤獄責任時，令人直覺僅在追究刑求責任，而非冤獄責任。固然刑求與冤獄間容有相當的因果關係，但就本案起訴書與歷次有罪判決書中均以絕大篇幅羅列科學證據以證明江國慶強姦殺人，且依監察院報告顯示，江國慶在鑑定報告提出後才被鎖定並刑求，顯見本案科學證據之重要性。本案若無這些「科學證據」，江國慶應不可能冤死。為協助司法找出冤獄真相，讓偽科學證據現出原形，本文將分析這些應該發現真相的「科學證據」如何成為無辜者的夢魘，並提醒法醫與鑑識人員引以為鑑。

關鍵字：江國慶、冤死、偽科學、法醫、DNA 鑑定

通訊作者：李俊億；100台北市中山南路七號，國立台灣大學法醫學研究所
E-mail: jimlee@ntu.edu.tw

III 江國慶冤死案的致命科學證據

The Lethal Scientific Evidences in the Wrongful Execution of Chiang Kuo-Ching

James Chun-I Lee

Institute of Forensic Medicine, Ministry of Justice, New Taipei, Taiwan

Department of Forensic Medicine, National Taiwan University, Taipei, Taiwan

Abstract

After the confirmation of the wrongful execution of Air Force Private Chiang Kuo-Ching for raping and murdering a five-year-old girl in 1996, the government should impose severe punishment on authorities for their mistakes to avoid repeating the tragedy and cease the rage from Chiang's family and the public. From the recent responsibility investigation, however, it seems only to look into the officials for the torture but the miscarriage of justice. Although the connection between the torture and the miscarriage of justice cannot be ignored, scientific evidences played a critical role in the description of corpus delicti in the indictments and verdicts. And from the report of the Control Yuan, Chiang was targeted and tortured after receiving the scientific evidences. Without these "scientific evidences," Chiang should not be wrongfully executed. To assist the judicial department recognizing the junk scientific evidences, this report will reveal how the truth finding scientific evidences become the nightmare of innocence. Let this be a lesson to experts of forensic medicine and forensic scientists.

Keywords : Chiang Kuo-Ching, Wrongful execution, Junk science, Forensic medicine, DNA profiling

一、前言

　　總統馬英九先生於第十二屆競選政見中提及「增設獨立鑑識機構，以確保鑑定報告公正性，避免冤獄」，不知是巧合抑或有先見之明，此政見竟應驗了「莫非定律」（Murphy's Law）。民國 85 年因涉嫌空軍作戰司令部謝姓女童被姦殺案遭槍決之士兵江國慶，在民國 100 年 9 月被國防部北部地方軍事法院證實是冤獄，但江國慶已被槍決。人命無法挽回，雖有上億元天價的賠償金，但國家還是永遠背負著對不起江國慶與其家屬的責難，尤其政府若無法面對本案的教訓，提出改善措施，則未來恐難避免再生冤獄。雖然目前本案國賠求償單位已對當

Correspondence: James Chun-I Lee; Department of Forensic Medicine, National Taiwan University, Taipei, Taiwan
E-mail: jimlee@ntu.edu.tw

❙Ⅲ❙ 江國慶冤死案的致命科學證據

時涉及刑求的軍官們提出財產假扣押,但本案被引為偵訊、起訴與判決基礎的科學證據,係無辜被誤解抑或有意配合而造成冤獄的結果,頗值得探究。目前被追究的調查軍官們多已退伍或退休,為禍機率已然減小。然倘若因鑑定人員提供的偽科學證據而造成冤獄,則形同間接害死無辜者,豈能不予追究個人與機關之責任?而此類鑑定人員目前若仍在職,則可能繼續為禍;此類鑑定機關之鑑定機制若未檢討改善,亦可能繼續為禍,而其所經辦之鑑定案件又豈能不予重新鑑驗?以確保司法公正及維護人權。

　　科學證據應協助調查人員發現真相、驗證偵查與避免冤獄,然而本案科學證據卻成為江國慶無法擺脫冤獄的魔咒。其中有許多外行人皆可分辨之謬誤,鑑定專家竟然執迷謬誤,令人不解。江國慶冤死已成舉國驚慟的事實,然當時參與鑑定之專家與鑑定機關仍堅持其所為之鑑定並無錯誤,至今仍繼續從事司法鑑定工作,毫無鑑識道德與反省能力,令人遺憾。為讓本案之科學證據能引起重視與正確解讀,本文將依據江國慶案起訴書[1]與歷次死刑判決書[2]所載關鍵之科學證據逐一分析,提醒鑑識人員勿重蹈覆轍。

---

[1] 空軍作戰司令部軍事檢察官起訴書,85年瑞訴字第045號。
[2] 空軍作戰司令部,85年清判字第061號判決;國防部,86年覆高則劍字第01號判決;空軍作戰司令部,86年清判字第021號判決;國防部,86年覆高則劍字第06號判決。

二、案情摘要

　　由於本文探討重點為科學證據,因此僅摘錄與科學證據相關報導之案情發展,其中隱含鑑識配合偵查的痕跡,讓人不寒而慄。下列案情摘要 2 至 11 摘錄自聯合知識庫[3],案情摘要 12 摘錄自內政部警政署《日新》雜誌[4]。

1. 民國 85 年 9 月 12 日,年僅五歲之謝姓女童跟隨在空軍作戰司令部福利社餐廳工作之母親上班玩耍,當日下午卻被發現陳屍在該餐廳廁所外水溝旁。

2. （1996-09-13／聯合晚報／03 版／話題新聞）（記者吳家詮／台北報導）據了解,謝童下體受創的部位很大,不像單是男性生殖器插入的傷口,據研判可能遭歹徒以手指或異物猥褻,致大量失血。

3. （1996-09-14／聯合報／07 版／社會）（記者張榮仁、盧德允／台北報導）軍事檢察官空軍中校趙台生,會同台灣高檢署法醫中心主任方中民教授、軍法醫蕭開平教授等剖驗謝童屍體。法醫驗屍發現,女童下體受創極為嚴重,陰道到肛門破裂成一大傷口,導致大量出血,檢警法醫研判,歹徒對女童強姦施暴時可能曾以指掌猥褻,手法狠毒令人不忍卒睹。

---

[3] 聯合知識庫,1996 年 9 月至 1997 年 1 月,http://udndata.com/。
[4] 謝松善:由案例探討當事人蒞庭及交互詰問制度刑案現場勘查應有之認知與作為。日新 2004;3:72-80。

4. （1996-09-15／聯合報／07版／社會）（記者陳金章／台北報導）台北市刑警大隊鑑識組，昨天已將在空軍作戰司令部營內遭姦殺謝姓女童遇害等地點採得的指紋及血衣、精液、毛髮等相關證物、跡證，送往刑事警察局進行化驗、鑑定、比對，追查涉案兇手。

5. （1996-09-15／聯合晚報／01版／要聞）（記者劉開元／台北報導）空軍作戰司令部及憲調人員今天上午發動官兵對全營區全面搜索，終在靠近南區營部圍牆的一處草叢中，發現一支沾滿血跡的類似水果刀的尖刀，疑為殺害謝童的歹徒持用凶刀作案後棄置該處。

6. （1996-09-16／聯合晚報／07版／社會新聞）（記者韓國海／台北報導）空軍作戰司令部營區內發生的五歲謝姓女童命案，警方採得的血跡、指紋等跡證，經送刑事警察局化驗結果，出人意外的是其間並無精液反應。由於昨天專案人員在餐廳的吧台內發現一把被洗過但仍沾有血跡的鋸齒狀水果刀，且在進入餐廳的玻璃門上發現有一處血跡及疑為歹徒留下的指紋，軍方除協請警方前往採證，並根據證物研判可能是歹徒在廁所殺害謝童，並將之丟到廁所外，逃出餐廳處理謝童屍體時，在門口的玻璃門留下血跡及指紋，而謝童身上並未有刀傷，致死主因是下體大量出血，出血原因是被硬物插入，因而研判查獲的水果刀是被歹徒用來恐嚇女童就範，甚至用來插入謝童下體之物。

7. （1996-09-17 ／聯合報／ 07 版／社會）（記者陳金章／台北報導）台北憲兵隊昨天將在空軍司令部營區停用餐廳吧台下找到的日本鋼製鋸齒刀，送交台北市刑警大隊鑑識組。警方指出，鋸齒刀長約三十公分，與謝姓女童下體遭到異物插入嚴重受創長度相當接近，但是軍警初步調查，那把刀在餐廳仍在營業時即已放置吧台下面，未發現有血跡，至於是否殘留血漬及是否遭到兇手清洗過，仍要深入鑑驗才能確認。空軍作戰司令部營區女童命案，軍警專案小組將遇害女童的衣物等廿八件證物，送刑事局生物分子實驗室比對 DNA，警方初步鑑定並未發現兇手精液，另證物上所留的血跡，經化驗都是女童的血跡，未發現兇手的血跡，此一化驗結果，出乎警方辦案人員意料。

8. （1996-10-05 ／聯合報／ 03 版／焦點）（記者盧德允、陳一雄／台北報導）空軍總部昨天宣布偵破空軍作戰司令部營區謝姓女童命案，嫌犯上兵江國慶坦承行凶，證物包括血衣、凶刀，及現場廁所內尋獲衛生紙上沾有謝姓女童的血跡並遺存江嫌之精液斑痕，但仍繼續蒐證以補強證據。空軍總部政戰主任李天羽昨天晚上六時，率同國防部法醫中心，台北市憲兵隊、北市刑大、作戰司令部軍法組等單位人員，在命案發生營區舉行記者會，說明嫌犯犯案過程及破案細節，並向死者家屬及社會致歉。由於軍方遲未破案，一度引起外界質疑，家屬甚至揚言抬棺到營區抗議，

III 江國慶冤死案的致命科學證據

使軍方面臨極大壓力。日前軍方將江國慶及另一名在福利社工作的士兵，帶到調查局作測謊，結果江國慶的測謊出現異常反應，另一士兵則沒有異狀，軍方認為江涉嫌重大。李天羽指出，本案發生後軍方即與憲兵隊、法醫中心、市刑大、調查局相關單位成立專案小組，動員上千人力，逐一清查、過濾所有線索、證物，幾天內即掌握了數名特定對象，再進行訪談。為求勿枉勿縱，破案證據詳盡完整，必須運用科學儀器作精密比對檢驗，也就十分耗時，並非外傳案情一度膠著。而破案的關鍵，是江嫌良心不安，在訪談時心神不寧，言語上存有太多疑點、矛盾；經進一步偵訊，江嫌終於被突破心防，供出犯案經過，陳述時還不停流淚。

9. （1996-10-11 ／聯合報／ 07 版／社會）（記者劉福奎／台北報導）軍方在宣布破案時指出，謝姓女童遭姦殺案發生後，軍方依地緣關係列出四名對象進行清查，上個月卅日，空軍作戰司令部派員把四名對象帶到調查局進行測謊，發現上等兵江國慶在八次反覆測謊下，均呈現情緒波動反應，調查局同時利用儀器針對命案現場找到沾有女童血跡衛生紙上的精斑反應，進行 DNA 檢驗，發現與江嫌的 DNA 型別相符。

10. （1996-11-01 ／聯合晚報／ 07 版／社會新聞）（記者劉開元／台北報導）軍事檢察官在起訴書中指出，江國慶今年

9月12日下午1時許,在任職的空戰部福利社廁所自慰,被隨母親前往福利社工作玩耍的謝姓女童撞見,江將女童拖進廁所意圖強暴,因謝年幼,江無法如願,又怕謝童大叫,於是將謝童勒至昏迷,並持福利社的鋸齒狀水果刀朝謝童下體猛戳,然後棄屍廁所外,軍方專案人員於上月4日宣布破案,並有江的自白書及凶刀、江的血、精液鑑定報告。

11. (1997-01-02／聯合晚報／05版／社會新聞)(記者范立達／專題報導)調查局第六處測謊室主持人李復國,是目前國內唯一曾在美國接受過完整測謊訓練的專業人員,他也是國內唯一獲得美國測謊協會(APA)認證為最高級(full member)的測謊專家。對於測謊的精確性,李復國有著十足的把握。他說:「測謊不是偵訊,只是一種辨識的方式。我提問題,你可以不必回答我,因為,你的身體會說話,它會告訴我實話。」李復國說,測謊是保障人權的象徵,因為它可以取代刑求,而且透過精確的判斷,更可以縮短辦案人員的蒐證時間,以及過濾嫌犯有無涉案。他舉例,空軍作戰司令部女童被姦殺命案,空總送來四名嫌犯受測,經過測謊,他排除三人,剩下的一名有說謊反應,果然就是凶手;周人蔘案的少年隊官警,到調查局接受測謊後,見謊言被拆穿,第二天就寫下自白書。

III 江國慶冤死案的致命科學證據

12. 2004年8月內政部警政署《日新》雜誌第76頁第24行以空軍作戰司令部謝姓女童命案為案例,作者敘述:「參與該案現場勘察與專案會議之心得加以探討說明(三)物證詮釋的合理性:由犯罪現場蒐集的物證及鑑析的結果,有時無法得到直接而滿意的答案。在相關證據尚未蒐集完整之前,其研判更應小心謹慎,結論更應有所保留,以免事後發現判斷錯誤,要自圓結論甚為困難,更容易造成判斷草率的質疑。因為有些證據的詮釋,在相關跡證尚缺乏的情況之下,是很難得到肯定的答案。在本案初步結論之中,兇器的研判及死亡時間的推定,事後均發現有誤差而作修正,當然也淪為家屬質疑是否為了配合偵查審判而作的結果。」

三、致命的科學證據

以下所列僅為本案起訴書與歷次有罪判決書中,以絕大篇幅羅列積極證明江國慶強姦殺人之關鍵科學證據,其餘科學證據則不在此處討論,請參閱台灣台北地方法院檢察署檢察官,100年度偵字第3122號起訴書[5]及國防部北部地方軍事法院,100年再字第001號江國慶強姦殺人案再審判決書[6]。

---

[5] 台灣台北地方法院,100年度偵字第3122號起訴書。
[6] 國防部北部地方軍事法院,100年再字第001號服股判決。

（一）編號 11-1 衛生紙上的精液與精液上的 DNA 證據

1. 找精液追嫌犯

依據空軍作戰司令部軍事檢察官起訴書（以下簡稱空戰部起訴書）記載內容顯示，本案讓江國慶無法脫身的第一個魔咒是精液與精液上的 DNA 證據，這是命案現場廁所垃圾桶內的編號 11-1 衛生紙上的痕跡證據。本案為強姦殺人，既是強姦，則首要證物是精液，若能在編號 11-1 衛生紙上鑑定出精液，再從精液上萃取到 DNA，接著鑑定出 DNA 型別，則找到兇手破案之日應不遠，因為兇手應是營區內的官兵。

2. 刑事警察局鑑定衛生紙無精液，法務部調查局鑑定有精液

然而依據上述案情摘要 6，警方採得的跡證，經送刑事警察局化驗結果，並無精液反應。但在空戰部起訴書則引用法務部調查局鑑驗結果：「2. 編號 11-1 證物，含人類血跡及精液，其血型為 A 型。」

3. 法務部調查局鑑定精液無對照組亦無排除血液污染機制，鑑定結果存疑

在法務部調查局鑑驗結果 2 所提「編號 11-1 證物，含人類血跡及精液，其血型為 A 型」，經查該局並未以顯微鏡檢查精子細胞，而以抗人精液免疫沈降環反應法（下稱精液免疫法）呈陽性反應部分，此反應結果因（1）檢體混有血液，此檢體檢驗時，亦應與陽性、陰性與血跡對照樣品同時進行反應，若為陽性，

應照相存證以資證明，本檢驗結果並無實驗紀錄可供查考，因此無法判斷檢體中是否含有精液；（2）精液免疫法的使用有其限制，應避免使用在含有血液的檢體，因依據 Baxter 的研究報告[7]指出，此類免疫法需要具備極高特異性的血清抗體才能獲得可靠的結果，尤其此類方法中多數血清具有抗 A 的活性，只要檢體中含有 A 型血液，則此免疫反應即使無精液亦將呈陽性反應。此檢驗檢體正好是血斑與疑似精液斑的組合，而此血斑也正好是精液免疫法檢驗精液的污染源，此精液鑑定的可靠性令人懷疑。

4. 法務部調查局鑑定衛生紙上的精液 DNA 為江國慶所有

依據空戰部起訴書引用法務部調查局鑑驗結果：「1. 受害人血型為 A 型，HLA DQα 為 3；3 型，LDLR 為 B；B 型，GYPA 為 A；A 型，HBGG 為 B；B 型，D7S8 為 A；A 型，GC 為 A；B 型。2. 編號 11-1 證物，含人類血跡及精液，其血型為 A 型，DNA 呈現混合之型別如下：HLADQα 為 1.1；3；4 型，LDLR 為 B；B 型，GYPA 為 A；B 型，HBGG 為 A；B 型，D7S8 為 A；B 型，GC 為 A；B；C 型。3. 涉嫌人『18J』（即江國慶之代號）之血液，血型為 A 型，HLADQα 為 4；4 型，LDLR 為 B；B 型，GYPA 為 A；A 型，HBGG 為 A；B 型，D7S8 為 A；B 型，GC 為 A；C 型。4. 依上述檢驗結果，編號 11-1 證物其呈現之 DNA 混合型分別包含被害人謝 OODNA 及涉嫌人『18J』DNA 之型別。其中

---

[7] Baxter SJ: Immunological identification of human semen. Med Sci Law 1973;13(3):155-65.

『18J』與檢送 11-1 證物中含有死者血液及嫌犯之精液,經至少六項血型基因型比較分析並無矛盾」。

5. 法醫鑑定報告為法務部調查局背書衛生紙含江國慶之精液

前述第 4 項末,「其中『18J』與檢送 11-1 證物中含有死者血液及嫌犯之精液,經至少六項血型基因型比較分析並無矛盾」等語,係國軍法醫中心之法醫鑑定報告之研判,強調經過六項血型基因型比較,均無矛盾。本案 DNA 鑑定並非該等法醫之專業,但法醫鑑定書卻史無前例地進行嫌犯 DNA 鑑定結果之研判,此舉極不尋常。

6. 法務部調查局與國軍法醫中心均違背專業明顯錯判 DNA 證據

茲將上述法務部調查局鑑驗結果整理如下表 1,依據法務部調查局鑑定報告結果之陳述:「編號 11-1 證物其呈現之 DNA 混合型分別包含被害人謝 OODNA 及涉嫌人『18J』DNA 之型別。」依此陳述,編號 11-1 證物應只含有兩人之 DNA,在僅有兩人 DNA 組成之混合型中,被害人 DQα 基因型「3,3」及涉嫌人 18J「4,4」組合為「3,4」與證物 11-1 之「1.1, 3, 4」不相符;而被害人及涉嫌人 18J 之 GYPA 基因型皆為「AA」,組合為「AA」,與證物 11-1 之「AB」亦不相符。在六個基因中即出現兩個基因不相符,如此明顯之差異,法務部調查局鑑定報告竟為錯誤之判斷。該局鑑定報告中之 DNA 型別結果亦被國軍

法醫中心之鑑定書引用,並加以深入研判,提出:「其中『18J』與檢送 11-1 證物中含有死者血液及嫌犯之精液,經至少六項血型基因型比較分析並無矛盾」,此研判內容加強檢察官與法官對法務部調查局鑑定報告的信心,而在起訴書與與判決書中,均特別引述此項專業意見。

表 1 六種基因之 DNA 型別

	DQα	LDLR	GYPA	HBGG	D7S8	GC
被害人	3, 3	BB	AA	BB	AA	AB
證物 11-1	1.1, 3, 4	BB	AB	AB	AB	ABC
涉嫌人 18J	4, 4	BB	AA	AB	AB	AC

7. 國內兩大鑑定單位皆認定精液 DNA 是江國慶所有,江國慶難逃冤死魔咒

法務部調查局之鑑定人員無視於如此明顯不相符之結果,而做出錯誤的研判,將編號 11-1 衛生紙上精液 DNA 指為江國慶所有。法醫解剖者經深入研判六個基因,亦無視其中有兩個基因型別不相符,竟還在鑑定書中指出「經至少六項血型基因型比較分析並無矛盾」,真是荒唐之至。法務部調查局之鑑定人員均需經嚴格的國家考試與養成教育訓練,始能辦理與當事人生命攸關的 DNA 鑑定,本案卻連最基本的 DNA 同一性比對

之常識都缺乏，令人匪夷所思，若非故入人罪，何以做此判斷？豈不令人擔憂此機關之其他鑑定案件？

法醫研判部分，本案法醫解剖者亦均為教授級病理醫師，學養俱佳，難怪無論是江國慶家屬、司改會與監察院[8]為其申冤與調查都無法成功。因為看到這些專業的法醫學教授所寫的鑑定書，誰會去質疑？誰能質疑成功？偵查人員、檢察官與法官不相信他們要相信誰？然而，這些原本應該是用來發現真相的科學證據，竟然成為江國慶無法脫身的魔咒，令人無法置信，而如此明顯的DNA比對錯誤，若非故意，實難以找出合理的解釋，也很難想像渠等其他鑑定書的品質。

8. 精液不確定，疑似精液DNA錯判為江國慶，法務部調查局與法醫鑑定毫無品管機制

如上所述，精液不確定，疑似精液DNA不是江國慶的，但江國慶卻被槍決了，這是疏失還是故意？是專業不足還是專業傲慢？刑事警察局沒有鑑定出精液並不表示能力不足；而法務部調查局錯誤的判定精液與精液上的DNA，卻造成一條無辜生命的冤死。在精液與疑似精液DNA的鑑定過程中，只要有人秉持客觀、有人具有專業、有人心存良知，實驗室檢驗人員、品管人員、科長、處長、局長甚或法醫教授，在江國慶未被槍決前，面對申冤的反省，都可以阻止此一冤獄的發生，避免一條無辜生命的逝去。然而這些人員可能以「大局為重」，或出自專業

---

[8] 監察院99年5月14日（99）院台司字第0992600363號糾正文。

的傲慢,並未理會家屬、律師與監察委員喊冤,仍然堅持到底,甚至至今仍執迷於此謬誤之研判。

9. 錯判DNA是故意或大意

法務部調查局對於被質疑為何衛生紙上除被害人與涉嫌人DNA型別外,卻還有其他DNA型別的辯解是「實驗室無法解釋」。該局自始即知有此謬誤無法解釋的現象,但卻仍研判衛生紙上「編號11-1證物呈現之DNA混合型分別包含被害人謝OO DNA及涉嫌人『18J』DNA之型別」,明顯故入人罪。此在國防部北部地方軍事法院對本案再審判決[9]內容陸三(一)2(2)提及上述兩基因不相符情形,即可印證。此處法務部調查局答詢意見略以:「因本項證物存在處所為開放空間,無法排除有第三者體液污染或混合可能性,故呈現被害人與涉嫌人以外之DNA型別」,復鑑定人即法務部調查局鑑識科學處副處長蒲長恩於北軍檢署100年3月3日到庭具結證稱:「鑑定後發現屬混合型的DNA結果是1.1;3;4,我們由被害人DNA及涉嫌人『18-J』DNA型別判定該生物跡證是混合此二人的DNA型別,至於為何會有1.1之DNA型別,實驗室則無法解釋,我覺得應該是該現場屬開放空間,有可能沾染到他人的DNA型別,對照調查局前後鑑驗及答詢說明雖尚屬一致」。如此涉及唯一死刑的重大刑案,法務部調查局竟然如此兒戲,由該局鑑識專家之證詞顯示,其自始即知DNA型別有不相符之處,但為不排

---

[9] 同註6。

除嫌犯,只好忽略 1.1 型別,不提污染乙事,而做成「編號 11-1 證物呈現之 DNA 混合型分別包含被害人謝 OODNA 及涉嫌人『18J』DNA 之型別」之結論,使調查單位誤認為衛生紙上之精液即為江國慶所有。待此事被質疑後,再做「實驗室無法解釋」之辯解,此種荒謬行徑令人痛心。若非配合偵查,何來此舉?

法務部調查局對兩基因不相符情形以「有可能沾染到他人的 DNA 型別」辯解,此說法若在當初鑑定書中即予列入,則鑑定報告更無法證明江國慶之 DNA 在編號 11-1 衛生紙上,因依據統計台灣地區每 4 個 3 人組合之 DNA 中就會出現 1 組「1.1;3;4」之混合 DNA 型別,如此常見的 DNA 型別,自當無法將江國慶列為涉案名單。如今鑑定書內容已造成冤死的結果,法務部調查局的這些辯解是否國人能夠接受?其他鑑定專業人員能夠接受?家屬能夠接受?如果法務部調查局的鑑定報告都是事後被質疑,才做補充說明,這種鑑定報告還有何公信力可言?

10. 法務部調查局辯解錯判精液鑑定結果之理由與 DNA 鑑定結果自我矛盾恐涉及偽證罪

依據台灣台北地方法院檢察署檢察官起訴書[10],檢察官在調查法務部調查局檢驗衛生紙上檢體究係何物時記載:「至證人即上開甲報告之鑑定人耿良才、趙齊相雖到庭結證稱本案所採取之檢體,非為含血跡之斑跡,而係分別採取血跡、以及 SM

---
[10] 同註 5。

III 江國慶冤死案的致命科學證據

試劑精斑檢查法初篩後含有精斑陽性反應部分,再交由證人即鑑定人蒲長恩以抗人精液免疫沉降環反應法確認為精液等語」。惟若此法務部調查局專家耿良才與趙齊相之證詞為真,則其鑑定報告結論「2. 編號 11-1 證物,含人類血跡及精液,其血型為 A 型,DNA 呈現混合之型別如下:HLADQα 為 1.1;3;4 型,LDLR 為 B;B 型,GYPA 為 A;B 型,HBGG 為 A;B 型,D7S8 為 A;B 型,GC 為 A;B;C 型。」,與「4. 依上述檢驗結果,編號 11-1 證物其呈現之 DNA 混合型分別包含被害人謝 OO DNA 及涉嫌人『18J』DNA 之型別」所述之混合結果均相互矛盾。若果真如此,則更自我承認其鑑定報告所稱混合型別之內容均為錯誤,法務部調查局鑑識單位如此故入人罪,令人難以想像。

若耿員與趙員之證詞為偽,則恐涉及偽證罪。此證詞之真偽,可由實驗室之 DNA 萃取方法與檢驗過程之紀錄即可得知。為維護司法尊嚴,檢察單位應深入追查,以杜絕偽證行為。

(二) 測謊證據

1. 江國慶測謊沒過

由案情摘要 8、9 與 11 顯示,法務部調查局的測謊在本案也是令江國慶無法脫身的魔咒。依據空軍作戰司令部判決書:「據法務部調查局對被告所做鑑定測謊報告,發覺其涉有重嫌乃鎖定之。」另本文案情摘要 11 報導法務部調查局的測謊專家李復國說,測謊是保障人權的象徵,因為它可以取代刑求,而

且透過精確的判斷,更可以縮短辦案人員的蒐證時間,以及過濾嫌犯有無涉案。並舉例:「空軍作戰司令部女童被姦殺命案,空總送來四名嫌犯受測,經過測謊,他排除三人,剩下的一名有說謊反應,果然就是凶手。」然而事實證明,法務部調查局的測謊專家認定的說謊者卻是冤死的無辜者。測謊的應用若毫無節制,將是人權的殺手。

2. 測謊加上精液 DNA 證據開始了江國慶的惡夢

上述被引為關鍵的科學證據之精液 DNA 鑑定與測謊都在法務部調查局進行,該局儀器精良、人才濟濟,國家向來不吝投入龐大資源與人力,其所為鑑定報告亦向無人能予質疑。本案分屬該局不同單位之兩項檢驗所得結果均鎖定江國慶,使得調查與審理本案之軍官、檢察官或法官因此堅信江國慶為強姦殺人案之兇手。因為依法務部調查局所宣示之專業公信力,孰能挑戰或否定其鑑定報告?尤其任誰都不會相信,同一機關之兩個單位會同時鑑定出錯,理應絕對不可能發生的事,但本案確實發生,而且導致無辜生命的冤死,這種單位不知還有多少令人擔憂的鑑定報告不為外人所知?

又依監察院糾正文[11]顯示,江國慶被關禁閉並陸續遭遇非法取證情事均在江國慶未通過測謊與法醫鑑定書發文日期(民國 85 年 9 月 30 日)之後發生,此更顯示科學證據在此冤死案所扮演的關鍵角色。

---

[11] 同註8。

（三）兇刀證據

在案情摘要 5 與 6 各出現一把疑似兇刀，在空戰部起訴書則認定案情摘要 6 所查獲之日本鋼製鋸齒刀為本案之兇刀，其長約 30 公分，寬約 3 公分。由於犯罪現場有大量血跡，若此為犯案兇刀，則刀上應有血跡反應。依空戰部起訴書指出，經送刑事警察局鑑驗結果，呈極微弱陽性反應，確為人血。

血跡鑑定部分，一般實驗室之初步試驗，其原理係以過氧化氫將試劑之還原態氧化成有色之氧化態，在此氧化反應中若含有催化劑，則將快速顯現顏色反應（陽性），若無催化劑，則在觀察時間內呈無色（陰性），但最後縱無催化劑加速反應，此單純之氧化反應亦將達終點而呈現顏色之氧化態產物。此方法僅為血跡之初步試驗，係因自然界中除血跡外，仍有許多物質具有催化此氧化反應之能力，如唾液、膿汁、麥芽汁、植物汁、重金屬鹽（如鈷、錳、鉛、鐵）等，因此縱使呈陽性反應亦不能以之判定檢體含有血跡，必須進一步進行血跡確認試驗，才能判定是否含有血跡[12]。若鑑定結果中僅提及初步試驗，並未進行血跡確認試驗，則不能判定檢體含有血跡，尤其初步試驗僅「呈極微弱陽性反應」，則此項血跡之初步試驗應屬陰性。

---

[12] Gaensslen RE: Sourcebook in Forensic Serology, Immunology, and Biochemistry, Washington, DC, National Institute of Justice, 1983: 101-9.

人血鑑定部分,既然血跡初步試驗僅獲得「呈極微弱陽性反應」之結果,則不可能在需要檢體量較多的人血鑑定中獲陽性反應,因此此鑑定結果之可靠性令人質疑。一般若以抗人血清沈降法檢驗,需數微升以上之未稀釋血液檢體始足夠檢測[13]。本檢體如在血跡初步試驗中僅獲得「極微弱陽性反應」,且此斑跡若真為血跡,應已被稀釋成極微量之濃度,此含量將不可能以抗人血清沈降法檢驗出人血之陽性反應,因此,此處人血鑑定之結果甚是可疑。

(四)法醫證據

1. 初步研判無刀傷

在案情摘要 2 之初步勘查結果顯示:「不像單是男性生殖器插入的傷口,據研判可能遭歹徒以手指或異物猥褻,致大量失血。」由此初步研判顯示,謝姓女童身上並無刀傷。

2. 解剖驗屍之初步結果亦無刀傷

依據案情摘要 3,在案發第二天的解剖鑑定中,由法醫解剖之初步結果顯示:「歹徒對女童強姦施暴時可能曾以指掌猥褻,手法狠毒令人不忍卒睹」。此處顯示,法醫解剖的深入調查亦未發現刀傷,因若有刀傷,則必明顯可見,此時媒體也必是大篇幅報導,但卻是報導上述內容。此項研判證諸目前案情發展,

---

[13] Culliford BJ: Precipitin reactions in forensic problems: A new method for precipitin reactions on forensic blood, semen and saliva stains. Nature 1964;201:1092-3.

莫非真相是法醫教授們未受偵查影響前所研判的「可能曾以指掌猥褻」。

3. 內政部警政署《日新》雜誌透露法醫配合偵查之訊息

上述案情摘要 5 與 6 各出現一把疑似兇刀，係在解剖後第 3 天與第 4 天，此兇刀之出現應讓法醫人員疑惑與極度不安，因為若此犯罪行為與刀有關，則謝姓女童身上應有刀傷，而上述法醫之初步研判即可能錯誤，然而依據上述 1 與 2 的內容卻顯示並無刀傷痕跡，但最後鑑定報告卻有「刀刃狀鈍狀異物」，以及與鋸齒刀無矛盾之結論，如此轉折原委外人無法得知。

然在案情摘要 12，內政部警政署《日新》雜誌刊載之論文[14]中，以本案為例提醒讀者：「由犯罪現場蒐集的物證及鑑析的結果，有時無法得到直接而滿意的答案。在相關證據尚未蒐集完整之前，其研判更應小心謹慎，結論更應有所保留，以免事後發現判斷錯誤，要自圓結論甚為困難，更容易造成判斷草率的質疑。因為有些證據的詮釋，在相關跡證尚缺乏的情況之下，是很難得到肯定的答案。在本案初步結論之中，兇器的研判及死亡時間的推定，事後均發現有誤差而作修正，當然也淪為家屬質疑是否為了配合偵查審判而作的結果。」此作者亦為專案小組成員之一，似乎透露法醫對本案兇器的研判，明顯配合偵查。

本案法醫對作案兇器的研判，若能堅持解剖所見，發揮鑑識驗證偵查的功能，兇刀與江國慶將不會被列入「重點調查對

---

[14] 同註 4。

象」，也不致釀成悲劇，亦不會發生下列法醫鑑定書中，無法自圓其說的謬誤。

4. 法醫鑑定報告出現兇刀但無刀傷

由空戰部起訴書所列法醫有關兇刀之敘述：「死亡時其生前下體遭陽具或異物穿入而流血，死後並有刀刃狀鈍狀異物伸刺入腹腔，造成腸道移位」。此處法醫鑑定書所提凶器為「刀刃狀鈍狀異物」，但卻無刀傷之敘述。

5. 法醫報告凶器為「刀刃狀鈍狀異物」

本案法醫報告所提凶器為「刀刃狀鈍狀異物」，此種名稱之凶器從未在法醫文獻上出現過，也難以在商店購得，因既是刀刃狀，又是鈍狀，令人錯亂。此凶器研判與案發第二天解剖鑑定後，法醫稱「歹徒對女童強姦施暴時可能曾以指掌猥褻」有所出入，其中轉折關鍵，耐人尋味。而此凶器其實體究竟是刀？是棍？是手？或是掌？應有所敘述，而非以既是具有刀刃狀，又為鈍狀的物體，支吾含糊左右搖擺，涵蓋偵查人員所有可能找出的凶器種類，違背法醫人員應有的專業責任。相信本案外之任何法醫、鑑識人員或一般人，都難以描繪出「刀刃狀鈍狀異物」或理解「刀刃狀鈍狀異物」究係何物。

6. 法醫報告「刀刃狀鈍狀異物伸刺入腹腔，造成腸道移位」邏輯荒謬

創傷因凶器不同，有由銳器（或銳力）造成的切割傷或刺傷，有由鈍器（或鈍力）造成的擦傷、挫傷或撕裂傷。此鋸齒

刀伸刺入腹腔，竟然在狹窄陰道入口未見切割傷，伸刺入腹腔亦未見刺傷，反而造成刀械刺入較難形成的腸道移位，此種嚴重違反經驗法則之荒謬邏輯，竟然出現在如此專業且涉及人命之法醫鑑定書中，令人費解。

一般婦科檢查為避免受傷通常會以鴨嘴鉗撐開受檢者之陰道，本案被害者僅為五歲之幼童，依據空戰部起訴書，被告「以左手將謝童由腋下撐起，雙腿分跨馬桶上，朝謝童下體刺入，上下戳動三、四下，致謝童肛門口與陰道內面相通，陰道裂口 6 × 5 公分」，此鋸齒狀刀子長三十公分，寬三公分，以此種姿勢單手撐起被害者，在慌亂與搖晃不平穩狀況下，單手持刀刺入被害者下體，在陰道裂口中卻未見切割傷或刺傷，令人難以相信。相信任何法醫在未見切割傷或刺傷情況下，絕不可能推論出凶器為「刀刃狀鈍狀異物」，因為沒有刀傷證據何來刀刃狀凶器之推論？又何以證明此創傷與鋸齒刀並無矛盾情形？此種沒有證據基礎的推論，令人驚訝。

7. 法醫認定銳利的鋸齒刀是刀刃狀鈍狀異物，令人不解

法醫在被質疑死者下體所受之創傷與扣案兇刀之矛盾時，另以鑑定書回復稱：「死者謝○○腹部下體所受之創傷與扣案兇刀其長達三十公分，並無矛盾情形」[15]。本案法醫在刀器上的認知與一般人差異極大，此日本鋼製鋸齒刀係非常銳利之刀，

---

[15] 軍法局 85 年 12 月 7 日（85）則剛初字第 4383 號簡便行文表所附國軍法醫中心（85）國軍醫鑑字 85104 號鑑定書。

刀刃狀亦是銳利的形容詞，鈍狀則代表不銳利。然而法醫在原鑑定書稱「刀刃狀鈍狀異物」，望文生義，此凶器應為鈍狀物，但兩個月後的上述回復內容，卻接受此日本鋼製鋸齒刀為凶器，兩相對照，顯示法醫研判嚴重自我矛盾，將形成與事實不符的此鋸齒刀是鈍的，是「刀刃狀鈍狀異物」，令人不解。

四、結論

　　刑求在被害者身上會感到痛苦，被害者可以伺機喊冤；但偽科學證據卻能傷人於無形，讓被害者難以抵抗，因為法官依科學證據形成心證，而科學證據是專家之意見，法官只能相信專家。在江國慶涉入的女童姦殺案裡，偵查人員相信專家，審理案情的法官也相信專家，但是專家提出的科學證據卻造成江國慶冤死。政府提供了龐大人力與資源的調查單位，應該負有維護司法正義的責任，但卻提出存在無法解釋的錯誤 DNA 鑑定報告與測謊報告造成冤獄，令人驚訝；法醫教授們的研判，從起初是可能以指掌猥褻，到後來是以刀刃狀鈍狀異物伸刺入腹腔，若佐以《日新》雜誌透露法醫配合偵查之訊息，則法醫研判有此轉折，應不難理解。科學證據的品質是司法人權進步的重要指標之一，司法改革要減少來回訴訟與避免冤獄，絕不可忽略司法鑑定工作。政府面對江國慶冤死案，應找出造成冤獄的禍首而非僅追究刑求責任，更應痛下決心整飭提供偽科學證據的單位與人員，將其永遠隔離在司法鑑定之外，以杜絕後患。

讓江國慶冤死案永遠提醒法醫與鑑識人員－科學證據可以伸張正義，也可以造成冤獄。

（本文原刊載於：台灣法醫學誌，3卷2期（2011年），頁1-10。）

「法醫鑑定」殺人？

郭宗禮
台灣法醫學會・理事長
台大法醫學科・名譽教授

根據過去有關江國慶案之「被害人」血液、證物編號「11-1」衛生紙及「18-J 嫌犯（江國慶）血液之 DNA 鑑定及法醫解剖鑑定資料整理如表 1。

表 1　被害人血液、嫌犯血液及證物衛生紙之 DNA 鑑定

	鑑定單位	**DQA1**	LDLR	**GYPA**	HBGG	D7S8	GC
被害人血液	刑事[1]	3, 3	BB	AA	BB	AA	AB
	調查[2]	**3, 3**	BB	**AA**	BB	AA	AB
	法醫[3]	3, 3	BB	AA	BB	AA	AB
證物 11-1 衛生紙	刑事[1]	3（弱）, 4	BB	AA	AB	AB	AC
	調查[2]	**1.1, 3, 4**	BB	**AB**	AB	AB	ABC
	法醫[3]	1.1, 3, 4	BB	AB	AB	AB	ABC
嫌犯 18-J 血液	刑事[1]	4, 4	BB	AA	AB	AB	AC
	調查[2]	**4, 4**	BB	**AA**	AB	AB	AC
	法醫[3]	4, 4	BB	AA	AB	AB	AC

註：[1]警政署刑事警察局，[2]法務部調查局，[3]國防部國軍法醫中心。

III 「法醫鑑定」殺人？

根據表1，刑事警察局與調查局所作被害人血液DNA鑑定（DQA1: 3, 3; LDLR: BB; GYPA: AA; HBGG: BB; D7S8: AA; GC: AB）結果兩單位一致。嫌犯（18-J）血液DNA鑑定（DQA1: 4, 4; LDLR: BB; GYPA: AA; HBGG: AB; D7S8: AB; GC: AC），兩單位亦一致。但對於證物編號「11-1」衛生紙可疑斑跡處之鑑定，刑事警察局為（DQA1: 3（弱）, 4; LDLR: BB; GYPA: AA; HBGG: AB; D7S8: AB; GC: AC），而調查局則為（DQA1: 1.1, 3, 4; LDLR: BB; GYPA: AB; HBGG: AB; D7S8: AB; GC: ABC），顯然兩單位鑑定結果並不一致。

當兩單位之科學鑑定不一致時，應不能作為證據，須再委由更高水準的單位（一般為大學該領域之最專業教授）再行鑑定，如其結果與某單位一致時，該鑑定才能作為法庭證據，如果與該兩單位皆不一致時，仍須再請其他同水準之大學教授再鑑定，以確定證據之可信度。遺憾的是該證物編號「11-1」衛生紙上可疑斑跡並沒有再鑑定，因此，該項鑑定並無證明力。

台大法律學系王兆鵬教授於《台灣法醫學誌》第一期第一卷（71~78頁）〈法醫鑑定報告書的證據能力與證明力〉一文：「……鑑定人只能就其適格為鑑定人之專業領域表示意見，超越專業之意見，不具證明能力，例如病理學家在驗屍時發現瘀青，表示與咬痕相吻合，該意見應排除，因為咬痕是否相吻合乃『牙醫師』之專業，而非病理學家之專業。同理，能操作機器或儀器者，未必能解（判）讀儀器所輸出之資料。例如能實

施或操作測謊儀器者,未必有資格或專業解讀測謊資料。」同理,病理醫師縱能操作 DNA 鑑定儀器,未必有資格或專業解讀 DNA 資料。

國軍法醫中心之法醫解剖者,並無鑑定 DNA 之能力,但卻根據調查局的 DNA 鑑定報告數據,於 85.9.30. 法醫鑑定書「三、法醫微證物及血清基因學檢查」作出「4.……編號 11-1 證物(衛生紙上可疑斑跡)呈現之 DNA 混合型分別包括含被害人 DNA 及涉嫌人 18J(江國慶)DNA 之型別,其中涉嫌人(18J)與檢送 11-1 證物中含有死者血液及嫌犯之精液經至少 6 項血型基因型比較分析『並無矛盾』」之結論。

但此鑑定完全錯誤,根據表 1 中 6 項血型基因型之比較,一般人都可看出,該「11-1 衛生紙」之基因型 DQA1 為「1.1, 3, 4」,與被害人之「3, 3」及嫌犯 18-J 之「4, 4」即為矛盾。另外,該「11-1 衛生紙」之基因型 GYPA 為「AB」,而被害人及及嫌犯 18-J 皆為「AA」,亦為不一致。6 項血型基因型顯然有 2 項矛盾,為何國軍法醫中心卻仍鑑定為「至少 6 項血型基因型比較分析『並無矛盾』」,即為於嫌犯江國慶「有關聯」?

「DNA 鑑定」並非「法醫解剖鑑定」者之專業,本案國軍法醫中心之法醫解剖者,並無鑑定 DNA 之能力,卻根據調查局的 DNA 鑑定報告數據,逕作錯誤之解釋,且不幸的成為法官判決江國慶死刑的重要依據。

III 「法醫鑑定」殺人？

「事莫大於人命，罪大莫於死刑，殺人者抵命固無怨，施刑失當心則難安。故成指定獄，全憑死傷檢驗，為真傷真招服，一死一抵，俾知法者畏法，民鮮過犯，保全生命必多。倘檢驗不真，死者之冤未雪，生者之冤又成，因一命而殺兩命數命，仇報相循，慘何底止。……」這是宋慈 1247 年所著，世界第一本法醫書——《洗冤錄》之〈檢驗總論〉的開場白。這也是從事法醫解剖者應有的態度，法醫鑑定不可「不真」！

然而，武漢大旅社、蘇建和、江國慶……等疑案，仍不斷的發生，且皆與法醫鑑定有關。本案法醫解剖者對該衛生紙之可疑斑跡之「DNA 鑑定」及解釋，不但無證據能力，亦無證明力。民間司改會於民國 91 年，曾經請教著名之 DNA 鑑定專家，警察大學李俊億教授對該案 DNA 鑑定作解釋，92.1.6. 經李教授進一步之「機率」計算及判讀，認為該衛生紙與嫌疑犯江國慶「無關」，與國軍法醫中心之「並無矛盾」，完全「相反」！

多年前，前檢察總長陳涵先生私下曾說：「我們學法的不懂醫學，您們法醫怎麼鑑定，我們就怎麼判」！

是草率的「司法」殺人？

或是草率的「法醫鑑定」殺人？

還是草率的「法官判決」殺人？

（本文原刊載於：台灣法醫學誌，3 卷 2 期（2011 年），頁 16-17。）

江國慶冤死案總統指示要全面檢討，有檢討關鍵之法醫鑑定嗎？

李俊億
國立台灣大學醫學院法醫學研究所 教授

　　歷史不能忘記，經驗必須記取。2011年1月29日媒體報導江國慶冤死案，總統震怒指示要全面檢討，不要怕家醜外揚，但經過四年餘，江國慶冤死案的鑑定責任有檢討嗎？依據監察院糾正文，2010年5月14日（99）院台司字第0992600363號，江國慶係在1996年9月30日調查局之測謊報告與法醫及DNA鑑定報告提出後，才被鎖定刑求取供，顯示錯誤之測謊報告與法醫及DNA鑑定報告影響江國慶冤死結果至鉅。這些鑑定人員仍然在做鑑定，有誰在乎他們的鑑定品質？有誰在乎這些病理專科醫師之法醫師在江國慶冤死案所扮演之關鍵角色？政府不檢討，卻變本加厲慷慨提供病理醫師免受訓、免考試即可擔任法醫師，令人無言。

　　下圖左為立委要求追究刑求者之責任，但目前被追究的調查軍官們多已退伍或退休，為禍機率已然減小。然倘若因鑑定人員提供的偽科學證據而造成冤獄，則形同間接害死無辜者，豈能不予追究個人與機關之責任？而此類鑑定人員目前若仍在

III 江國慶冤死案總統指示要全面檢討，有檢討關鍵之法醫鑑定嗎？

職，則可能繼續為禍；此類鑑定機關之鑑定機制若未檢討改善，亦可能繼續為禍，而其所經辦之鑑定案件又豈能不予重新鑑驗？以確保司法公正及維護人權。

下圖右為江國慶之父親為子伸冤，找出造成冤案之關鍵人物列為「狗官」。不幸的是，冤案成真，名單上之偵查人員一一被訴，但該案曾為科學辦案之典範，而提供偽科學證據做為偵查依據之鑑定人毫無責任？不應檢討？這些法醫與鑑定人員在未接受能力檢定前，還能繼續擔任法醫鑑定工作？

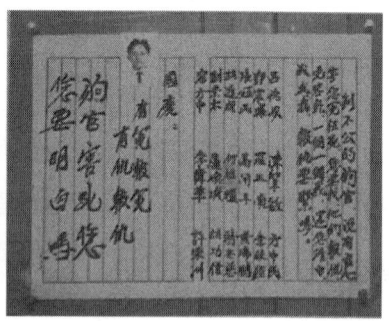

（本文原刊載於：台灣法醫學誌，7卷2期（2015年），頁44-45。）

DOI: 10.6134/tjfm.2015.0702.22
通訊作者：李俊億；10002 台北市中正區中山南路7號，國立台灣大學醫學院法醫學研究所
E-mail: jimlee@ntu.edu.tw
（本文彩色圖，請至電子期刊瀏覽 http://doi.org/10.6134/tjfm）

IV

第四章——
第四時期：突破逆境（2004～）

對「醫界對法醫師法之疑慮」之回應

郭宗禮 *・邱清華 **・陳耀昌 ***
* 台大法醫學科前主任
** 台大法醫學科前代主任
*** 台大法醫學研究所所長

法醫制度不僅是醫學的技術問題,本質上是司法人權的伸張。法醫鑑定的正確性直接影響審判的公平性,不僅涉及個人生命、社會正義,更影響國家人權與國際形象。先進國家莫不加以重視。

台灣法醫問題之癥結在於人才短缺,因量寡而質衰。因此問題益形嚴重。茲分析如次:

一、為何台灣發生法醫人才荒

由於目前法醫師是由醫師轉任的,半世紀來,有意願投身從事法醫師者寥寥無幾。雖然曾經採取種種補救方式,如在學士後醫學系增加額外名額專案培育法醫、出國留學法醫獎助、增加津貼補助等等措施,均徒勞無功。以致數十年來,法醫短缺依然無解,甚至變本加厲。

Ⅳ 對「醫界對法醫師法之疑慮」之回應

二、為何醫師不願當法醫？

這是現實問題。醫師的社會地位、金錢收入、工作性質均非法醫師所能比擬。醫師是診治活人，法醫是解剖死人。人心好惡，各有所依。然則，醫師是為個人論症，法醫是為社會把脈，意義究有不同。惟實際上，莘莘學子投考醫學系是為了懸壺濟世，而非為了司法鑑定。況二者之工作性質又如此懸殊，因此，任何期待醫師能投入法醫行列之想法，均屬不切實際。縱使有醫師願當法醫，究屬鳳毛麟角而已。職是之故，法醫不足的窘況，難以解除。

三、如何突破法醫荒的困境？

面臨非常狀況，必須施以非常手段，方期突破。既然在專業上，法醫與醫師是如此迥異，突破之方，即勢須將法醫與醫師二者分流。亦即法醫師的來源，不能再倚賴由醫師轉任，必須另闢途徑，力求自力更生。換言之，法醫是法醫，醫師是醫師。何況醫師原即歸衛生署主管，法醫則歸法務部主管。

四、解困之道，究竟為何？

解困之道，必須完成「法醫師法」立法，實行法醫師證照制度，以建立台灣法醫新制度。以下是新制度的藍圖構想：

（一）法醫師的培育與養成

1. 設立法醫學研究所，招收碩士班學生。法醫必須獨立培育，專門單位培育法醫人才，招收各相關科系學士後畢業生，

以 4 年時間（惟醫學系、牙醫系、中醫系畢業生，得縮短為 2-3 年）完成法醫教育，並經完成論文後，授予法醫學碩士學位，得參加國家專業考試，可獲法醫師資格。
2. 上述辦法，係比照目前法律研究所招收非法律本科畢業生，屬學士後性質，研究所畢業獲法學碩士後，得參加國家專業考試，可獲律師資格。

（二）法醫師的執業與開業

1. 法醫師係專業人員，專司執行法醫鑑定。俟有專門機構培育法醫人才，新血源源不絕，且具專業水準，司法系統法醫荒困境，將可迎刃而解矣！
2. 法醫既係專門職業人員之一，如同醫師或律師，亦應有自行開業的權利。醫師開治療所，律師開事務所，法醫師開鑑定所。如此，部份不能如願擔任公職者，亦可自行開業。如同法律專業人員，服公職時為司法人員，自行開業時為律師然。法醫師不僅可作屍體解剖鑑定與屍體檢驗外，尚包括臨床法醫鑑定，包括因毆打、殺害、車禍、意外等的創傷鑑定；因強姦案所需的婦科鑑定；因婚姻血緣、財產糾紛引起的 DNA 鑑定等，不一而足。因此法醫鑑定所涵蓋之業務範圍，其空間應尚不少。

（三）法醫的待遇與升遷

1. 待遇是生活所必需，升遷是尊嚴所依賴。以法醫師的專業與培育過程言，應較一般四年制的專業人員為高，諒屬合

Ⅳ 對「醫界對法醫師法之疑慮」之回應

理。以實際薪津言,目前除醫師外之醫療專業人員(包括藥師、醫檢師、營養師及護理師等),一般能有月入 4 萬至 5 萬元,已屬不惡。因此,法醫師薪津如有一倍以上(即 10 萬元以上),應可被接受。至於開業法醫師收入則因業務多寡而異,自另當別論。

2. 至於服務公職的法醫師,其升遷管道允宜暢通,始能吸引優秀人才投入藉以提升法醫鑑定品質,而利司法人權之發揚。惟法醫師職權升遷涉及司法體系組織及人力設置,尚有待周詳規劃,或許可考慮一併納入「法醫師法」內,以竟全功。

(本文原刊載於:台灣法醫學誌,1 卷 1 期(2009 年),頁 39-40。)

《法醫師法：催生與革新》

台灣法醫師的培育和法醫實務制度的探討

郭宗禮[*]・**邱清華**[**]・**陳耀昌**[***]
[*] 台大法醫學科 前主任
[**] 台大法醫學科 前代主任
[***] 台大法醫學研究所 所長

一、法醫、人權與民主

「事莫大於人命，罪大莫於死刑，殺人者抵法故無恕，施刑失當心則難安，故成指定獄全憑死傷檢驗。為真傷真招服，一死一抵，俾知法者畏法，民鮮過犯，保全生命必多。倘檢驗不真，死者之冤未雪，生者之冤又成，因一命而殺兩命數命，仇報相循慘何底止。」這是世界最早有關「法醫學」的書《洗冤錄集》[1,2] 的重刊補註證卷一〈檢驗總論〉的開宗明義。可知中國早在宋朝（公元 1247 年）時，對於死因不明的死者所需鑑定的正確觀念，與司法的公信力和人權的密切關係就有相當的認知。到了近代，先進國家更強調科學辦案，所發展的司法科學（Forensic Sciences），其中就包括了法醫學，其對於一個國家的人權維護及民主發展，特別是對於民主剛開始起步的國家，實扮演著重要的角色[3]。然而，近十幾年來，台灣雖然已廢除戒嚴令，國會全面改選，進而總統直選，政黨輪替，司法改革，

157

Ⅳ 台灣法醫師的培育和法醫實務制度的探討

向民主大道邁步前進，受到人民及國際的肯定，但是與司法公正密切相關的法醫革新，卻乏善可陳。

二、台灣法醫制度之缺失

（一）台灣法醫實務的缺失

監察院之司法、內政、教育、暨財政委員會在民國 85 年第二屆第二次聯席會議記錄（85）司收 0561 號文：「（84）年度中央巡察司法機關，發現各地方法院檢察署法醫師異常缺額，影響檢察官辦理相驗案件之進行及正確，十分嚴重，違背憲法及相關法規保障人權之本旨，有關機關有無違失」一案提出討論。當時就發現法務部所屬各級檢察署 85 年度編制員額，法醫師 32 人，檢驗員 27 人，合計 59 人。然實際缺額法醫師有 12 人，檢驗員有 2 人。至民國 87 年 7 月 1 日，法務部成立法醫研究所，希望能招聘專職法醫師，但情況仍然未見顯著改善，該所僅招到 2 名專職病理醫師，以致絕大部分的法醫解剖，仍由其他機構的病理醫師以兼任法醫顧問名義為之。到了民國 91 年，不但未能補實法醫師之缺額，情形反而更加嚴重，由於各地檢署法醫師相繼退休，目前具醫師資格的法醫師僅有 5 人，以致出現由不具醫師資格之檢驗員代行大部份法醫師業務之現象。由此可知台灣現行的法醫制度有嚴重的缺失。尤以法醫之水準如何提昇，尤令人關切。

（二）台灣法醫培育的缺失

台灣法醫缺失呈現如此嚴重問題，和中華民國的法醫發展歷史有密切關係，雖然南宋理宗淳祐七年（公元 1247 年）時，宋慈的《洗冤集錄》被公認是一部世界最早且具廣泛性、系統性的對屍體外表檢查所累積之經驗的書籍，對於屍體變化現象、窒息、創傷、現場檢查、屍體檢驗等各方面，都做了詳細的觀察和歸納，但可惜沒有進一步進行解剖。反觀歐洲各國起步固較遲，但義大利於 1302 年開始有法醫解剖，1601 年歐洲第一本法醫書出版（Fidelis）。到了十八、十九世紀，歐洲的法醫技術有相當的進展並產生許多法醫學者，成為近代法醫的發源地[4]。

1. 民國成立後之法醫學濫觴

然而，中國長久以來，各朝代一直都以《洗冤錄》為依據，進展緩慢，到了中華民國元年（西元 1912 年），才以刑事訴訟律，制定有關法醫解剖及鑑定人之法律依據。但因當時並未培育專業之法醫師，因此只好聘請一般醫師來擔任法醫工作。直到 1928 年，中華民國第一位留學德國的法醫學博士，林几（1897-1951），學成回國並提出「創立中央大學醫學院法醫學教室意見書」，終於在 1930 年在北京大學醫學院設立中華民國第一個法醫學教室（科），並由林几擔任主任。

由於當時司法單位急需法醫師，因此無法等待由醫學院培育人才，只好在 1932 年由司法部急就章的派林几成立「上海司法部法醫研究所」，1935 年再設立「廣東司法部法醫研究所」，

Ⅳ 台灣法醫師的培育和法醫實務制度的探討

以招收醫師加以一年之訓練，並由法務部發給「法醫師證書」。然而由於效果欠佳，乃於 1942 年開始以司法人員高等考試招考法醫師，並以普通考試招考檢驗員，以應急需；結果僅招到 2 名醫師，檢驗員則無人應考。接著在 1945 年 5 月 16 日公佈國民政府令「茲制定司法行政部法醫研究所組織條例，令布之」，其中第一條規定「法醫研究所隸屬於司法行政部，掌理法醫學之研究、民刑事案件之鑑定檢驗、及法醫人才之培育事項」。另一方面，由於普考也招不到檢驗員，因此，同年再委託中央大學法醫學科舉辦「第一屆高級司法檢驗員訓練班」，以招收高中生加以訓練二年。1947 年第二次司法人員高普考法醫師及檢驗員時，應考者亦寥寥無幾。致此，終於了解法醫師的培育無法臨時召員充數，必須回歸大學的正軌，因此於 1948 年在中央大學成立「法醫研究所」，雙管齊下，分設法醫師資班及法醫師訓練班。但是為了應急，另一方面只好再降低水準，於同年在中山大學醫學院成立「司法檢驗專修科」，以招考初中生，培養所謂「低級法醫檢驗員」。但這些應急性的制度及措施，一直都無法讓法醫人才的培育在中華民國生根。時至 1949 年，因時局變遷，中華民國政府撤退到台灣。

2. 日治時期之法醫沿革

由於台灣在日治時期，於 1918 年台灣總督府醫學專門學校（台大醫學院前身），就由久保信之擔任法醫學教授。1936 年，東京帝大法醫學三田定則教授（係日本法醫學開山祖師片山國

嘉教授的得意門生），受派前來擔任台北帝國大學（台灣大學的前身）醫學部部長（院長）兼法醫學科主任，由於三田教授於 1937 年升任為台北帝大總長（校長），因此，在 1938-1946 年間，先後由日本派遣久保忠夫、田代歡一、鎌倉正雄、小片重南等法醫學教授南來擔任台大法醫學科主任[5]，並將日本的法醫師資及法醫師培育制度帶到台灣，造就了台灣本土的葉昭渠、蕭道應、黃泏川、凌有德、楊日松等法醫前輩。

3. 光復前後台灣之法醫盛衰

1949 年台灣光復後，這些前輩先後留在台大醫學院法醫學科，其中葉昭渠教授於 1955 年獲東京大學法醫學博士，也是台灣第一位法醫學博士，接著楊日松先生亦於 1959 年獲東京大學法醫學博士。在這段期間吸引了許多醫師投入法醫的行列，可說是台灣法醫發展的全盛時期！

可能因為在大陸培育法醫師失敗的經驗，司法部於 1950 年 4 月 24 日以台訓秘字第 167 號以「在大陸時，本部原有法醫研究所，自政府遷台，該所原有設備及技術人員，均已散失。……本部鑑於台灣醫事設備，比較完整，該項業務，可以委託醫院或衛生機構辦理」，因此訓令該法醫研究所於 1950 年 4 月 30 日結束。但遺憾的是台灣的醫院或衛生機構並未負起培育法醫學教師及法醫師的責任！僅由日治時期所培育的少數幾位本土法醫人才負責，雖然 1950 年代吸引了許多醫師投入法醫的行列，但不幸的是經過 10 年後（1960 年）台灣唯一的台大醫學院法醫

Ⅳ 台灣法醫師的培育和法醫實務制度的探討

學科竟遭到裁撤，由於台灣長期沒有培育法醫師的大學，造成台灣法醫師的斷層，以致台灣目前缺少可用之法醫師，也成為台灣法醫的致命傷。雖然於24年後（1984年）台大醫學院再度恢復法醫學科，然而在人員、經費受限下，所謂十年樹木，百年樹人，一切百廢待舉，人才的培育仍需要時間以及良好制度的配合。

如上所述，台灣光復後不久，所有大學醫學院均無「法醫學科」，雖然「法醫學」是早期教育部所規定的醫學系必修科，政府不但未加重視，反而將其改為選修，甚至免修。諷刺的是刑事訴訟法第二百一十三及二百一十六條，明明規定因調查證據及犯罪情形，需要法醫相驗及法醫解剖時，應命醫師行之，但許多醫學院，因缺乏法醫學師資，因此後來教育部又將其改為選修，以致台灣所培育的醫師卻連「法醫學」都沒念過！不知如何執行法醫相驗及法醫解剖？因此不但醫學生視法醫為畏途，且由於在學校時沒有機會接觸法醫，更不可能引起醫學生對法醫的興趣，進而投入此一領域。台灣法醫的發展處於黑暗時期，不言可喻。

雖然政府每年舉行法醫師特考，但報考人數都是個位數，就算偶而有錄取，也沒有人報到。另外也嘗試用法醫公費生，在陽明大學及成功大學之學士後醫學系招生時，增加額外名額，由法務部提供全程獎學金，唯規定畢業後須從事法醫工作。然而由於地檢署的法醫工作環境、職位、升遷、進修、社會地位、

家人的意見、及待遇等,皆無法和一般臨床醫師相比,結果全體法醫公費生都不願作法醫,通通賠錢了事,導致此一方案全軍覆沒。此外,雖然教育部也曾經提供出國留學考試的法醫名額,並支援攻讀博士的獎學金,但是錄取者出國之後,馬上改念其他學門,只是利用法醫學的名額而達到出國進修的目的而已。上述種種事實即為醫學系畢業生不願也不太可能改行作法醫師之實證。

台灣法醫問題竟如此嚴重,並直接影響司法人權至鉅,如何藉由台灣及其他先進國家的法醫發展歷史,學習教訓、吸取優點及經驗、並了解國際法醫發展的主流趨勢,進而建立適合台灣的法醫制度,實為當務之急。法醫制度之內涵主要有二,其一是法醫師的培育,其二是法醫實務的運作[6]。

三、法醫師的培育

(一) 歐洲法醫師的培育

法醫師的培育,各國都是由大學醫學院負責,沒有爭議。然而,近代法醫學的發展,法醫工作並非只是屍體檢視及屍體解剖,也涵蓋活人的鑑定。1994 年 Brinkmann 等人對歐洲各國法醫制度的評估論文中[7],發現歐洲法醫師的培育有三種標準:
1. 高標:以 1986 歐盟國家在西班牙成立的 Sevilla Committee 所簽署的一份法醫師培育之最低標準文件,認為大學法醫課程至少應有 60 小時(約 4-5 學分),包括法醫病理學(Forensic

Pathology)、臨床法醫學（Clinic Legal Medicine）、法醫毒物學（Forensic Toxicology）、醫學法律與倫理（Medical Law and Ethics）等。而醫學生畢業後的專業法醫師訓練需要5年，至少包括法醫病理學，臨床病理學（Clinical Pathology），臨床法醫學、其他次專科（如法醫血清學，法醫精神學，法醫牙科學）等的實務訓練和理論的教學，以及配合實際參與相當法醫案例的經歷。2. 中標：如歐洲法醫委員會（European Council of Legal Medicine）的標準，也是大部分歐陸國家已達到的標準，至少包括法醫病理學、臨床法醫學，以及相關的毒物學、醫學刑事、酒精學、死因學等。3. 低標：英國的標準，只注重法醫病理，以致法醫被壓縮到如此狹窄，也因此其法醫發展受阻，造成對此領域不夠深入的缺點。

實際上，幾乎所有歐洲國家的大學都有法醫學科及教師，且法醫學也是各國大學重要的教育課程之一。但是法國和英國則是例外，另外，荷蘭則全無法醫教育。Brinkmann等人認為，如果根據歐洲法醫委員會的課程標準，可能會影響某些國家的法醫師品質。如果讓這些基礎知識不足的法醫師，自由到歐盟的其他國家執業，則必須進一步評估其利弊得失。此外，在某些缺少法醫師的地區，宜由各大學負責執行法醫業務，其優點有三：其一是歐洲法律的傳統精神認為醫學及科學的證據絕不能成為執法機構所獨霸，而大學的學者乃是最具有自由及獨立性的專家。其二是大學的主要工作之一乃是從事研究，所以能

夠從其他相關領域收集大量的資訊,且將最新的科學新知應用到法醫實務上,並永久保持其學術的品質。其三是大學提供學生受教的機會,可使學生因接受學術的吸引,而樂予參與法醫的行列,因此能夠不斷的獲得新血注入法醫體系[7]。

除了大學的教育,歐洲各國醫學生畢業之後,要成為專業法醫師的培育時間也有很大的差異,由 2-6 年不等。歐洲大部分國家皆有大學附設之法醫研究所,提供醫學生畢業後培育成為法醫師的標準課程規劃。但某些國家如法國、英國及荷蘭,則有很大差距,雖然由大學負責,仍缺乏標準化或可接受的畢業後專業訓練[7]。以德國為例,醫學生畢業後之法醫師訓練需要 5 年,第一年是在合格的病理醫師指導下,接受臨床病理之訓練,至少解剖 100 例。然後花三年半的時間在法醫學研究所接受訓練,至少要解剖 400 例,最後半年接受精神學及精神心理之訓練。但是要成為合格的法醫師,至少還需要寫 30 篇相關個案的鑑定書,20 篇有關法醫精神鑑定書,以及在法庭口頭作證 200 次以上的經驗[6]。

另外,歐洲各國訓練畢業後專業法醫師的基本培育方法也不同,例如中、北歐包括英國重視經驗的學徒制,例如某些國家規定需要相當數量的實務案例(如 500 例)經驗。但南歐則注重理論的教育再輔以實習。有人認為這些差異都各有優劣,其最後產品都大同小異。也有人認為由於歐洲各國法律制度的不同,所以法醫很難有一致性水準的要求。但這些觀點都不正

確,因為法律的基本精神和原則具有普世性。因此畢業後培育法醫師時間的長短當然很有問題,是以歐盟國家認為應有一致的水準,至少受 4 年的畢業後專業訓練[7]。

另外,Brinkmann 等人[7]由法醫的發展史,發現法醫是歐洲最古老的醫學之一,其發展比臨床病理還早,且許多歐洲國家在 1532 年即將法醫納入刑法(The Constitutio Criminalis Carolina)。雖然英國的「驗屍官」早在第八或第九世紀即已存在,但是英國法醫的發展較慢,主要原因乃是到十七世紀才將法醫納入刑法,而當時的法醫證人,一般是外科醫師,主要是提供受害者到死亡期間的身體外觀的臨床經過,幾乎很少解剖,也沒有接受當時歐陸國家所使用的法醫鑑定法則,以至於英國的法庭經常無法信任其本國的法醫鑑定[8]。1798 年,愛丁堡醫學研究所的 Andrew Duncan 教授開始呼籲,法醫學應成為醫學生及開業醫師的重要課程,但是直到 1816 年英國的第一本法醫書出版之後,許多醫學院才開始法醫學的授課[8]。因此 Brinkmann 等人[7]仍質疑英國為何竟將法醫的水準降低到僅是法醫病理的層次,且將法醫置放在病理之下的一個次專科的原因。

(二)日本法醫師的培育

1736 年時,日本德川時代的河合甚兵衛尚久,曾將中國的《洗冤錄》,翻譯為《無冤錄述》,作為日本屍體鑑定的重要參考。明治時期(1868 年),進而由歐洲引進具有法醫解剖新觀念的法醫學(Forensic Medicine)。1888 年,第一位前往德國

留學並獲法醫學博士的片山國嘉，學成回到日本，在東京大學醫學部成立日本第一所裁判醫學教室（法醫學科），也引進德國的法醫制度。到了1923年全日本醫學院已紛紛設立法醫學教室，目前日本所有80間醫學院，全部都設有法醫學教室[4]。各大學醫學院的法醫學課程包括實驗約4-5學分，而醫學生畢業後的專業法醫師的培育及司法解剖，主要也是由大學法醫學科負責。

（三）美國法醫病理師的培育

美國的法醫制度來自英國體系，因此依循將法醫專科師定位為法醫病理醫師，並成為病理之下的次專科。但其醫學院的招生是採學士後醫學系，畢業通過醫師資格之後的一般醫師，需接受4年的訓練始可成為法醫病理師；首先2年是解剖病理訓練，再經1年的法醫病理，以及另一年的病理次專科訓練，如神經病理學、化學病理學等。另外，如果已獲得合格的解剖病理（Anatomic Pathology，簡稱AP）及臨床病理（Clinical Pathology，簡稱CP）或只有解剖病理證書，則僅需接受1年的法醫病理訓練。經通過病理學會之考試，成為合格的法醫病理醫師，從事法醫解剖[6]。

（四）中國法醫師的培育

中華人民共和國（以下簡稱中國）於1949建國後，在1950年代在司法部法醫研究所訓練了約200位法醫人才。不幸的是在文化大革命時期（1966-1976年），這些人才幾乎全部被下放，

只留下寥寥無幾的法醫師繼續從事法醫的工作。直到1979年才開始在中山（廣州）、華西（成都）、及中國（瀋陽）三家醫學院成立獨立的法醫學系，直接招收學生，這是與世界其他國家不同的創舉。在1980年代又在同濟、西安、上海、山西、及昆明等五家醫學大學成立法醫學系，1998年時，華西及西安已升格為法醫學院，因此法醫人才迅速成長。目前中國大部分的醫學院都有法醫學科，甚至有法醫學院，其每一單位內法醫學教師由5名到50名不等。較大的法醫學院之下設有法醫病理學科、法醫血清學科、臨床法醫學科、法醫毒物學科、有的甚至包括法醫精神學科及法醫人類學科。另外大部分的政治學院及法學院也設有法醫學科，但教師人數較少，主要是教學，但部分教師也從事研究並接受委託進行法醫鑑定案例。甚至少數的警察大學也設有法醫學系[9,10]。

　　1998年時，中國約有150家醫學院，這些醫學院大部分都設有法醫學科，負責臨床醫學科學生的法醫學教學。而八家醫學大學設有法醫學系或學院，包括大學部及研究所。這些法醫學系每1-2年招收15-30名學生，接受5-6年的教育，包括基礎醫學、臨床醫學、法醫學的理論及實習。畢業之後最少要有一年的法醫實習，才能獲得法醫師的資格。此外，如果不是法醫學系，而是一般醫學系的畢業生，有興趣投入法醫行列者，也須接受1-2年的法醫訓練。另外，法醫研究所的碩士班學生需要3年的學程包括論文，而博士班還要再加3年的學程及研究論

文。另一方面，某些醫學大學、法律學院、警察學院也提供在職法醫師一星期的進修的課程，主要是針對特殊的課題。另外，還有提供一年的系統性的法醫學課程[9]。簡言之，中國具備較有規模的法醫培育系統。

四、法醫實務制度的比較

各國之法醫實務制度主要有二，其一是屬於大陸法體系的國家，如大部分歐陸國家、日本、中國、台灣等，雖然各國之間有些差異，但是主要是源自羅馬法律體系，與犯罪有關之死因或死因不明者之司法調查權，乃是由檢察官授權「法醫師」或法醫學者，負責有關死因之鑑定。其二是屬於海洋法體系的國家，只有英國、美國、加拿大、愛爾蘭、以及一些過去英屬的國家，有關死因之鑑定則由「驗屍官」（Coroner）或「醫檢官」（Medical Examiner，中央研究院院士，芝加哥大學的廖述宗教授譯為「醫學檢驗官」，簡稱「醫檢官」[11]）負責。

（一）大陸法體系國家之法醫實務制度

在大陸法體系之國家，法醫師乃是依司法單位的檢察官、警察及法官之命令之後，才開始屍體鑑定。因為大陸法系國家的傳統看法，是不讓不懂法律的外行人參與暴力犯罪的偵查程序，因此其審判制度乃是授與法官最高的權威。但此制度仍有剝奪被告權利之缺點，故後來修正為對於懷疑他殺或與犯罪相關之死者，必須進行詳細的死因調查。此制度的解剖率較低，因為對於自然死亡或與犯罪無關的創傷致死者不作死因調查。

但是由於醫學的發展，為了流行病學及司法上的目的，需要建立準確的死亡統計，因此某些歐洲國家乃擴充對死者的司法調查範圍，不經開業醫師開死亡證明書的死者，必須交給司法單位處理，並由其決定是否需要解剖。由於以前並沒有固定的專業法醫機構，因此大部分國家都是由法官授權，但某些國家則由地方檢察官主導，只有少數國家是由警察授權做解剖。後來更要求，解剖時需要法官在場。

事實上歐洲的法醫體系是相當複雜的，一般是在大學法醫研究所或法醫學科之架構下擁有不同的次專科。但是英國的法醫體系則僅有法醫病理，並將其他相關的次專科獨立分開，甚至屬於不同的機構。法醫的發展當然需要擁有不同學門背景的科學家。因此在大陸法體系之下，法醫擁有跨學門專家，相互溝通、學習、及討論，這是法醫主流趨勢，其優點如下：1. 在他殺以及複雜的案例，不能依靠單一的法醫專家做決定。2. 跨學門之間的法醫專家意見的整合，不僅是相互的影響、學習，並且也更具效率及經濟，惟此優點往往被低估。3. 由司法誤判的經驗，如果在法醫體系之下能有各種法醫專家，先經過其互相討論再作結論，將可以減少許多錯誤的發生。特別是任何一種鑑定方法的特性往往都可能涉及其結論之正確性。在缺乏不同學門法醫專家之間相互討論的國家，法律人必須評估不同學門專家的報告，並尋求其一致性，但法律人卻往往缺乏這些專業的知識[7]。

(二)海洋法體系國家之法醫實務

海洋法體系的法醫實務制度,以美國為例[12,13],最早乃是引進英國的「驗屍官」(Coroner)制度,由當地人民選舉公正的人士(不一定是醫師或律師),在法律授權之下,負責死者鑑定的行政主管,並經由醫師的建議,或直接要求病理醫師負責驗屍及解剖,然後由驗屍官,根據病理醫師解剖所見及解讀,決定死亡原因及死亡方式,並向檢察官報告,此法醫實務制度類似大陸法系。但由於美國的驗屍官是經選舉的公務員,往往會受政治壓力之影響。因此,1877年在麻州發展所謂 Medical Examiner(簡稱 M.E.)制度」,但台灣有人將其翻譯為「法醫師」(並不恰當),到 1918 年紐約市才將此制度發展較為成熟而稍具規模。

簡言之,此種醫檢官制度乃是由州政府的委員會評審具有醫師資格的人(最好是法醫病理醫師或病理醫師),由州長任命為「主任醫檢官」(Chief Medical Examiner),在州政府之下的「醫檢局」(Medical Examiner Office),負責死者鑑定的行政主管,並領導專業的法醫病理醫師、病理醫師或醫師負責驗屍及解剖[13]。最初醫檢官並沒有權利要求解剖,直到 1940 年代通過「醫檢官法」,才授權醫檢官可以對非自然死亡之案例,決定是否需要解剖,且主任醫檢官為唯一決定死亡原因及死亡方式之人。根據醫檢官法,規定在某些非病死或死因不明的情況之下,醫檢官可自行決定是否需要解剖才能釐清死亡原因。

Ⅳ 台灣法醫師的培育和法醫實務制度的探討

另外,此制度要求具有「法醫病理醫師」證照,並有多年經驗者才能擔任主任醫檢官,但此主任之職位並非公務人員,隨時都有可能被解聘。另外,此制度仍存有其缺點[14]。雖然「驗屍官」和「醫檢官」的制度各有優劣,但經廣泛討論之後,認為只要在驗屍官之下,擁有足額之夠水準的專職的法醫病理醫師以及法醫毒物學專家,驗屍官仍可勝任法醫鑑定的行政主管,更可避免讓專業的法醫病理醫師浪費時間在行政工作上。因此美國目前全部採用「醫檢官」的有22州,採用「驗屍官」的有11州,同時採用「醫檢官」及「驗屍官」混合式的有18州。因此美國的法醫實務制度,並非僅是「醫檢官」一種制度而已。另一方面,美國較有規模及有名的「醫檢局」,大都是在大城市,而且皆是委由大學醫學院負責[15]。

Dominick 及 Vincent 在其法醫病理學(Forensic Pathology)一書中,特別指出,由於醫學的進步,法醫已是相當專業的醫學之一,一般人並不了解,在病理專科醫師的培育課程中,有的完全不包括法醫病理(台灣亦同),有的僅有幾小時的介紹,最多只是花 2-4 星期,到法醫實務單位走馬看花。因此一位合格的病理醫師,並不具有法醫病理應有的專業知識。因此不具法醫專業或僅有短暫訓練的醫師,往往會造成法醫鑑定的糾紛。因此其他科的醫師,甚至一般醫院的病理醫師,縱然有意願,但都不適合從事法醫的實務工作[13]。根據美國法醫解剖的統計,其中約有 85% 的案例與犯罪無關,因此有些一般病理醫師認為

他們可以從事與犯罪無關的解剖（行政解剖，按件計酬），而將剩下的可能與犯罪有關的 15% 需要法醫解剖的案例交給法醫病理醫師。問題是在未解剖之前如何確實知道哪一案例是否與犯罪有關？

另一方面，美國業務良好的合格病理專科醫師並沒有多大的意願，轉為法醫病理醫師，如在美國的病理專科醫師李汝晉博士，就斬釘截鐵的說「僅願意偶而『不務正業』的從事兼差的法醫解剖，無論如何，是不會放棄其本行病理，去擔任法醫的工作」[16]，因此美國的專業法醫病理醫師仍然不足。根據 Prahlow 與 Lantz 調查美國 25 州法院之「醫檢官」的資格，發現僅有 6 州是合格的法醫病理醫師，3 州是一般病理醫師，11 州是一般醫師，甚至 5 州是非醫師之人員擔任[17]。因此美國對於「醫檢官」的法定資格，也只好依現實規定為「醫師」，而無法規定為「法醫病理醫師」。由此可知美國的「醫檢官」制度，仍然無法全部由「法醫病理醫師」從事法醫實務的工作。

（三）日本法醫實務制度

日本的法醫最早乃是引自歐洲德國，因此其法醫實務制度，也是參照大多數大陸法系的歐洲國家。但是 1946 年日本戰敗後，聯合軍隊駐日總司令麥克阿瑟將軍，發現日本大都市的公園、街道、火車站、有許多餓死、冷死、或傳染病死者，並沒有解剖。因此在其要求下，日本政府遵照其建議，引進美國的醫檢官制度，日文翻譯為「監察醫」，由東京都民政局（其後為衛生局）

制定「東京都變死者等死因調查規定」,並於 1946 年 4 月 1 日起由東京大學及慶應大學之法醫學教室及病理學教室之教師,從事「監察醫」的實務工作。並於同年 12 月 11 日由厚生省(衛生署)和聯軍總司令部簽約同意設立「監察醫院」從事行政相驗(檢屍),如必要時從事與犯罪無關的行政解剖。並在東京、大阪、京都、橫濱、名古屋、神戶、福岡等七大都市設立「監察醫院」。另一方面,日本政府也請聯軍總司令部諒解其舊有刑事訴訟法第一百七十六條有關司法解剖之不同制度,當發現死因不明或疑與犯罪有關時,應由大學解剖的法規[18]。因此戰敗後的日本法醫實務制度相當特殊,兼具大陸法系及海洋法系的法醫制度。

日本有關死因鑑定之解剖程序如下[19-21]當死者在醫院或在家中但經醫師診療死亡者,其死因已知,故不必解剖,由醫師開具死亡診斷書交付家屬申請喪葬入殮事宜。如醫院之醫師認為需要解剖以了解病因時,則須經家屬同意,此所謂「病理解剖」,由醫院之病理醫師執行,其法律依據為死體解剖保存法第七條。

如果醫師在檢查死體時發現死因為非病死(非自然死亡),則醫師有責任向警察署報告,警察署則通知檢察廳,由司法警察員和檢察官、或其代理之檢察事務官會同醫師到現場堪驗。司法警察員和檢察官根據日本刑事訴訟法第二百二十九條執行「檢視」屍體,而醫師則根據醫師法第十九、二十條執行「檢屍」。當醫師「檢屍」後,如發現死因無法確定,但與犯罪(他殺)無關,然仍需解剖,此乃是所謂之「行政解剖」,則有兩

種制度處理。其一是根據日本傳統的大陸法系制度,由警察醫（相當於台灣的兼任法醫師、榮譽法醫師）解剖,但根據死體解剖保存法第七條,必須經過家屬同意。其二是由「監察醫」檢屍,則不必經檢察官之授權和家屬的同意,依據死體解剖保存法第八條,直接授權監察醫行使解剖。並在當天就將解剖所發現的結果報告警視廳（警察局）及家屬,至於死因則須等組織切片或毒物鑑定結果之後再確定。

如果懷疑與犯罪有關,則屬於「司法解剖」,根據日本刑事訴訟法第一百六十八、二百二十三條,由裁判所（法院）委託具有學術及經驗者,通常都是由大學醫學院的法醫學科的教授或副教授解剖,並將鑑定結果通知檢察官及警察署。總之,日本的法醫實務規定「驗屍」一定要法醫師或醫師,但「司法解剖」則規定由大學法醫學科之教授或副教授負責,而沒有規定為醫師,因為大學法醫學科的副教授,雖有可能不是醫師,但是他們在法醫學科的學術研究及法醫解剖實務上,至少有20年以上的經驗,且日本認為大學乃是學術研究與教學之重鎮及政治中立之殿堂,從事科學性之公正判斷具有公信力[22]。

（四）美國「監察醫」制度在日本的實驗

昭和22年（1947年）1月17日,由厚生省公佈根據昭和20年敕令第542號制定「死因不明死體之死因調查相關事件」法規。但是當時東京僅能招聘寥寥數名專任監察醫,其餘仍向東京都內及千葉之各大學醫學部聘請教員為兼任監察醫。昭和

24年（1949年）在死體解剖保存法第8條加入監察醫可從事非自然死亡者的行政相驗，如猝死亡、意外、自殺等均屬之。然而，此一由美國引進之「監察醫」制度，到了昭和60年（1985年），在京都府及福岡縣就遭到廢除，到目前已逐漸消失，僅剩下東京都23區、橫濱、大阪、及神戶實施而已[18,23-24]。

美國的監察醫（M.E.）制度在日本式微的原因主要有：1. 監察醫無法在日本發展，因為監察醫的解剖無法被日本的傳統法醫制度所接受。2. 監察醫的制度需要相當的經費，故中央及地方政府並不積極。3. 此制度只在日本相當少的地區實行。4. 更重要的是缺乏法醫師人才，目前日本的監察醫院（M.E. Office）的監察醫，大部分仍是由醫學院的法醫學科教授或副教授兼任，因為很少醫學院畢業生願意進入監察醫院。另外，日本的法醫與病理是各自獨立的，法醫不屬於病理，病理醫師很少受法醫訓練，也很少有病理醫師轉為法醫師[24]。

（五）中國法醫實務

目前中國的專職法醫師至少約有10,000名，由於一般醫師畢業之後，經過一年的臨床實習或法醫實習，即有資格當法醫師，因此與專業法醫師的教育水準有很大的差異。這些法醫師分別在警察單位、法院、地檢署、法務部、及大學等不同機構任職。警察單位稱為公安，其組織架構有中央、省、市及鄉四級，市及鄉的警察單位乃是第一線的主要執行單位，幾乎這些警察單位都設有法醫室或鑑識室。這些單位的專職法醫師人數，由

1-50 人不等。這些法醫室至少有一位專職法醫師，某些較大的法醫室之下設有法醫病理、臨床法醫、法醫血清及法醫毒物組，它們的任務乃是提供警方處理有關刑案調查及暴斃案的法醫意見。警方的法醫師除了從事解剖之外，也從事創傷者的臨床法醫鑑定及刑事案件的屍體現場勘驗。如果與犯罪無關就可以結案，但如與犯罪有關則需提報地檢署[9]。

檢察署的組織架構有四級，最高檢察署、省高等檢察署、市人民檢察署、及鄉人民檢察署。各級檢察署並各有自己的法醫師，其主要工作乃是審查警察單位所呈送有關刑案的法醫鑑定書。有時也直接參與受害者創傷程度的鑑定，以及工作場所意外死亡或警局、監獄死亡之案件。

中國的法院系統同樣有自己的法醫專家，其組織架構同樣也分四級。最高的三級法院以及大部分的鄉人民法院至少都有一位專職法醫師。大部分法院法醫師的工作乃是臨床法醫，特別是鑑定創傷的程度是屬於重傷、輕傷或微傷，因為根據刑法，加害者的量刑與被害者受傷的程度有關。另外，臨床法醫也包括與民、刑事相關的殘障的程度、性無能等之鑑定。法院之法醫師也負責審查地檢署所檢送案件之法醫鑑定書。

法務部在上海設有一家法醫研究所，編制約 100 名，其中有 50 位是研究員，其下設有法醫病理、法醫血清、臨床法醫、法醫毒物、法醫精神、犯罪、及微證物等七個部門。它們的工作可能是警察、地檢署、及法院的法醫諮詢機構。

中國不但有其與其他國家不同的獨特法醫師培育制度，也有其獨特的法醫實務制度。在同一鄉、市不同單位的法醫師，只負責其單位所接到的案例，他們之間並沒有職務上的聯繫，且各單位皆有專職的人員及實驗室。大學及法務部的法醫專家僅接受警察單位、地檢署及法院諮詢之案件。這種多元體系的優點是各自獨立，因此每個案件在司法程序中，至少會經過二個不同機構之審查，可以減少法醫鑑定之錯誤或糾紛。但是各機構各有其法醫師及設備，造成資源重疊浪費的缺點。另外，不同機構之法醫師可能會有相反的意見，法律上並無規定誰是最具權威的鑑定。因此往往造成訴訟時間的延誤，以及引致不同機構之間的衝突。因此，中國法醫師在近 20 年來雖快速的發展，但仍有改善之空間 [9]。

五、台灣要建立怎樣的法醫制度

人權是現代人類文明普世的標準，也是世界正義和平的基礎，因此與此相關的法醫水準，當然是要追求最高的標準。由於法醫學的範疇愈來愈廣，法醫師的培育，更需要專業。因此台灣的醫學院，義不容辭，應負起培育法醫師的重責大任，共同提昇台灣人權與社會正義。另外，除了台灣法醫師的培育，也需要建立具有誘因的合理法醫實務制度，始能吸引優秀的人才投入這項具有社會正義的工作。

《法醫師法：催生與革新》

（一）台灣要建立怎樣的法醫師培育制度

由於台灣多年來留學美國的人數最多，對美國的制度也比較熟悉，自然的認為美國的許多制度可能是台灣的最佳選擇。也許有人會質疑台灣的專科醫師要學美國的制度，為何法醫不學？事實上，美國醫學院是學士後的醫學系，台灣是招收高中生的醫學系，並不一樣，可見台灣也非樣樣必須以美國馬首是瞻。另外，專科醫師制度，是大多數國家的共同制度，也是國際的主流，並非美國所獨有。

法醫師的培育由大學負責，沒有任何爭議。根據上述先進國家有關法醫師的培育體系有二種：1. 大陸法系的大部分的歐洲國家及日本等乃是在法醫之體系下：分設次專科包括法醫病理學（法醫解剖）、臨床法醫學、臨床病理學、法醫毒物學、醫學法律與倫理、及其他次專科如法醫血清學、法醫精神學、法醫牙科學等。2. 海洋法系的英國、美國、加拿大、及英屬國家，乃是在病理之體系下，僅設立次專科法醫病理。

由於近代科技的進步及發展突飛猛進，醫學成為相當複雜的專業及科學的領域，除了一般開業的專業知識之外，尚須各種各樣的次專科的知識。因此，皮膚科醫師並不適合從事神經外科，而神經外科醫師也不適合從事婦產科，同樣的，病理是研究「病死」的死因，而法醫學是研究「非病死」的死因，且應用於解決涉及醫學的法律上問題，是其被認為屬於社會醫學之一分野，亦為國家醫學，其應用之領域包括司法、行政與立

法，與一般醫學比較，實具有不同的角色[25]，因此法醫也是一種專業，和病理是兩個獨立不同的學門，正如 Dominick 及 Vincent 在其《法醫病理學》（Forensic Pathology）一書中所說：「一位合格的病理醫師，並不具有法醫病理應有的專業知識，因此不適合從事法醫的實務工作[13]。」由於法醫學的範疇愈來愈廣，如果將法醫定位在不一定適合從事法醫實務的病理之下的次專科，勢將扼殺法醫的正常發展，而致影響法醫師品質。綜觀上述，透過獨立的法醫體系培育法醫師乃是國際的主流趨勢，因此台灣法醫師的培育，實需要法醫專業及法醫細分科，才能趕上國際科技的水準及趨勢。

另外，不論美國或日本等先進國家，也同樣呈現醫學生畢業之後，較少有意願進入法醫的實務工作[17,24]，甚至美國的專科病理醫師也沒有意願轉行當法醫病理醫師[15]。然而這些國家的法醫實務，還能順利執行並保持一定水準的原因，乃是因為他們都有大學作支援。因此當台灣要建立法醫師的培育制度時，更需要考慮台灣特殊的文化、社會背景及制度。由過去台灣法醫師特考、法醫公費生及留學考獎學金，以及法務部提高法醫師待遇等之許多努力，都無法網羅醫師投入法醫實務工作而致徒勞無功，因此專業法醫師的培育，必須自行獨立的養成訓練，法醫師與醫師必須分流，尤其是要切斷法醫師回流成為醫師的途徑，如同中醫師與西醫師的分流，才能留住中醫師在專業崗位上發展中醫一樣。因此，在大學醫學院以學士後法醫系或法

醫學研究所獨立招生方式,依照歐洲的共同標準7,施以4年的專業法醫學訓練,畢業後,通過國家專業考試,授以法醫師資格。簡而言之,唯有此一革新方案,方能促使台灣法醫制度脫胎換骨而求健全的發展。

(二)台灣要建立怎樣的法醫實務制度

各國的法醫實務制度可說是大同小異,都是在司法單位或法律授權之下,委請法醫師進行法醫鑑定,不同的乃是將法醫師擺在什麼機構。因此如果法醫師的人數足夠,法醫師的品質有保證,法醫師擺在什麼機構,對法醫實務的運作應不至於發生太大的問題。

然而我國刑事訴訟法第216條之規定「……檢驗屍體,應命醫師或檢驗員行之。解剖屍體,應命醫師行之」,卻是不合理的法規。由前述我國法醫之發展史觀之,本條文可能是因為無法招聘足夠的法醫師,為因應急需,而操短線的作法。此一錯誤的法律規定,不但阻礙法醫師之培育,更漠視死者的人權,因為唯有法醫師才能正確的判斷是否「非病死」,豈可由非法醫師的檢驗員行之!所以現代化的國家都規定檢驗屍體,至少必須由法醫師或醫師行之!因此,應修法將此條文中「或檢驗員」四個字去除,才能讓台灣的法醫制度步上正軌!

專業證照制度乃是品質保證之最低要求,也是國際的主流,台灣許多專業也都已有證照制度,也許有人會質疑法醫師這種特殊的專業,雖然需要證照,但是否有開業的空間足以吸引人

才的投入？事實上依照規定，到醫院已死亡者，或在家裡未經醫師看病而死亡者，須要法醫師之驗屍，發給相驗屍體證明書後，家屬才能向戶政事務所申請埋葬。但由於台灣法醫師嚴重不足，申請法醫師驗屍往往曠日費時，以至於家屬寧可花三、四千元，由葬儀社設法拿到醫師死亡證明書，以便早日入土為安，因此才有一位一般醫師年開千例死亡證明書的報導。如果一位開業法醫師一天驗屍 1-2 位，其收入上應不惡，另一方面也因專業的死因判斷，更可提昇人權之品質。另外，有關暴力、創傷或強暴鑑定的臨床法醫門診，法醫師也可以提供一般醫師不願從事的鑑定。其鑑定費每案約 3000-5000 元，且是自費，如有合格的法醫師，相信醫學中心也願意設立法醫門診，這也是法醫師的出路之一。

根據台大法醫學科及台灣法醫學會陳耀昌等人之建言書[10]，台灣至少約需要 100-120 名合格的專職法醫師，如再加上將來台灣 10 家醫學院所需的法醫學教員約 50 名，假使每年培育 10-15 位合格的法醫師，不出 10 年應可解決台灣法醫荒的問題，10 年之後，當可維持法醫師人力供需的新陳代謝，並進一步提昇法醫師的品質。此外，更重要的是，當法醫師的培育和一般醫師分流之後，以台灣現行的法醫師待遇，應尚可具有吸引力，因此，只要在工作環境、進修機會、升遷管道及制度完善等方面，加以改善，假以時日，台灣法醫師品質應可期待達到國際水準。

六、結論

　　將來法醫師的人才來源，來自醫學各相關科系畢業生，經過學士後法醫學系或法醫學研究所的教育訓練，依循國際法醫師培育主流趨勢的法醫學體系，施以4年之法醫專業教育，並與醫師分流，使法醫師專心於法醫鑑定事業，而不從事於醫療工作，專心堅守其工作崗位。但另一方面，醫師若對法醫工作有熱誠及興趣者，仍保有進入法醫師培育體系的管道，待完成訓練後，可成為具備醫師及法醫師的雙重專業資格，將來更可以在大學從事學術研究，也可以在醫院從事臨床法醫之門診。換言之，如此多元化的培育制度，有固本清源的效果，一方面培育足量的優秀法醫人才；另一方面以專業證照制度，保證法醫師應有的法醫素質水準，可期待以此改革性之措施，能徹底解決台灣法醫師缺乏之沉痾。

　　法醫人才的培育和良好法醫制度的建立，如同車之雙軌、鳥之雙翼，兩者相輔相成，始克奏效。因此，當台灣思考引進外國的法醫經驗與制度，或是走自己的路的時候，不但需要參考各國法醫制度的實際運作及所發生的利弊，更需要體察台灣社會、文化背景及司法制度的差異。最重要的是，要建立可以紓解我國法醫困境的可行、可長、可久的制度，以免重蹈過去走捷徑抄短線的慘痛覆轍。否則，頭痛醫頭，腳痛醫腳，到頭來台灣的法醫問題仍然是原地空轉一場。回首從民國元年到現在，我國法醫質與量的困擾已持續將近一世紀，現在該是徹底覺悟、了解癥結真相，加以對症下藥的時候了！

參考資料

1. 宋慈：洗冤集錄。台北縣，學海出版社，1979。
2. 「洗冤錄集證」增補註釋。上海，上海文瑞樓，重刊，1921。
3. Fisher B. A. J.: Role of forensic sciences indemocracy. Journal of Forensic Sciences 1990;35:1021.
4. 河川涼：法醫學。東京，日本醫事新報社出版局，1977:2-3。
5. 小田俊郎：台灣醫學50年。洪有錫譯。台北市，前衛出版社，1995:117-127。
6. Mavroforou A, Michalodimitrakis E.: Forensic pathology on the threshold of the 21st century and the need for harmonization of current practice and training. The American Journal of Forensic Medicine and Pathology 2002; 23: 19-25.
7. Brinkmann B, Cecchi R., Chesne A. Du: Legal medicine in Europe -- Quo vadis?. International Journal of Legal Medicine 1994;107:57-59.
8. Garland A. N.: Forensic medicine in Great Britain. I. The beginning. American Journal of Forensic Medicine and Pathology 1987;8:269-272.
9. Peng Z, Pounder DJ.: Forensic medicine in China. The American

Journal of Forensic Medicine and Pathology 1998; 19: 368-371.

10. 陳耀昌、方中民、郭宗禮、邱清華:「建立台灣健全之法醫師培訓和進用制度」建言書。台大醫學院法醫學科及台灣法醫學會,2003年4月25日。

11. 廖述宗:捍衛人權的羅勃・克許納醫師。自由時報,2002年9月24日。

12. Knight B.: The medico-legal autopsy. In the Coroner's Autopsy: A Guide to Non-Criminal Autopsies for the General Pathologist. Edinburgh: Churchill Livingstone, 1983:1-8.

13. Dominick J. Di Maio, Vincent J.M. Di Maio: Forensic Pathology. In Medical Investigation Systems. CRC Press Inc, Florida, U.S.A., 1993:7-19.

14. Luke JL.: "Disadvantaged" Medical Examiner Systems. The American Journal of Forensic Medicine and Pathology 1994;15:93-94.

15. Hanzlick R, Combs D, Parrish RG.: Death investigation in the United States 1990: A survey of statutes, systems and educational requirement. Journal of Forensic Sciences 1993;38:628-632.

16. 李汝晉:不務正業。景福醫訊 1993;10:5:23-25。

17. Prahlow J. A., Lantz P. E.: Medical examiner/death investigator training requirements in state medical examiner systems. Journal of Forensic Sciences 1995;40:55-58.

18. 水野禮司：M.E.（Medical Examiner）System。日本法醫學雜誌 1950;4:225-227。
19. 吉田謙一：法醫學案例。東京，有斐閣株式會社，2001:2-4。
20. 永田武明、原三郎：法醫學，第三版。日本，南山堂，1991:9-10。
21. 若杉長英：法醫學，第三版。京都，金芳堂株式會社，1994:3-4。
22. 永田武明、原三郎：法醫學，第三版。日本，南山堂，1991:1。
23. Ajiki W, Fukunaga T, Saijoh K, Sumno K: Recent status of the medical examiner system in Japan --Demographic variation of medicolegal deaths in Hyogo prefecture and uncertainty in medicolegal investigations conducted by medical practitioners. Forensic Science International 1991;51:35-50.
24. Funayama M, Kuroda N, Matuo M: The Tokyo medical Examiner's office -- Introduction of the medical examiner system in Tokyo and statistical observation over four decades. The American Journal of Forensic Medicine and Pathology 1993;14:257-261.
25. 蔡墩銘：法律與醫學。台北市，翰蘆圖書出版有限公司，1998:10-13。

(本文原刊載於：台灣法醫學誌，1卷1期（2009年），頁19-28。）

Ⅳ 台灣法醫師的培育和法醫實務制度的探討

V

第五章──
第五時期：呈現順境（2005～）

「法醫師法」終於完成立法

邱清華 [*]・**陳耀昌** [**]・**郭宗禮** [***]
[*] 台大法醫學科 前代主任
[**] 台大法醫學研究所 所長
[***] 台大法醫學科 前主任

一、緣起

由於法醫業務長期受到忽視,導致我國法醫人才不足,法醫水準低落,難免影響司法判決之正確性,而致危害人權的保障,令人至表關切。五十多年來,我國並無完整的法醫師制度,對於檢驗、解剖屍體工作,由醫師與檢驗員執行,雖各有其職司,然檢驗員之法醫學養與技術自不若法醫師,理論上應屬輔佐、協助法醫師之性質。惟事實上,除解剖屍體依「刑事訴訟法」規定,限由法醫師執行外,檢驗員代行法醫師的職務,已經行之有年,其鑑定品質頗令人擔憂,且時有誤失情形發生。

截至93年6月底止,全國各地方法院檢察署之法醫師僅5名(預算名額為20名)、檢驗員35人(預算名額為36人)[1]。因此,現行百分之九十以上之屍體檢驗,實際上係由檢驗員執行,解剖屍體方由法醫師及外聘之法醫顧問或榮譽法醫師為之,死因鑑定則由法務部法醫研究所委請顧問醫師負責。

此外,更令人憂心的是,台灣的法醫屍體解剖率奇低(僅約9%),遠遠落後於日本(30-40%)、美國(40-50%)、及香港(50-60%)[2]。由於屍體解剖率偏低,因此,對死因真相的了解,自亦相對趨低,不無可能造成草菅人命的嚴重後果,影響司法人權、社會正義至鉅。

鑑於上述種種,如何增加法醫師人數及提昇法醫專業水準,勢須從組織改造著手,五十多年的沉寂,必須針對法醫師制度加以改弦更張,始克有濟[3]。然而,這一切改革均非賴法律的依據,無以為功。因此,推動「法醫師法」立法,自成為首要任務。

二、法醫師不足之關鍵原因

由於法醫師待遇與醫師相比,相形見絀,況其社會地位亦不如醫師,且係屬公務人員,受限制較多,調整待遇的空間也極為有限,然法醫師業務依法卻必須由醫師擔任,令人遺憾的是,醫師投入法醫師行列者,有若鳳毛麟角。五十多年來,醫學系畢業者雖有四萬多人,而目前擔任法醫師者僅5名,有若萬中得一而已[4]。此一事實顯示了法醫師不足的緊迫窘態。

法務部雖曾自83年起與陽明大學、成功大學醫學院合作獎勵培育法醫師,增設法醫師公費生,藉增加醫學系入學錄取額外名額多名,無奈該等獲法醫公費的醫學生,待畢業後,仍鍾情於高收入的醫師行業,皆寧願選擇賠款方式,一走了之,也不願從事法醫工作。因此,此一培育計劃完全落空了[5]。

三、解困之道——法醫師與醫師分流

積習難改,要打破五十年來的困局,談何容易?解困之道唯有訂定「法醫師法」,以求法醫師與醫師脫鉤,使法醫師之來源不再僅倚賴醫師,因此,須明文規定由醫學院增設專門法醫系所招收學生。期為養成高水準的品質,而施以嚴格法醫學教育,並加以實習訓練,且須經國家考試及格,取得法醫師資格後,始得執行法醫鑑定業務。換言之,法醫師與醫師之來源,各有所本,醫師是醫師,法醫師是法醫師。雙管齊下,二者各為獨立的專業人員,且各具有專業證照,均可自行開業。果真如此,則法醫師專門人才必然源源不絕,何患後繼無人[6]?

四、台大法醫學科首先提出改革「建議書」

要推動一個獨立的專業技術人員的證照制度,自不是一件容易的事,難免遭受舊勢力的劇烈反彈,甚至發動各種利益團體加以圍剿,這是必然的,也是可預期的。但這也是作為社會改革推動者無可逃避、而必須面對的一個局面,當於心了然。只是,如何促使黨、政、社會各方都支持,而法、醫、法醫各界都不反對,是一件相當艱鉅的工作,其中過程波濤洶湧,暗流礁石,更是不言可喻,外人或許沒有感受,但身在其中,難免感觸良多,感慨萬千!

幸而,自民國 91 年 4 月 25 日首由台大歷任法醫學科主任(包括方中民、郭宗禮、陳耀昌、邱清華等)共同發表「建立台灣健全之法醫師培訓和進用制度」建言書[7],提出改革方針,

Ⅴ 「法醫師法」終於完成立法

經過不斷之溝通、協調、說明、拜訪等多管道盡力以赴，漸獲各方之重視與認同後，於是毅然著手推動「法醫師法」之立法，皇天不負苦心人，終於破除萬難，於民國94年12月6日獲得立法院三讀通過，總統於民國94年12月28日公布，該法規定於本法公布後一年施行。本文即係將此3年8個月中艱辛奮鬥、一波三折的心路歷程，終而完成台灣法醫史上最重要一頁，謹提出扼要報告，以饗讀者。

五、總統府支持維護人權

鑑於法醫師品質的良窳與司法人權的保障，關係至為密切，總統府一向重視「人權立國」，其人權諮詢小組委員蘇友辰律師依據筆者（筆者陳、邱二人亦擔任人權諮詢小組委員）等「建立台灣健全之法醫師培訓和進用制度」建言書，正式提出「為維護司法正義及保障人權，推動『法醫師法』立法案」，獲主任委員呂秀蓮副總統的認同與支持，於民國91年7月29日經該小組通過，呈報 陳水扁總統於同月30日裁示後，本案從此得以進入行政體系，因而奠定法醫制度改革之基礎。

六、行政院積極推動立法

隨著國際法科學（Forensic Science）之發展及國內法醫司法鑑定之需求日殷，法醫師短缺的問題，普受社會各界的關注。行政院科技顧問組針對台大法醫學科的建議書，於民國91年6月11日召開「建立台灣健全之法醫師培訓和進用制度」座談會，

由蔡政務委員清彥主持,出席代表有法務部、教育部(高教司、醫教會)、考試院(考選部)、人事行政局、衛生署(醫政處)、台大醫學院(法醫學科)等單位,其重要共識結論為:我國法醫師嚴重缺乏,造成法醫鑑定水準無法達到先進水準。唯國內法醫師銓敘職等與待遇的調整已至相當程度(接近檢察官),但仍無法解決法醫不足的問題,未來,再進一步調整的空間有限,可能無法提高醫師投入法醫工作的誘因。因此,決議設置學士後法醫學系,施以法醫師專業訓練,建立法醫師與醫師的分流制度,是解決法醫師嚴重不足的重要途徑。按此一重要會議,確認了提升法醫師待遇的困難,勢須另謀對策,改變現狀,以求突破[8]。

另一方面,行政院「人權保障推動小組」,在許政務委員志雄主持下,肯定法醫師法立法的必要性。在民國91年10月14日第七次委員會議通過「儘速研擬『法醫師法』草案」之決議,以及請教育部、法務部、衛生署等機構支援處理,共為法醫改革之新方向而貢獻心力[9]。

七、各部會合作配合推進

(一)教育部:

教育部係最早啟動建立法醫師新制度的單位,以配合國家重大政策、為培養法醫師生力軍,於民國92年9月29日核准台大醫學院成立「法醫學研究所」,核撥額外的教師名額。因而,該所得於93年8月1日成立,並即開始招收碩士班學生[10],為

法醫教育開闢新途徑。其中過程，承教育部范巽綠次長及吳聰能主任秘書，贊助頗多。

台大法醫學研究所招生分二組：甲組招收具有醫師資格者，二年畢業，獲法醫學碩士學位；乙組招收相關醫事系科畢業者，須修習醫學系相關課程，經五年畢業，獲法醫學碩士學位。上述兩組畢業生均須通過國家法醫師考試及格，始獲法醫師資格。

（二）衛生署：

衛生署在初期因受到各醫學會意見之左右，所持態度較為消極，其後了解法醫師欠缺之嚴重狀況後，即轉而支持行政院的決策。衛生署醫事處薛瑞元處長曾多次參與協調會議，提供專業意見，甚具價值。

（三）法務部法醫研究所：

行政院責成法務部負責草擬「法醫師法」後，法務部陳定南部長即指示該部法醫研究所負責辦理，該所迅即於民國91年10月18日成立「法醫師法草案推動小組」，聘請筆者等在內的八人為小組委員，展開草擬推動事宜，並由余麗貞檢察官負責協調。由於筆者等早已草擬完成「法醫師法」草案（民國91年11月21日「台大法醫學科版」定稿）[11]。法務部法醫研究所即以台大版「法醫師法草案」作為骨幹，逐條加以檢討斟酌修訂，先後召開12次會議，歷時6個月，於92年4月29日完成法醫師法草案（法務部版）[12]。該所由王崇儀所長領導，整合法醫界與法界意見，達成草擬任務，功不可沒，貢獻良多。

(四)法務部:

在法醫研究所完成草案後,法務部接手召開研商「法醫師法」草案會議,由顏次長大和主持。邀請司法院、銓敘部、考選部、行政院衛生署、行政院人事行政局、國防部軍法司、內政部警政署刑事警察局、法務部法醫研究所、調查局、人事處、法規委員會、台灣高等法院檢察署、方中民醫師、陳耀昌醫師、郭宗禮教授、及邱清華醫師等參與。法務部於民國92年5月23日召開研商「法醫師法」草案修正會議,各方踴躍提出建議與意見。其間歷經8次協商會議,於93年5月30日會議結束後,全案「法醫師法草案」(法務部版)[13] 呈送行政院審查。

(五)考試院考選部:

基於考務專業的考慮,贊同法醫師成為一種獨立的專業技術人員,並經國家考試及格認定,完成法醫師證照制度。惟對考選部所主管部份的考試技術性問題,將再作協調處理。考選部規劃司林光基司長提供考選專業寶貴意見。

(六)行政院:

行政院函請各部會再研提意見,由法規會陳主委美伶負責加以彙整,並經3次「法醫師法草案」會議,由許政務委員志雄主持,於民國93年11月22日審查完成「法醫師法草案」(行政院版)[14]。遂於93年12月13日第2919次會議決議:「通過,送請立法院審議」,並在民國93年12月20日函送立法院審議。

八、杯葛聲浪來自執行法醫解剖的病理醫師

　　法醫師制度的改革是一劃時代的規劃，必須有魄力、毅力與耐力，始期有成。對於有關法醫師的種種革新方案，果然不出所料，目前在執行法醫屍體解剖的部份病理專科醫師即行提出反對，其理由大致有三：（一）不是醫師，更不是病理醫師，怎可做法醫解剖？（二）不是醫師的法醫師，品質水準不足，怎可做法醫師？認為如此會導致鑑定水準低落，影響司法公正與人權保障。（三）如非醫師出身而擔任法醫工作者，僅可稱「鑑定師」，不得稱「法醫師」。

　　對於上述令人吃驚的反對理由，我們的回應是：其一，本來就是要醫師來做法醫師，只是數十年來，幾乎無人來，不得已才增闢管道，由單軌制改為雙軌制，除醫師外，另招收其他醫事人員，施以嚴格法醫學教育訓練，養成為法醫師。今若又堅持非醫師不可，豈不是又走回死胡同，依然故我，又怎能突破困境呢？其二，惟恐非醫師出身的法醫師，鑑定品質水準及經驗不足，令人擔憂。此一說法，吾人亦不敢苟同。蓋品質水準可由加強教育訓練而獲得提昇，經驗要靠歲月來累積。何況，醫師也不是天生的，更不是遺傳的。醫師也是教育訓練出來的，法醫師為何不可呢？其三，不准其他任何專業人員名稱內有「醫師」二字，這就更奇怪了，君不見「獸醫師」（五年養成）豈不是也用了「醫師」二字，有何違法[15]？為何「法醫師」（九年養成）就不能有「法醫師」的名稱？

九、立法院迅速啟動審查

　　立法院收到「法醫師法」草案後，交由司法與衛生環保福利委員會聯合審查，由尤清委員擔任主席，尤委員係留德法學博士，對法醫學發展至為關注。基於該案切合當前社會的迫切需求，以及司法正義的發揚，且較不具黨政意識型態，除少部份外，爭議相對較少，立法委員多無異議，這也是民主社會的常態。因此，在通過一讀審查後，決議「本案不須交由黨團協商」而逕付二讀，一致希望「法醫師法」早日獲得通過，以解民困。

十、部份民間團體呈現異議

　　由於從事法醫解剖的病理專科醫師中少數人士帶頭杯葛法醫師新制，並鼓動串聯民間律師公會、人權團體、人本基金會等組織，提出反對聲音。

　　行政院將「法醫師法草案」函請立法院審議後，94年1月13日立法院司法與衛生環保福利委員會，基於「法醫師法」之重要性，優先聯席審查，經審查通過逕付二讀，原擬安排1月20日立法院會進行三讀。

　　未料，少數三、四位自稱為「國家法醫師聯盟」（多為病理專科醫師）動員全國牙醫師公會全國聯合會、中華民國律師公會全國聯合會、民間司法改革基金會、人本基金會、台灣人權促進會等，以反對法醫師法倉促立法為訴求[16]，目的是要推動「民間版法醫師法」，於民國94年1月17日上午10-11時，假

V 「法醫師法」終於完成立法

台北市濟南路台大校友會館三樓召開聯合記者會。其中，民間司法改革基金會對法醫師與醫師分流並不反對，惟對「法醫師法」中規定，法醫師需先至司（軍）法機構服務二年期滿後始得公開執業一節，頗不贊成。此外，台灣人權促進會則無具體的表示意見。

因而，立法院司法委員會基於尊重各界不同意見，為慎重計，並再尋求多方說明溝通，因此，將該法醫師法草案暫緩審議。然而，因第五屆立委任期屆滿，經此耽擱，必須待選出第六屆立委後再作處理。職是之故，全案因而停擺，法醫師法案勢須從頭再來，因為立委屆期不連續之故，也就是說，凡在當屆內未經立法院成的法案，在下一屆完全失效，必須從頭開始，重新審查，等於前功盡棄了。

十一、立法院召開公聽會，再聽取各方意見

立法委員改選，農曆年後，第六屆新科立法委員上任。一切重新開始，惟鑑於「法醫師法」立法之急迫性，行政院發揮效率，於民國 94 年 3 月 7 日再度函送「法醫師法草案」請立法院審議。法務部施茂林部長及王添盛次長，均曾在審查會中剴切發言。立法院民進黨團幹事長賴清德醫師，特以專業立場表達對法醫師法之支持，令人欽佩。

基於立法須具周詳性，為集思廣益、彙集各方意見，立法院司法委員會於民國 94 年 4 月 14 日上午召開「法醫師法草案」公聽會，主席何召集委員智輝（黃委員劍輝代理），出列席委

員42人,並有應邀出列席專家學者11人,民間團體代表8人,相關代表11人,計有30人次發言,大家踴躍發表意見,正反立場並陳,讓立委了解民間殷切需求問題所在,以利做出立法的明智抉擇[17]。在爭取立法過程中,承蒙第六屆及第七屆各黨派立委關心支持,包括蔡鈴蘭、柯建銘、郭林勇、李敖、黃政哲、顏清標、郭素春、黃淑英等多人在內,貢獻良多。

十二、平地又起波浪,二、三讀間的風暴

當第六屆新科立委上任後,對「法醫師法」甚為重視,迅即排入審查議程,當94年11月29日立法院原已二讀通過後,事出突然,僑選立委吳英毅醫師提出異議。照說已完成二讀,怎可翻案?原來吳委員先前在美未及來台,致未克參與先前的付委第一讀審查,及種種公聽會、溝通、互動等,對台灣法醫不足的困境或稍有隔閡。由於國情的不同,也難怪他以在美國多年行醫的經驗,直覺的反應是,不是醫師怎可做法醫?以及認為法醫的工作與醫師的業務有所重疊。其實,法醫僅可執行司法鑑定,不得執行治療工作,其與醫師業務,幾無衝突可言。然由於囿於原有理念,因而反對「法醫師法」進行三讀,大會主席鍾榮吉副院長基於尊重,特准許該案重行協商。

因此,就程序言,吳委員的確阻擋了法醫師法立法程序的進行。不僅如此,吳委員又聯繫醫師公會全聯會,而此時,少數三、四位所謂「國家法醫師聯盟」者又再出活動了。因而,牙醫師公會、司法改革基金會、及人本基金會等又再度結合,

Ⅴ 「法醫師法」終於完成立法

舊調重彈,重申「不是醫師怎可做法醫?」說法。唉!走步至此,眼看當前種種橫逆,心頭一冷,過去種種改革的努力是否將毀於一旦?

十三、再接再厲,終獲突破立法完成

值此關鍵時刻,只好加強與吳英毅委員再三說明國情的差異,而所產生的問題也不盡相同,處置的方法更是各有分別。此外,為解決台灣法醫的困境,對政府各單位、立法院各黨團、以及個別立委均儘加溝通。幸好,「法醫師法」係屬民生人權的超然法案,不具政治意識型態之敏感性,所以較易被接受,而各方亦多持肯定態度。因此,承蒙執政的民進黨、在野的國民黨、台聯黨、親民黨及無黨聯盟的支持與回應,而吳委員也釋出善意做折衷處理,依原草案第十三條將法醫師之執業項目與專科法醫師執業項目,重新分別列舉,以作適當分割,終於獲得共識。

於是,決定性的日子終於來臨了,「法醫師法」於民國94年12月6日上午完成二讀。當日下午2點30分57秒開議三讀,主席鍾榮吉副院長宣布宣讀「法醫師法」,由第一條起至最後第五十三條讀畢,時間顯示2點51分37秒,當主席敲下木錘,宣布三讀完成時,瞬間旁聽席上同仁不禁爆出掌聲,筆者等三人在場身歷其境,不禁感慨萬千,美好的仗終於打過了!「法醫師法」[18]終於圓滿三讀通過,立法終於成功了!我國法醫制度開始邁入新紀元。點點滴滴不禁湧上心頭!

十四、後語

　　自民國 91 年 4 月 25 日台大法醫學科發表「建立台灣健全之法醫師培訓和進用制度」建言書[19]及民國 92 月 3 月在《醫事法學》雜誌發表「建立台灣法醫新制度」及「台灣法醫師的培育和法醫實務制度的探討」[20]二篇文章起，至民國 94 年 12 月 6 日立法院三讀通過「法醫師法」止，期間雖有不少挫折和反對之聲，然承其包容與諒解，使全案在歷經 3 年又 8 個月的波折歷程後，終於大功告成。

　　如今，回顧其主要的成功因素，的確是因社會輿論普遍感受到法醫司法正義的殷切呼喚所致。復蒙總統府的核示、行政系統的大力推動及考試系統的配合，尤其重要的是立法系統五個黨團的贊助，「法醫師法」始能完成立法。

　　吾人何其有幸，能躬逢其盛，今後自當再接再厲，嚴格培訓高水準品質之法醫師，並配合推動各種措施，以期確切落實法醫師維護司法人權及發揚社會正義的精神，讓我們深切期待一個法醫新時代的來臨！

參考文獻

1. 行政院：「法醫師法草案」總說明，民國 93 年 12 月 20 日。
2. 陳耀昌、方中民、郭宗禮、邱清華：「建立台灣健全之法醫師培訓和進用制度」建言書，民國 91 年 4 月 25 日。

3. 邱清華：「建立台灣法醫新制度」，醫事法學，第 10 卷第 3 期、第 11 卷第 1 期（合訂本），民國 92 年 3 月。
4. 陳耀昌：「林滴娟、葉盈蘭、法醫所」，中國時報，A4 版，民國 93 年 7 月 20 日。
5. 施茂林：立法院司法、衛生環境及社會福利兩委員會「法醫師法草案」審查會，法務部施茂林部長發言，民國 94 年 3 月 31 日。
6. 古清華、程淑文：「訪邱清華博士：談法醫師、法醫制度、與法醫學研究所」，醫事法學，第 10 卷第 3 期、第 11 卷第 1 期（合訂本），民國 92 年 3 月。
7. 同前註 2。
8. 行政院科技顧問組：「建立台灣健全之法醫師培訓和進用制度座談會」會議紀錄，民國 91 年 6 月 11 日。
9. 行政院人權保障推動小組第 7 次委員會會議紀錄，民國 91 年 10 月 14 日。
10. 大法醫學研究所資料。.
11. 台大法醫學科：「法醫師法草案」，台大法醫學科版，民國 91 年 11 月 21 日。
12. 法務部法醫研究所：「法醫師法草案」，法務部法醫研究所版，民國 92 年 5 月 23 日。
13. 法務部：「法醫師法草案」，法務部版，民國 93 年 5 月 3 日。
14. 行政院：「法醫師法草案」，行政院版，民國 93 年 11 月 22 日。

15. 獸醫師法：民國 48 年 1 月 6 日總統公布，同日施行。
16. 聯合新聞稿：反對法醫師法倉促立法，民國 93 年 11 月 22 日。
17. 立法院：法醫師法草案公聽會報告，民國 94 年 4 月 14 日。
18. 總統府：「法醫師法」，民國 94 年 12 月 6 日立法院三讀通過，12 月 28 日總統公布。
19. 同前註 2。
20. 同前註 3。

（本文原刊載於：台灣法醫學誌，1 卷 1 期（2009 年），頁 7-11。）

Ⓥ 「法醫師法」終於完成立法

我國「法醫師法」的特色

郭宗禮 * ・ **邱清華** ** ・ **陳耀昌** ***
* 台大法醫學科 前主任
** 台大法醫學科 前代主任
*** 台大法醫學研究所 所長

　　民國94年12月6日立法院通過「法醫師法」，並於民國94年12月28日經總統公布，將於今年12月28日實施。此法之誕生，對於台灣「法醫師」人才之培育，以及法醫制度將有莫大的影響。

　　然「法醫師法」在草擬之初，以及在立法院審查之過程中，醫界一直有不同之意見，特別是二、三位自稱為「國家法醫師（事實上並無此名器）」聯盟者，以似是而非之論述，動員對本法新制不甚了解的「病理學會」及「醫師公會」極力杯葛，謹對其理由探討如下：

一、「法醫師與醫師分流」是否違反世界各國法醫師專業資格之潮流？

　　醫學的領域涵蓋「基礎醫學」及「應用醫學」，後者又分為「臨床醫學」及「社會醫學」，而社會醫學又可分為「公共衛生學」及「法醫學」。由於近代醫學之突飛猛進，醫學的分科越細越專業，因此各先進國家對專業領域的證照考試乃是最

Ⅴ 我國「法醫師法」的特色

基本的要求,但是台灣醫學界最早除了「醫師」證照之外,其他醫學領域並沒有證照之制度,以致後來發展「藥師」、「護理師」、「醫檢師」、「物理治療師」、「營養師」等證照制度時,台灣的「醫師」皆擬不經過專業證照考試,而希望即可領導或執行這些專業領域的業務,例如醫師「處方」,藥師「配藥」,乃是先進國家早就施行的醫藥分業的原則,但醫師仍力爭保留「配藥」的權利,這可說是先進國家所沒有之特殊制度,這才是真正的違反國際潮流。

事實上醫學的發展,眾所皆知,「臨床醫師」又分為內科、外科、骨科(由外科分出)、婦產科、小兒科、神經科、精神科(由神經精神科分出)等。因此,醫學系畢業後之醫師,尚須經 3 至 4 年的專科訓練,才能成為某科之專科醫師,例如內科醫師再分為心臟內科、腎臟內科、胸腔內科、內分泌內科等次專科醫師。所以不但病理專科醫師不會去也不能去從事臨床門診的業務,內科專科醫師也不會去從事外科或婦產科的業務,心臟內科專科醫師也不會搶著去看腎臟內科的病人,這就是專業的時代潮流。

「法醫師」與「醫師」的分流有如上述「藥師」、「護理師」、「醫檢師」、「物理治療師」、「營養師」等證照專業分流,「法醫師」也非常盼望醫學系畢業之「醫師」再經至少二年之「法醫學研究所」的專業訓練之後,經國家高考取得「法醫師證書」,成為具有「法醫師」資格的專業人才。也就是說「醫師」絕不等同「法醫師」。

《法醫師法：催生與革新》

二、「醫師」或「病理醫師」均非「法醫師」？

「醫師」的主要業務乃是「醫療」，對象乃是「活人」；「法醫師」的業務乃是「鑑定」，不涉及「醫療」，對象大部分是「屍體」，其專業各有所別。至於「病理」的主要業務乃是鑑定「病死」的病因，而「法醫」的主要業務乃是鑑定「非病死」的死因，其專業亦有所區別。 根據刑事訴訟法第二百一十八條「遇有非病死或可疑為非並死者，該管檢察官應速相驗，如發現有犯罪嫌疑，應繼續為必要之勘驗」。非常清楚的說明，勘驗的目的乃是「非病死」者的「死因」，是屬於「法醫」的專業，而不是屬於判定「病死」者「病因」的「病理」專業，兩者的專業確有不同。 因此，國際著有名聲的美國病理學教授 Dominick J. Di Maio 及 Vincent J.M. Di Maio 在其「法病理學」（Forensic Pathology, pp.10, CRC Press, Inc., Florida, U.S.A., 1993） 一書中，明確的指出「法醫業務已成為一種專業，因此，無論是一般醫院的病理醫師，以及『非病理』之醫師，都不適合從事……『法醫業務』，縱然他們一直很有意願從事法醫業務」。（The practice of forensic medicine has also become a specialty. Neither the average hospital pathologist nor the physician who is not a pathologist can adequately practice in this field no matter how well intentioned they are, and they are often well intentioned.）

三、依照「法醫師法」所培訓之「法醫師」，其法醫素養是否可擔當大任？

（一）目前「醫師」的培訓途徑有二：

1. 採日本制度：高中畢業後，進入大學醫學系（含一年實習）共計「7年」。
2. 採美國制度：大學畢業後（4年），再進入「學士後」醫學系「5年」（含一年實習，共計9年）。

（二）「法醫師」培育的途徑有二：

1. 「醫學系」畢業後（7年），進入「法醫學研究所」（至少2年），畢業後（合計9年）授予法醫學碩士學位，再經國家高考及格取得「法醫師」。
2. 大學畢業後（4年），再進入「學士後」「法醫學研究所」（5年），且規定必須修完「醫學系」全部課程（約145學分），畢業後（合計9年）授予法醫學碩士學位，再經國家高考及格取得「法醫師」。

由上述可知，依照「法醫師法」所培育之「法醫師」，其授業年限已提升至研究所層級，至少要比醫學生多出2年的養成教育，故自應有相當的法醫學專業水準。此外，「法醫師法」也訂有專科法醫師制度，如病理專科法醫師、精神專科法醫師、牙科專科法醫師等，可期法醫專科水準更為精進。

四、世界其他國家是否有類似之法醫制度？

（一）日本法醫解剖並非一定要醫師才可執行

當死因為「非病死」（非自然死亡）者，根據日本刑事訴訟法第二百二十九條，執行「檢視」屍體，經「檢屍」後，如發現死因無法確定，且懷疑與犯罪有關，則屬於「司法解剖」；根據日本刑事訴訟法第一百六十八及二百二十三條，由裁判所（法院）委託具有學術及經驗者，通常都是由大學醫學院的「法醫學教室（科）」的教授或副教授從事「法醫解剖」，並沒有規定非醫師不可，因為他們在法醫學科的學術研究及法醫解剖實務上，至少有 20 年以上的經驗，且日本認為大學乃是學術研究與教學之重鎮及政治中立之殿堂，從事科學性之公正判斷具有公信力。

（二）中國採取法醫師與醫師分流的雙軌制

中華人民共和國（以下簡稱中國）於 1949 建國時，經司法部法醫研究所訓練的法醫人才約 200 位。但是在文化大革命時期（1966-1976），這些人才幾乎全部被下放，只留下寥寥無幾的法醫師繼續從事法醫的工作。面對法醫師嚴重短缺問題，中國自 1979 年起，相繼在中山（廣州）、華西（成都）、及中國（瀋陽）、同濟、西安、上海、山西、及昆明等醫學院成立獨立的法醫學系，直接招收學生，接受 5-6 年的教育，包括基礎醫學、臨床醫學、法醫學、的理論及實習，畢業之後至少要有一年的

Ⅴ 我國「法醫師法」的特色

法醫實習,才能獲得法醫師資格。另外,如果不是法醫學系,而是一般醫學系的畢業生,有興趣投入法醫行列者,也須接受1-2年的法醫訓練。這是與世界其他國家不同的創舉!

總之,其他國家往往也遭遇「法醫師」難求的瓶頸,如何在制度上有所突破,而仍保有應有的法醫水準,是必須面對的難題。事實上,勢必因地制宜,依各國國情採取適當的對策以作因應。在台灣,「法醫師法」的誕生也是一大突破,相信在國人的期待及醫界嚴格的監督之下,在可見的未來,應能提升台灣法醫的水準,能對國家的人權及法治有所貢獻。

(本文原刊載於:台灣法醫學誌,1卷1期(2009年),頁13-14。)

「法醫師法」的疑慮與解答

邱清華
台大法醫學科 前代主任
中華民國醫事法律學會 名譽理事長

「法醫師法」自民國94年12月6日三讀通過,當月28日總統公布以來,各界甚為關心,尤其是法界、醫界、法醫界希望對此新法有更多的了解,故本文係根據該法條文、立法意旨、立法過程、及原初理念,對相關疑慮試加以討論,以饗讀者。

一、法醫師與醫師分流

五十年來,法醫師專業幾無人問津,法醫水準低落,癥結所在,即因法醫師係由醫師轉任所致。然醫師願轉任法醫師者寥寥無幾,經提高待遇、增進職階、甚至在大學醫學系招收法醫公費生,但畢業後,他們卻寧願賠款而轉任醫師,均不願任法醫師。由於以上種種措施均屬徒勞無功,終究無濟於事,因而,此一狀態持續迄今,法醫師質量皆有所不足,影響法醫鑑定水準及司法的公正性。此一困局歷經半個世紀的歲月蹉跎,顯示枝節改善難收成效,唯有採取非常措施,改弦更張,打破現狀,方期有成。本法醫師法即係以法醫師與醫師分流為基軸,並以法醫學研究所招募有意願投入法醫行列之新血,加以培育

Ⓥ 「法醫師法」的疑慮與解答

養成優秀法醫師,期待根本解決法醫匱乏之問題,是具前瞻性的突破做法。(第四條)

二、法醫業務與法醫鑑定

法醫師與醫師分流,其業務自各有不同,法醫師的業務主要是「司法鑑定」,醫師的業務主要是「診療疾病」,在本質上,二者迥然有別。此外,法醫師也可提供相關法醫專業諮詢,以作為警察、調查、檢察、及審判上的參考依據。所以,法醫鑑定為法醫業務中的主要任務,與醫師以診病為業,確有不同。(第十三條)

三、法醫鑑定與醫療行為

所謂「臨床法醫鑑定係屬醫療行為」之觀念,係囿於現行「醫師法」之規定,如今「法醫師法」既已通過立法,法醫師與醫師徹底分流,法醫師依其執業內涵,僅掌理「鑑定」(含臨床鑑定),既非「醫治」疾病,亦非「診療」病人,自無「醫療行為」之問題。蓋法醫師不可診病、處方、給藥、麻醉、更不可開刀、施術,自無所謂「醫療行為」。(第十三條)

四、法醫師主管機關為「法務部」

查專業人員的「教、考、用」三者的主管機關各有所本,「教」屬教育部,「考」屬考選部,而「用」屬管理專業人員的機關。以醫師、獸醫師、法醫師等三者醫學相關專業而言,「治療人類病患」的醫師,主管機關為「衛生署」;「治療動

物疾病」的獸醫師，主管機關為「農委會」；執行「司法鑑定」的法醫師，主管機關為「法務部」。此亦係世界各國慣例與潮流。（第二條）

五、法醫師應考資格採雙軌制

　　法醫師是一高度專業的科技人員，需經嚴格的學業與實習歷練而養成，始能勝任，並非單靠考試及格即可取得資格。為擴大延攬人才，法醫師考試應考資格，除為法醫本科研究所畢業者外，具大學醫學、牙醫學、中醫學系科畢業，經國家考試及格，領有醫師、牙醫師、中醫師證書，且修習法醫學程，並經實習期滿成績及格，或經國內外法醫部門一年以上之法醫專業訓練，領有證明文件者，也得應法醫師考試。（第四條）

六、法醫師養成屬學士後「研究所」教育性質

　　鑑於法醫師肩負社會正義之使命，故須具備完整專業學識外，其本身身心成熟度及社會閱歷均屬必要。在美國，大學教育系統中，法律與醫學均屬學士後的研究所養成教育，可見一般。我國除醫學系為七年教育外，而法律系亦正醞釀改制為學士後教育。基於上述，及以法醫師所擔負的任務言，其養成自應以「研究所」教育為宜。（第四條）

七、法醫師可以自行開業

　　法醫師係專門職業人員，除可擔任公職職務執業外，也可自行開業。此係職業的自由選擇。惟依法在開業前，須在司（軍）

Ⅴ 「法醫師法」的疑慮與解答

法訓練機關擔任法醫師職務,連續滿二年且成績優良者,始得申請執行法醫師鑑定業務。(第十二條)

八、醫師、法醫師各依其專門職業法規而執行業務,互不違法

在臨床上,醫師依法執行「診斷」自屬正當行為。事實上,「診斷」與「鑑定」係一體兩面,在醫學上言,是「診斷」;在司法上言,稱「鑑定」。總之,醫師執行「診斷」,是根據「醫師法」所為。法醫師執行「鑑定」,是依「法醫師法」而作為。兩者併行不悖,各有所本,互不違法。(猶如祇要不是無照駕駛,不論是持小客車駕照或大客車駕照,均可合法的在公路上順暢行駛。)(第三十七條)

九、醫事檢驗師或其他專技人員各別依法執行業務

醫事檢驗師係依「醫事檢驗師法」執行醫學上相關檢驗事宜。如司法機構基於業務需要,依「刑事訴訟法」第198條規定,「就鑑定事項有特別知識經驗者」充任之。因此,醫事檢驗師自亦可受命擔任鑑定事宜。其他專技人員亦同。其業務與法醫師鑑定,應不牴觸。(第三十七條)

十、行政機關及學校從事鑑定之人員,其業務涉及法醫師業務,並不觸法

行政機關及學校從事鑑定人員,依相關法律、組織法令規定執行職務或業務,而涉及法醫師法者,不適用於本法對未具法醫師資格者之處分。

十一、人民在某種特定狀況下死亡者,需解剖以明死因

無論警察或執法單位在執行訊問、留置、拘提、逮捕、解送、收容、羈押、管收、保安處分、服刑等過程中死亡者,法醫師應以書面建請檢察官為解剖屍體之處分,以維護人權而釋群疑。(第十條第五款)

十二、軍人死亡,且死因不明者,需解剖以明死因

軍人不論服役軍人或職業軍人,一旦在營或非戰爭死亡,往往更引起社會注目與家人悲痛,為維護人權並解除民間疑慮,軍人死亡,且死因不明者,法醫師應以書面建請檢察官為解剖屍體之處分,以安民心。(第十條第六款)

十三、為何法醫師不能逕行決定進行解剖

在某些國家法醫師有決定是否需要作屍體解剖之權,但在我國,為尊重現行法制由檢察官指揮辦案之權,法醫師基於專業職責,必要時自應向檢察官作解剖屍體的建議。當然,最後仍應由檢察官作裁定,負起應有之責任。(第九條)

十四、專科法醫師的分科與甄審

法醫師的分科計有病理法醫學、牙科法醫學、精神法醫學、臨床法醫學、毒物法醫學及生物法醫學等。依規定,由主管機關會同中央衛生主管機關訂定分科及甄審辦法。(第六條第二項)

Ⅴ 「法醫師法」的疑慮與解答

十五、法醫師養成與人力需求的前瞻性

教育是百年大計,所謂「十年樹木、百年樹人」,培育法醫師也非一蹴可幾,必須假以時日,方期有成。但若不開始著手改革,則永無改善之可能。法醫師專業鑑定事涉司法之公信正義,其素質在求精不在多,以美國為例,平均20萬人口即有一位「法醫師」(Medical Examiner,應譯為「醫驗官」),若勉以此推計,我國即應有120名法醫師。惟當今現況是,全國編制現有員額計有20名,實際法醫師僅5名;編制檢驗員員額36名,實際檢驗員為35名。按培養法醫人才原非一朝一夕就能完成。目前,全國醫學院中僅台大設有法醫學科單位。以台大法醫學研究所今後畢業生每年以15名估計,約需8年可達120名。值此8年過渡期中,該等法醫新秀逐年投入法醫行列;另一方面,資深人員漸次退休、轉任、或離職,如此和平轉移交接,法醫水準得以提昇,法醫鑑定與司法正義有所厚望矣!

十六、國內外法醫體制之差異

美國也有類似之「法醫師法」(實為「醫驗官法」,Medical Examiner Law),惟屬公務人員服務法性質,而非專技人員法,且各州立法亦有所歧異。此外,中國大陸除設有法醫學系外,尚有法醫學院之成立,惟中國並不發生法醫人員匱乏之情形,蓋在共產國家制度下,法醫師與醫師地位與待遇上言,二者幾無差異。總之,我國「法醫師法」係針對我國國情

及五十年來,歷經種種努力改善失效後,痛定思痛而設計之前瞻突破性的作法,期使我國法醫鑑定水準得以提昇,司法正義得以維護。

十七、法醫素質的提昇

　　法醫素質問題一向令人關心,但素質之優劣取決於教育與訓練,以目前台大法醫學研究所而言,其非醫師出身之研究生,須修畢相關醫學及法律課程(含臨床實習),故其修業較一般年限增加2至3年,即共須4至5年,始克完成碩士修業課程,方可畢業。總之,以台大醫學院及台大醫院為後盾,復加以法務部法醫研究所及各地檢署作支援,故該等須兼具理論與實務的新血,實習期滿,成績及格,且須通過考試院國家法醫師考試及格後,方可稱為「法醫師」,其專業素質應可期待。況一旦法醫師新制度建立,新進法醫師再經實際經驗累積,不難成為優秀的法醫專家。

十八、法醫鑑定專業化並無誘導興訟之虞

　　促使法醫水準之提昇主要是基於司法人權之維護,具有正面積極的意義。由於法醫師嚴重短缺,縱使台大法醫學研究所已開始招生,每年有10-15名入學,得以補充新血輪。惟為顧及品質水準,自亦不宜粗製濫造,在可預見的8年內,法醫人員供需,始逐漸走向平衡,遑論因法醫師人數增加而誘導興訟。好在研究所招生名額,可視社會需求而作增減,惟須先行充實

師資與增添設備,始克有濟。法醫師質量之提昇,自將有助於伸張社會正義及司法人權之保障。

十九、本法自公布後一年施行

　　法醫師人力不足,水準低落經已歷數十載,難得如今有突破性的立法改革,值此百廢待舉之時,「法醫師法」原應儘速付諸實施,惟因尚有施行細則、各種審查辦法、法醫師分科及甄審辦法、文書製作格式、法醫師懲戒辦法等均有待妥善制定,故法醫師法明定「本法自公布後一年施行」,以期齊備,而求週延。(第五十三條)

(本文原刊載於:台灣法醫學誌,1卷1期(2009年),頁15-17。)

VI

第六章──
第六時期：陷入危境（2008～）

「法醫師法」波濤洶湧
——修法乎！廢法乎！

邱清華
台灣法醫學會　名譽理事長
中華民國法醫師公會　副理事長

一、背景

　　2002年4月25日，台大醫學院發表「建立台灣健全之法醫師培訓和進用制度建言書」。同年6月11日由行政院科技顧問組召開「建立台灣健全之法醫師培訓和進用制度座談會」（發文字號：（91）科技發字第0429號），由蔡政務委員清彥主持，出席者包括法務部、教育部高教司、考試院考選部、人事行政局、衛生署醫政處、台灣大學醫學院郭宗禮博士、陳耀昌醫師、邱清華博士，以及行政院科技顧問組相關官員。會議決議設置學士後法醫學系，施以法醫師專業訓練，建立法醫師與醫師分流制度，是解決法醫師嚴重不足的重要途徑。同年11月21日台大法醫學科提出「法醫師法草案」定稿，歷經法務部法醫研究所、法務部、行政院等開會多次修正，復經多方溝通、協調、說明、公聽、協商等程序，終於在2005年12月6日獲立法院三讀通過，總統府於12月28日公布，並訂於一年後（2006年12月28日）起實施，迄今足足滿6個年頭。

二、新制法醫師業已誕生

為配合政府解決法醫人才荒之政策，台灣大學醫學院法醫學科於 2003 年 1 月 27 日提出增設「法醫學研究所碩士班」計劃書，2004 年 8 月成立台灣首一、唯一的法醫學研究所，招收法醫學碩士班研究生，養成具有法醫本科的專業人才，以供各地檢察署進用，而期徹底解決各地司法單位法醫嚴重不足的困境。此項法醫新制度以嶄新的方式上路，主要改革是在「法醫師與醫師分流」，及法醫師的來源除「醫師」經法醫學研究所完成 2 年法醫學專業課程之「甲組」外，尚由「學士後」之醫事人員，經法醫學研究所經 5 年之培育，完成大部醫學系及法醫學專業課程之「乙組」，以獨立養成法醫專才。於 2007 年，誕生了第一位碩士畢業生（甲組），並依「法醫師法」，經考試院考試及格，成為第一位新制「法醫師」，打破法醫人才荒的瓶頸。

未料，值此法醫新制正開步向前，除可紓解法醫荒，並可提升我國法醫相驗與法醫解剖品質之際，竟有少數過去反對「法醫師法」之病理醫師，再次提出名為修改「法醫師法」，實則擬廢「法醫師法」之言論與動作，令人詫異與驚嘆！

三、法醫新血源源不斷注入法醫體系

新制所產生之法醫師已經上路，投入基層法醫服務，迄今為止，台大法醫學研究所計有畢業生 28 人，含甲組 8 位及乙組 20 位，皆考取國家法醫師考試資格後，甲組者多從事原有的醫

師臨床醫療或教學工作，乙組者全數投入基層法醫工作。目前已分發遍及各地檢署者共有 14 人（內含 3 人員原為地檢署檢驗員），其中基隆有 2 人、台北 2 人、高雄 2 人，而桃園、台中、南投、台南、屏東、花蓮、宜蘭、澎湖各 1 人。各新進法醫師皆積極投入熱忱服務，為地方法醫業務增添新力，貢獻所學。此外，本年度將又有 5 位獲國家法醫師資格的畢業生，有待分發各地檢署進用。假以時日，這些具有完整全科法醫訓練之法醫生力軍，勢將有助於逐步提升台灣法醫鑑定品質。

四、少數病理醫師仍持續反對法醫新制

部分過去長期兼任執行法醫解剖之病理醫師（Pathologist），如今為數不足 10 人，或因不願該法醫解剖工作由其他人員所瓜分，往往以其曾在美國受訓一年，自認為須全盤效法美國的法醫制度，認為美國的法醫制度是世界最好的。惟美國屬海洋法系，且只有「醫驗官」（Medical Examiner）制度，並無法醫師制度，更無「法醫師」（Forensic Physician）的名稱，況美國大學醫學院現今亦無任何法醫學科（系、所），因此，法醫解剖僅能委由少數病理醫師擔任。

然而數十年來，由於極力宣揚美國制度的結果，台灣法醫業務僅限於上述幾位兼任病理醫師所包辦，但法醫學領域，除了法醫解剖學（Forensic Autopsy）或法醫病理學（Forensic Pathology）之外，尚有臨床法醫學（Clinical Forensic

VI 「法醫師法」波濤洶湧──修法乎！廢法乎！

Medicine)、法醫生物學或法醫 DNA（Forensic Biology or Forensic DNA)、法醫毒物學（Forensic Toxicology)、法醫齒科學（Forensic Odontology)、法醫精神學（Forensic Psychiatry)、……等，各有其不同的專業，法醫病理醫師亦不可能具有上述所有法醫學之專業學識，無法涵蓋法醫所有的工作，學術各有專精，允宜相互尊重。

五、法醫學生臨床實習的疑慮

由於現代法醫學的進步，其內涵已大為擴充，且包括臨床法醫學在內。由於隔行如隔山，醫界對「臨床法醫學」甚為陌生。西醫界誤認為「臨床」全是他們執業範圍。其實不然，西醫也只能涉及「西醫臨床」部分，譬如是中醫也做臨床，與西醫何關？牙醫執行臨床工作如植牙手術，西醫可作乎？再說，臨床心理師也作「臨床」的心理工作，能反對乎？

科學愈進步，分科也愈多，這是時代潮流，是無法抵擋的。各種專業各依其專業法規而執行，遵守其規定，各依其法，並行而不悖。因此，醫師有醫師法，主管單位為衛生署；法醫師有法醫師法，主管單位為法務部。法醫學生實習是根據「法醫師法」，並非「醫師法」。專業不同，也是法醫師與醫師分流的主因，專業之間，首重相互敬重，而期和平相處，共為社會服務而努力。

六、誤認「法醫解剖」屬「醫療行為」的困擾

由於此謬誤的看法,則衍生以為「法醫解剖」必須具醫師資格者始得為之,就進而認定未具醫師資格的法醫師,就不得執行法醫屍體解剖。此一說法,頗令人駭異。

按法醫解剖的對象是屍體,屍體已非「人」,在法律上言,屍體是「物」。民法第六條開宗明義:「人之權利能力,始於出生,終於死亡。」因而,請教衛生署,對於解剖屍體何來醫療行為?難道「醫療」可以使屍體起死回生?可見,所謂「法醫師解剖違法」之言,恐難有當。且醫療原即係對「活人」而言,對死人有何醫療可言?

復依「法醫師法」第九條規定:「依刑事訴訟法規定所為之檢驗、解剖屍體,非法醫師或受託執行之執業法醫師,不得為之。」由此可知,法醫師的職責就是要執行屍體檢驗、解剖,是依法有據的。

七、法務部提出修正案擬辟復舊制

2011年秋季,法務部提出修「法醫師法」,在專業方面人員的重要項目有二:

(一)法醫師法以新制初創時期,可讓醫師繼續作法醫工作,但以六年為限,並規定醫師在法醫師法執行六年期滿後,為了提升法醫水準,醫師就不得再兼任法醫工作,俾讓法醫專業回歸法醫師擔任。但是,當今法務部竟主張,讓醫師長期均可代行法醫師業務。法務部此一

做法無異於扼殺法醫專業精神，影響法醫發展至鉅，此其一。（法醫師法第 48 條：「醫師自本法施行屆滿六年起，不得執行刑事訴訟法規定之檢驗、解剖屍體業務。」）

（二）「法醫師法」復規定，法醫檢驗員在法醫師法執行經歷十二年後，檢驗員屆時逐漸引退，法醫工作由受五年法醫研究所專業訓練的新制碩士級法醫師接班，這是提升法醫鑑定品質的重要手段，詎料法務部又提出無限期繼續讓檢驗員代行法醫工作，不思作任何改革，竟擬「復辟」舊制，匪夷所思，令人不解，此其二。（法醫師法第 49 條：「檢驗員自本法施行屆滿十二年起，不得執行刑事訴訟法規定之檢驗屍體業務。」）

八、立法院修「法醫師法」之變局

直至 2012 年，該修法案經行政院送至立法院審議，該年 5～6 月間，經過立法院司法委員會與環衛委員會聯席會議，當時法務部長、司長、科長及衛生署視察均在現場答詢，而有兩位病理醫師及醫師公會全國聯合會代表亦在場，台灣法醫學會郭宗禮理事長、邱清華名譽理事長等亦在現場。該案旋經各位立法委員熱烈討論，並對法務部所持以法醫人力不足為修法理由之說法不無疑慮，且人力可經由法醫師新血逐年加入法醫行列，便可緩解，惟如目前在青黃不接之時，可同意將醫師代行法醫業務工作之年限由六年延長至九年，然在所增加三年中，一方

面讓新制法醫師逐年加入司法鑑定工作。另一方面，立法院也附帶決議，在今後兩年內法務部必須對「法醫師法」作檢討。

九、結果：只修一個條文

（一）法務部修法草案，是主張法醫師業務全可由醫師代辦，那無異是要廢棄「法醫師法」，法務部名為「修法」，實則「毀法」！

（二）法醫師法修法過程，波濤洶湧，對立法院最後決定只修一個條文，將六年改為九年，也就是第 48 條改為：「醫師自本法施行屆滿『九年』起，不得執行刑事訴訟法規定之檢驗、解剖屍體業務。」這是立法諸君明智的作為，令人欽佩不已。

（本文原刊載於：台灣法醫學誌，4 卷 1&2 期（2012 年），頁 1-3。）

Ⅵ 「法醫師法」波濤洶湧──修法乎！廢法乎！

法醫人的社會角色
——專業、良知、公義

郭宗禮
台灣法醫學會 理事長
台大法醫學科 名譽教授

「法醫人」應有的「良知」

中華民國醫師公會全國聯合會（下稱「全聯會」）發行之雜誌「台灣醫界」，在 2009 年第 52 卷第 5 期 10-12 頁刊登該全聯會洪理事政武醫師一篇〈台灣醫界對法醫師法立法之疑慮〉的文章，該文引用法務部法醫研究所蕭開平 病理醫師所說的話：「……王所長（指該所前所長王崇儀先生）為新政府延攬升官去了，然在離去之前，再次委請該所蕭開平教授轉告，有請全聯會提出法醫師法修正草案。」云。經詢前王所長，並獲函覆稱，指無此事，係「……純屬無中生有，一派胡言，駭異不已……」。據此，本台灣法醫學會行文全聯會請其更正，並請蕭開平 病理醫師，公開道歉，但二者皆不願為其錯誤或故意而作更正或道歉，甚感遺憾。惟如此不真、不實、不負責的態度，是否為知識份子所該為？其法醫鑑定是否還能信以為真？

因此，本學會不得已將此事件的經緯，以〈對『醫界對法醫師法之疑慮』之回應[1]〉一文，刊登於《台灣法醫學誌》（下稱「本學誌」）2009 年第 1 卷第 1 期之「法醫師法專輯」，作為平衡報導，以免以訛傳訛，這也是知識份子應有的負責及擔當。也許此文讓少數幾位病理醫師耿耿於懷，而發動 2010 年 12 月 14 日「落實人權保障，提升法醫鑑驗品質」之研討會，而由全聯會、與法務部及台大醫院合辦，並由中華民國法醫師公會協辦。經查，此研討會，並未經該法醫師公會理監事或常務理監事會議討論，另外，僅為了節省在台大醫院國際會議中心的場地費，故順便把台大醫院列為主辦單位。

「落實人權保障，提升法醫鑑驗品質」研討會之緣起真相

2010 年 12 月 10 日全聯會的「醫聲論壇」網站[2]刊登：「發表人：施肇榮（週五：12 月 10 日，2010，3:46 pm），文章主題：法醫師法之妥適性研討會。事由：全聯會將與法務部……歡迎報名參加。說明：一、經本會蔣副秘書長、施理事肇榮 與法務部檢察司宋科長守中、法務部法醫所蕭開平教授等人針對法醫師法之現狀進行溝通了解，初步達成共識結論如下（詳該網站）……」其（一）、（二）、（三）點，皆以名為修法，實為廢除「法醫師法」為訴求之「假議題」。其第（四）點，

則以並不合事實的批判「法醫師法」第 48 條的落日條款，認將造成現行開業醫師所兼任之榮譽法醫師，於 2012 年起將無法再從事法醫相驗工作，勢必增加各地檢署法醫相驗之積案，故須修法。(詳本會誌本期「社評」邱清華教授〈法醫師法 餘波蕩漾〉[3]一文)。

由上述可知，該研討會早已開始規劃，卻將法醫學術專業的本台灣法醫學會排斥在外，逕由非法醫本業、亦非法醫專業的醫師「全聯會」主辦。且研討會與談人及議程亦早已另有安排妥當(見全聯會網站公告之報名表及議程)，上述 2010 年 12 月 10 日之會議，只是發起者最後議程之確認而已。直至 12 月 11 日全聯會李理事長明濱醫師始電話通知本法醫學會，要求推派 3 名參加，擔任與談人，再經全聯會助理以 E-mail 通知本學會。之後，該網站再公告增加本學會與談人新名單議程。以上種種，顯示該研討會係以修「法醫師法」為目的，並以法醫專業品質之提升為藉口，可見一般。

「法醫人才培育」及「法醫師法」

「武漢大旅社」命案[4]，重創台灣法醫發展

1959 年時任台大法醫學科主任的葉昭渠教授，因 1958 年武漢大旅社股東姚嘉薦上吊自殺案的鑑定不被法院所採信，以致多人無辜被判死刑或無期徒刑。葉教授認為是大學之恥，憤而

辭職，以致台灣唯一的法醫學科關門，且造成台灣其後 50 年來法醫人才的嚴重斷層。1963 年台大病理學科方中民講師至美國學習法醫一年，回國後，為了法醫獨立發展，一直大聲疾呼「法醫」不是「病理」，「病理醫師」不能作「法醫」，只有「法醫」才能作「法醫解剖」，所以呼籲台大要恢復法醫學科。

其間，經方老師多年之努力，終於在其回國 20 年後的 1984 年，台大法醫學科始獲恢復，並由方老師出任主任，但教師員額只有 3 名，該科僅能為醫學系 6 年級學生開 1 學分之「法醫學」課程，以及從事法醫相關之學術研究，並為法務部調查局法醫室顧問，協助其法醫業務，但仍無力培育台灣法醫人才，法醫資源甚為貧瘠，以致社會關注的武漢大旅社案、陳文成案、余登發案、蘇建和案、雷子文案、江國慶案、徐自強案……等之法醫鑑定，幾十年來真相不明，元凶未受追究，錯誤無以矯正，公理未得伸張，不但沒有解決社會對法醫之爭議，反而成為司法改革的對象。

政府鼓勵醫師加入法醫陣容之種種措施，皆徒勞無功

為了鼓勵醫師加入法醫之行列，方中民主任，努力爭取由教育部以提供醫師公費出國進修法醫之名額，但醫師出國後卻全部放棄「法醫學」而改念其他「臨床醫學」。如此，經多年

空轉，不得已，再建議改變措施，在成功大學及陽明醫學院學士後醫學系招生時，增加額外公費生，並同意簽訂畢業後從事法醫實務的切結書，但畢業後卻幾乎全部賠款而轉任醫師，同樣不願就任法醫師，如此又浪費多年而無所成。

由於以上種種措施，皆徒勞無功。為應實務之需要，高檢署於 1990 年以任務編組方式，成立「法醫中心」，以解積案之困，並由方中民主任為召集人，不得已著手改派病理醫師前往美國接受訓練法醫解剖，為期一年，規定回國後須兼任顧問法醫師 5 年，從事該中心法醫解剖工作，並以按件計酬之方式，當時解剖 1 案例酬金 15,000 元（不論案件的繁、簡）。此一措施雖可減少法務部有關法醫解剖案例之積案壓力，但卻於 1997 年 7 月 13 日 -7 月 17 日連續爆發顧問法醫師（病理醫師兼任者）之屍體解剖費被侵吞的新聞。《自立晚報》於 1997 年 7 月 14 日更指出「法醫中心成立至今已近十年，法醫人才不足及素質低落之問題仍未獲解決……」。証明凡此種種應變之舉，總非長久之計。

國家重大政策—法醫人才培育現生機

1996 年 10 月 10 日《自由時報》標題「法醫嚴重不足，政院未督導遭糾正。監院：『造成斷層影響相驗的進行及正確性。』政院：『老問題、會改進。』」，經過監察院多次的糾正、以

VI 法醫人的社會角色：專業、良知、公義

及人權團體、民間司改會與台大法醫學科等之努力，2002年，政府將「法醫師法」及「法醫人才培育」作為國家重大政策，因此教育部於2003年，鼓勵各大學成立「法醫學研究所」，並提供額外之教師員額，但仍只有台大於2004年申請，獲准通過而設立法醫學研究所，從事法醫人才之培育。由於法醫師之工作酬勞所獲，與醫師比較，待遇偏低，為避免50年來醫學系畢業生不願從事法醫之殷鑑，顯不能再等待醫師50年，故以招考醫學系（甲組）之外，並擴及其他醫學相關科系（乙組）畢業生的「雙軌制」方式，至少經2-5年之研究所教育，及畢業後2年在地檢署的實務訓練，以求台灣法醫人才培育之永續發展（詳見本期邱清華博士「法醫師法餘波盪漾」[3]）。

另外，政府同時於2003年委由法務部草擬「法醫師法」，並由法務部法醫研究所王崇儀所長主持「法醫師法草案推動小組」，以台大法醫所「法醫師法草案」之藍本進行研擬，再經法務部召集衛生署、國防部、內政部警政署、銓敘部、考選部、人事行政局、教育部、法規委員會、高等法院檢察署……及專家學者等，詳細逐條討論及修正後，送請行政院經審核通過，再咨送立法院審議。其間雖遭受少數兼職法醫解剖之病理醫師之反對，但經立法院邀請各校學者專家、醫界、法界、人權團體、民間司改會、社會人士等召開公聽會，約有30餘人次發言，並經委員之詳細討論、修改、協商，及修正後，歷經3年多，終於2005年底獲立法院院會通過。

反對「法醫師法」之理由，荒腔走板

一、竟要「台大法醫學研究所」停止招生？

也許由於台大法醫所已開始有研究生畢業，且通過考選部「法醫師」專技高考，而取得「法醫師」證照，今後並將源源不斷的產生「法醫師」，而引發此次研討會主張「台大法醫所」要停止招生。意即走回過去由病理醫師到美國訓練一年法醫解剖者，充當兼職法醫師的舊路（見方中民病理醫師：研討會手冊「下稱『手冊』」第15頁，研討會會議實錄「下稱『實錄』」第10頁）。果真如此中斷大學培育之正規法醫人才之路，今後如何提升法醫學術及鑑定品質？

二、台灣只需要18位兼職法醫解剖之病理醫師？

潘至信病理醫師及蕭開平病理醫師卻主張，台灣目前已有18位到美國接受法醫解剖訓練一年的病理醫師，已足夠台灣法醫解剖之需（手冊第21頁，實錄第38頁），以呼應上述台大法醫所應關門之訴求。此一論調，無視美國要求每20萬人口即須1名法醫的基本要求[5,6]。何況這些病理醫師恐無取得美國的Forensic Pathologist（法病理師）或台灣之病理專科法醫師資格，而是因通過「法醫師法」之利，不必經考選部之法醫師專技高考，即逕由法務部發給「法醫師」執照，與經「法醫師」高考始獲法醫師資格者相比，不無有失公平之嫌。

三、誤認世界各國皆以「病理醫師」執行「法醫解剖」之制度

由於美國自 1963 年起，醫學院皆無法醫學科（所），不得已才由解剖病理師（Anatomic Pathologist）代行法醫解剖之應變措施。然而，潘至信及蕭開平病理醫師（手冊第 17-26 頁，實錄第 33-44 頁），不但未了解英國、法國、德國、日本等皆明文規定「病理醫師」只能執行「行政解剖」[6-9]，而「法醫解剖」為「司法解剖」，須由大學法醫學科（所）「學者」執行之制度[7-9]（請參看本會誌 2009 年第 1 期第 1 卷〈各國法醫制度的比較〉[10]），卻以毫無相關文獻根據，僅到世界各國走一圈，即公然宣稱「歐洲國家執行『法醫解剖』者，亦必須由同時具備『醫師』、『病理醫師』及『法醫病理專科醫師』三種專業資格之『法醫病理專科醫師』」之誤，令人錯愕不已。

更離譜的是其自稱為法醫專家，竟謊稱世界上僅有台灣有「法醫學研究所」（潘至信、蕭開平病理醫師：手冊第 17-26 頁，實錄第 33-44 頁）。而不知歐洲、蘇聯、土耳其、日本、中國大陸等許多國家，都有法醫學研究所、甚至有法醫學院，否則「法醫學博士」人才如何培育？只要在 Wikipedia、the free encyclopedia 網站，鍵入「Institute of Forensic Medicine」，就會出現 700 多個法醫學研究所相關之名稱，例如：Institute of Forensic Medicine, Oslo (Norway)、Research Institute of Forensic Medicine (Moscow)、Instituto Nacional de Medicina

Legal (Protugal)、Institute of Forensic Medicine, University of Copenhagen (Denmark)、Institute for Forensic Medicine of the University of Münster (Germany)、Dusseldorf Institute of Forensic Medicine……。如此,可以將法醫鑑定之重責大任交給此等「不求甚解」或「不實」者嗎?

另外,美國「法病理學(Forensic Pathology)」教科書[11]第10頁,亦不客氣的批判:

Forensic Medicine has become a specialty. Neither the average hospital pathologist nor the physician who is not a pathologist can adequately practice in this field no matter how well intentioned they are, and they are often well intentioned.

(法醫學已成為一種專業,因此無論是一般醫院的「病理醫師」或「非病理」的「醫師」,都不適合從事「法醫業務」,縱然他們一直都很想從事法醫業務〔兼差賺外快〕)。

甚至潘至信及蕭開平病理醫師在其研討會之文章,自己也同樣指出「法醫解剖要求之專業度與嚴謹度,即使是具「病理專科醫師」資格者,猶恐力有未逮……」(手冊第19頁,實錄第35頁)。既然如此,卻在其(二)法醫病理專科法醫師:仍主張「先進國家(無視上述英、法、德、日等之不同制度)……法醫解剖……應由解剖病理專科醫師,再接受完整的法醫病理

（解剖）訓練一年即可」（手冊第18頁，實錄第34頁）。既然「具有病理專科醫師」資格者，猶恐力有未逮」，但再接受僅僅一年的法醫病理（解剖）訓練，便已夠格？即可為之？豈非太過簡單？前後矛盾？

事實上，先進國家之英、法、德、日之法醫解剖者，經完成更嚴謹的法醫專業訓練甚至須獲法醫學博士後[7-9]，仍須在大學從事教學及研究，並經十年八載之實務磨練始得晉身「法醫學者」之列[8]，才得執行「法醫解剖」鑑定，且尚有全科、系、所、甚至全院各醫學領域之專家學者為後盾，必要時都能提供各專業之協助，以確保法醫鑑定品質的客觀性及正確性。台灣目前經由少數病理醫師個別兼職執行「法醫解剖」，應為過渡時期的權宜之計，必需回歸大學正規教育體系，始為正途。

至於葛謹醫師，因非法醫師，亦未從事法醫工作，對各國法醫制度並非其專業，可能因受少數病理醫師不實資訊之影響，在其文中「由歐洲法醫學之發展理論與策略而言，法醫學為醫學（解剖病理學）之一支……」之誤（手冊第38頁），經研討會之說明後，已了解「法醫學」為醫學領域中的〈社會醫學〉之一支[12]，在其研討會後之實錄中已將此段刪除（實錄第51-60頁）。

四、中國大陸法醫學系統，違背世界潮流？

潘至信及蕭開平病理醫師進而批評中國法醫人才培育制度，偏離正常醫學教育常軌，違背世界潮流，品質差（手冊第38-39

頁)。石台平病理醫師亦稱:「『法醫師法』是1983年10月26日,中國大陸晉祠會議的變身」(手冊第32頁,實錄第60頁)。同樣,也認為台灣如違背美國的制度,將來的品質就會差。

如果不同於美國制度,就是違背世界潮流?就是沒水準、品質差?但美國「醫師」之培育,是「大學畢業後(學士後)」醫學系制度,但台灣大部分是採日本的「高中畢業後(高中後)」醫學系制度,所以台灣「醫師」之培育制度,就是偏離正常醫學教育常軌,違背世界潮流嗎?台灣及日本「醫師」品質就差?而其後所設在成功大學、陽明大學、高雄醫學院等依美國制度之「學士後」醫學系培育之「醫師」,其品質肯定就比台大等(高中後)所培育之醫師品質更好嗎?

事實上,中國大陸與台灣之「法醫發展」,遭遇相同的問題,因為受「洗冤錄」的「忤作賤民也!」之歷史偏見及歧視,以及薪資之差異等因素影 ,醫師從事法醫者相當少,不但在法醫鑑定實務遭到困難,法醫人才之培育及法醫學術研究亦無法展開。

因此,中國大陸於1983年召開「晉祠會議[13]」探討「法醫之發展」,不同學者亦有不同的看法,有人主張海洋法系的美國制度,也有主張歐陸法系的德、日制度。該「晉祠會議」最後決議「走自己的路」,獨立於「醫學系」之外,設立「高中後」法醫學系,且成立「法醫學研究所」、「法醫學院」,加強培育法醫學各領域之「法醫解剖(病理)學」、「法醫毒物學」、「法

醫分子生物學及微證物學」、「法醫人類學」、「法醫牙科學」、「法醫精神學」、「臨床法醫學」……等之碩士、博士。此外，復派人前往各先進國家進修法醫專業，因而，促進了大規模的法醫發展。

此「晉祠會議[13]」與石台平病理醫師所言之台灣「法醫師法」無關（手冊第32頁，實錄60頁）。台灣乃是以「醫學相關學系」畢業後之「學士後」再加「5年制法醫學研究所（碩士班）」培育法醫人才（共經9年之相關醫學及法學教育），「走自己的路」，以落實法醫之發展。畢業後須經考選部之高考及格，始可獲「法醫師」證書。並以「法醫師法」規範法醫實務制度。

另外，四川大學華西基礎醫學院的四川華西法醫學鑑定中心網站[14]：有關人才培養、科學研究及國際交流資料（2008年）如下：以第一作者發表的論文收錄於SCI有132篇，Ei 25篇，ISTP 21篇，Medline 221篇，亦與美國、法國及德國法醫學者有很好的合作研究。

請問批評中國大陸法醫制度，違背世界潮流、品質差的潘、蕭等少數幾位「病理醫師」，以第一作者刊登於SCI的法醫學術論文有幾篇？對國際法醫制度及實務認識有多少？不論是什麼「師」，沒有學術研究的「法醫解剖」者，僅能稱為「法醫解剖」技術員（Technician）而已。

「不論白貓或黑貓，會抓老鼠的就是好貓」。各國之國情不同，應選擇最適合國情的制度、走自己可行的路，可不是嗎？

五、「病理醫師」是「醫師」的醫師？只有「病理醫師」，才能作法醫鑑定？

這是台灣419位病理醫師（潘及蕭病理醫師：手冊第21頁，實錄第33頁之數據）中極其少數的三、四位從事「法醫解剖」之病理醫師，才會說這種話。上文 Di Maio11 已清楚說明法醫已是一種專業，「醫師」及「病理醫師」都不適合從事法醫鑑定。但石台平病理醫師再以拆字法，將「法醫師」拆成為「法」的「醫師」、「法」+「醫師」，而主張僅「醫師」才有資格從事法醫。（石台平病理醫師：手冊第32頁，實錄第60頁）。

所謂「師者，所以傳道、授業、解惑也」，則「師」豈僅是「教師」之專利？但實際上，「師」乃是「專業者」之稱呼，如「法律」專業者之「律師」、「醫療」專業者之「醫師」、「藥物」專業者之「藥師」、「法醫」專業者之「法醫師」……，各有其不同之專業。正如英文在「專業」名詞之後，加上「-ist」而已，如 Pharmacologist、Toxicologist、Pathologist、Biochemist……等一樣。「師」及「-ist」並非那種「專家」之專利。如果硬將「中醫師」，拆成「中」之「醫師」，或「中」+「醫師」，豈非不知所云！

另外，「獸醫師」亦有「醫師」二字，是否亦要改名？甚至「獸醫師法」也要修法？只有「醫師」才能當「獸醫師」？事實上，「法醫師」之定位乃是「法醫師法」第9條所規定的「依刑事訴訟法規定所為之（法醫）相驗及（法醫）解剖」，

且須依法院之委託才能執行;而「醫師」則根據「醫師法及醫療法」執行其「醫療」業務。各有所本,井水不犯河水!其理甚明。

六、法醫師法阻斷醫師參與法醫工作之管道?

潘至信及蕭開平病理醫師在其研討會之文章說:「法醫師法阻斷醫師參與法醫工作之管道」(手冊第 24 頁,實錄第 42 頁)。按此,並非事實,而是故意扭曲。法醫師法第 4 條,清楚列出得應「法醫師」考試之資格者,包括醫師、牙醫師、甚至中醫師背景者。

且台大法醫學研究所第一屆研究生(甲組)「莊傑仰」,就是依照「法醫師法」進入台大法醫所就讀的「醫師」,且目前具「醫師」資格之研究所畢業生,再通過考選部高考法醫師及格,取得「法醫師」「資格」者已有 5 名,另外,尚有 7 名「醫師」繼續就讀中。今年也再錄取 1 位「醫師」進入台大法醫所。所傳「法醫師法」阻斷醫師參與法醫工作之管道,不知是否為有心人故意扭曲或以訛傳訛所致?

如果有「醫師」願意進入「法醫師」領域,台大法醫所是優先錄取。希望大家能光明正大的和台大法醫所之前幾屆的「醫師」,同樣經由「法醫師法」所規定的大學教育正門進來,不要想用「修法」改為不必經考試就可以當「法醫師」的「明修棧道,暗渡陳倉」之計。身為知識份子,是否應該如此?

施俊堯法官亦指出「醫師」並非當然的「法醫師」，如「醫師」想當「法醫師」，則應依照法醫師法之規定而取得法醫專業資格（手冊第 62-67 頁，實錄第 114-125 頁）。

只重「證照」，不重「專業認證」的「法醫病理醫師」

大學畢業主要是學習如何唸書；研究所博士學位只是學習研究方法。台大法醫所畢業生通過考選部專技高考，平均達 60 分即可合格獲取「法醫師資格」，因此，證照只是專業的最基本標準而已，這些都不是評估其專業品質的指標。且具有相同畢業證書、學位、證照者，並不代表每個人的能力皆相同。

而執業品質之管控，乃是以國際、國內、學會或個人所使用鑑定方法及儀器操作等，建立公開的標準作業程序（SOP），以減少執業過程中發生錯誤之內部自我管控，繼而再經國際或國內所要求的基本設備、人力等標準及程序「認證」之外控，以供該專業之學者專家的公開審核，確認其科學數據之可信度而已。

然而，50 年來，台灣法醫解剖者，既無公開之內控 SOP，亦無外控之「認證」機制。而目前從事台灣法醫解剖案例最多的單位，係為法務部法醫研究所。該所李俊億所長上任後，積極推動「法醫病理（解剖）組」、「法醫毒物組」及「法醫血

VI 法醫人的社會角色：專業、良知、公義

清證物組」之認證，以落實國際專業及政府之要求。目前「法醫毒物組」及「法醫分子生物組」，皆已通過認證機構要求之前置階段，並進入實質認證之審核，惟「法醫病理組」仍在原地踏步！連落實法醫解剖實務 SOP 之內控皆無，更遑論外控的「認證」。如此，又如何談「法醫解剖」之品質，如何讓社會安心？

潘至信病理醫師說於 2007 年又到美國一趟，也帶回 SOP（應為美國醫驗官協會，簡稱 NAME 的 SOP）……；並說：這部分早已制定了（實錄第 121 頁）。僅制定了，而不執行有什麼用？事實上，不必花錢到美國，於更早的 2005 年，即可由 NAME 的網站看到該 SOP 了。

法醫數據「解讀」者，須具有「學術」能力

《中國時報》1995 年 9 月 26 日〈術德要兼備、法醫陣容待加強〉之報導：「由高檢署法醫中心培訓的第一屆『法醫師』訓練班，訂於本月二十九日結業，結訓的九名學員中，僅有一名為醫科生，其餘皆為不具『醫師』資格之軍醫退伍轉任的檢驗員」。又說：「在法醫素質無法提高，及缺乏榮譽感下，不僅程序正義受到質疑，站在偵查犯罪第一線的檢警人員，如果過分依賴法醫的屍體檢驗及解剖，將貽誤破案先機，使得實質正義也無法伸張」。

因此，SOP 及「認證」並非表示法醫鑑定就可 100% 的正確無誤，但至少可以降低鑑定報告及數據錯誤的機會。至於涉及科學數據之「解讀」，則仍須具有長期專心研究，及具有該領域之相當學術素養者方能為之。但「夫子之牆數仞，不得其門而入，不見宗廟之美，百官之富，得其門者或寡矣」。故學術之專精，是否「得其門」，乃是解讀科學報告及數據能力的重要指標，目前國際之共識，莫不以研究著作等身之質、量及受國際同儕引用次數等作為指標。

據法務部法醫所各組人員於國際 PubMed 網站，所顯現之學術論文資料，該所「法醫毒物組」及「法醫血清證物組」之學術著作，表現相當不錯，但「法醫病理組」則乏善可陳，這也是台灣法醫解剖之鑑定屢有爭議，而無法受社會肯定之原因。由此可知，台灣法醫品質之提升，不在於什麼「師」作鑑定的問題，而在於「鑑定人」是否具有法醫專業學術素養及能力而定。

「法醫鑑定」報告，不是「法醫」說了算！

這是當日研討會時，高檢署陳玉珍資深檢察官的卓見。也顯示少數從事「法醫解剖」之病理醫師之傲慢。往往自以為法務部法醫所之職責為唯一的「法醫鑑定」機關，而錯認為其「法醫鑑定報告」是絕對正確及權威，且是唯一具有「證明力」者。

Ⅵ 法醫人的社會角色：專業、良知、公義

以致在法庭上不斷發生爭議，他們甚至指責經法院同意之「（專家）證人」為「沒有資格」者。因此，陳檢察官語重心長的說：「法院主要是選你為機關鑑定人」、「最後的決定不是你說了算！而是法院說了算！」。因此，「一位法醫師所出具的任何一份鑑定報告，每一字，每一句被檢驗的標準將會越來越嚴格，……所以我們的法醫解剖與鑑定，所應具備的能力，當然應該從專業方面去考量」（實錄第 94-96 頁）。換言之，不必在「法醫師」、「醫師」、「病理醫師」、「非醫師」、「非病理醫師」等「證照」名稱作文章，應在法醫人才之培育及法醫鑑定的科學證據及解讀的學術能力下功夫，才能在法庭上讓人口服心服。

施俊堯法官之結論與建議為：「法醫師執業需具備之『資格』，屬於證據能力事項，只要取得『法醫師證書者』即具有資格，資格之取得與審查容易，……。但是具有法醫師證書者，是否具備法醫師執業需具備之『能力』，屬於證明力事項，其調查與判斷職權，為事實審法院，……」（手冊第 67 頁，實錄第 120 頁）。所以法醫師是否有能力不是自吹自擂，或是具有「法醫師」、「醫師」或「病理醫師」……「師」，就是品質保證，而是由法院依據前述之學術能力及經驗……等，作為衡量。

「醫師」不是「法醫師」；「法醫師」不是「醫師」

施俊堯法官於「相關法律問題」與「結論與建議」指出：

一、「法醫師」，是否「醫師法」第7條之2：「非領有專科醫師證書者，不得使用專科醫師名稱」。規定之「醫師」？（手冊第62-67頁，實錄第114-121頁）

當然不是！「法醫師」是根據「法醫師法」規定而來，其執業係「法醫師法」第9條規定之「依刑事訴訟法規定所為之（法醫）檢驗或（法醫）解剖屍體」，與「醫師」的執業是根據「醫師法及醫療法」的「臨床醫療」無關，各有所本。故「法醫師」原即非「醫師」或「專科醫師」，其理甚明，並無問題。

二、「醫師」並非當然的「法醫師」，如「醫師」想當「法醫師」，則應依照法醫師法之規定而取得（手冊第62-67頁，實錄第114-121頁），不宜藉修法而為便宜之計。

「不務正業」[5]──一位美國病理醫師兼任法醫師者的心聲

全聯會副秘書長蔣世中醫師說：「僅引用美國的一篇文章，即主觀說病理專科醫師是不務正業……」（實錄第69頁）。事

Ⅵ 法醫人的社會角色：專業、良知、公義

實上，蔣醫師誤會了，「不務正業」四個字，是作者李汝晉醫師（台大醫學系 1965 年畢業，執業於德州）於 1993 年《景福醫訊》所發表文章的「標題」[3]，該文之案例為他第一次執行法醫解剖，印象特別深刻。「一位白人晚上在公路旁，好心幫黑人修理拋錨的汽車，卻反被黑人搶劫殺人案」。由於死者頭破血流、腦漿四溢、七孔出血，雖不知死因，且兇手被抓到、他也承認做案了，還解剖什麼？後來才知道，在美國「陪審團」制度下，開庭時須有醫學專家對這些外行人說明醫學證據與死因的關係，故必須要「解剖」的資料而已。在該地區沒有「法醫」之情況下，只好拜託「病理」醫師兼作法醫解剖。但並非每個案例都如此簡單，因此，李醫師才會負責的說，他不可能去作「專職」的法醫，因為光是病理之專業研究及實務，就要花相當的時間及精神。

且在他的文章裏更有一段描述他個人的感受：「法醫……須上法庭並不是什麼大不了的事，但校友之中，如我這般每天為『本行（病理）』的工作已忙不過來，還得『不務正業』，抽空去法院和律師們鬥嘴的，可能不很多。……」。故在其文章之結論：「……無論如何，我是不會放棄我的本行病理，去擔任法醫……」。更表現出其忠於「病理」的執著。

「法醫」不是「病理」;「病理」不是「法醫」

美國德州醫驗官局(Medical Examiner Office)的 Molina 等人[15]指出:

> We contend that routine microscopic examination is not required to useful in forensic pathology cases where the cause and manner of death are evident at the time of gross autopsy examination and no further characterization is necessary for the case.(我們堅決主張,當以目視檢驗器官已可清楚死亡方式及原因,則不須把病理解剖常規之顯微鏡檢驗當作法醫解剖的常規)。
>
> The position of both the College of American Pathologist (CAP) and National Association of Medical Examination (NAME) are in consensus with these findings. As outlined by the "Standards for the Practice of Forensic Pathology," proposed by the College of American Pathologist.(且美國病理學會 [CAP] 及美國醫驗官協會 [NAME] 都同意此觀點。且 CAP 也將此意見列於法醫病理的標準作業程序)。

換言之,「鏡檢」是「病理解剖」的常規(Routine),但並非「法醫解剖」的常規。病理及法醫是不同的專業。

VI 法醫人的社會角色：專業、良知、公義

　　正如上述《法醫病理學》Forensic Pathology 教科書[11]第 10 頁之提醒，「法醫」與「病理」是不同的專業。任何人要同時跨行，其專業之發展及品質難免受影響，這也是為何骨科要由外科分出來，成為獨立專科之原因。至於全聯會施肇榮理事所擔心的，乃是有關「醫療糾紛」案件，將來是否會因為「法醫師」不是「病理醫師」，而質疑其對疾病鑑定之能力，以致對醫師不利（實錄第 162 頁）。其實是過慮了，歐陸法系的德、日及中國大陸等之「法醫解剖」，如須病理鑑定時，都是因案而異的將器官轉送有專精的病理學教授鑑定，以確保鑑定之品質。「法醫師」沒必要、也不可能冒風險去作與犯罪無關的「疾病」鑑定，因為病理與法醫是不同的專業，應互相尊重。

　　陳玉珍檢察官針對「法醫師」執業有關的相驗，簡單清楚的說：「對檢察官的意義來說，只有當相驗案件涉及他殺時，這對檢察官來說才有它的意義。所以當這死因是不涉及他殺，檢察官並不在乎病理檢驗結果為何，……我們不須要各位再去討論病理解剖的問題」（實錄第 160 頁）。

侮辱人的用語：「法醫師」是「非醫師」，故沒能力作「法醫鑑定」？

　　似乎意味著「法醫師」若非「醫師」，就「不是人」或「次等人」、「沒有能力」的人？按醫學領域包括基礎醫學、臨床

醫學及社會醫學[12]。基礎醫學再細分為解剖學、微生物學、生理學、生化學、藥理學、病理學……等。臨床醫學則細分為內科、外科、婦產科、骨科、小兒科、耳鼻喉科、麻醉科、家醫科……等。而社會醫學則有公共衛生學及法醫學。

台灣光復之初，醫學院僅設有「醫學系」，因此基礎醫學及社會醫學的老師，皆由臨床「醫師」擔任。但由於醫學知識之突飛猛進，各醫學領域的專科、次專科、次次專科……等越分越細，再加上收入差異等等因素，以致投入基礎醫學及社會醫學之「醫師」逐漸減少。自40年前，基礎醫學及社會醫學的老師幾乎絕大部分皆為「非醫師」。然而，其教學及研究品質，同樣的都具有相當的水準，所教出來的「醫師」也是一代比一代強，難道「非醫師」的「老師」就都沒有能力從事基礎醫學的解剖學……及社會醫學的公共衛生學及法醫學嗎？

「我將不容許有任何宗教、國籍、種族、政治、或地位的考慮、介入我的職責……。我對人類的生命……即始終寄予最高的尊敬」的「醫師誓言」，在不是「病理醫師」就不能作法醫，「非醫師」就無能力作法醫鑑定的赤裸裸語言之下，蕩然無存！其中，似僅剩下「我的同業應視為我的同胞」一條而已。

美國獨立宣言的「人類生而平等」，任何生命都有無限的可能。對生命的尊重，是民主國家公民最基本的素養，任何知識及專業都是教育及學習而來，而不是「那一種人」或「那一種職業的人」才能學、才能作。每個人的能力及品質，要根據

Ⅵ 法醫人的社會角色：專業、良知、公義

其表現之良窳，假以時日，社會自有公評，沒能力者將自然被淘汰。而不是還沒有畢業、沒有執業或沒有機會展現其能力之前，就認定其沒能力。這是知識份子應有的素養嗎？

對台灣「法醫發展」的呼籲

1995年10月30日於《自立晚報》的「晚安台灣」專欄，有一篇〈學術、良知與法醫〉之短文：

> 學術是對『真理』的追求，良知是對『善』的執著。在醫學的領域，學術與良知，缺一不可。學醫之目的在於濟世救人，但是無良知，則無法成為良醫；同樣的，不學無術也無法成為良醫。無知所造成的錯誤診斷，縱有愛心，仍將鑄成無可挽回的災難。因此有良知的醫學從事者，必定也是忠於學術的追求者。
>
> 多年來，由於政府不重視法醫，雖然法醫學是醫學生的必修課，但台灣的醫學院，居然可以沒有法醫學科！以致目前法醫人才凋零，後繼無人，更談不上研究。直到10年前，台大醫學院才恢復日治時代已有的法醫學科，也是台灣目前唯一的法醫學科。多年來，台大默默的付出相當的心力，支援法醫鑑定工作，但教育部卻沒有給予應有之編制，雖多次向校方反應，仍然不了了之，以致扼殺了法醫學科之發展。

再看近鄰之日本，不但所有八十多所的醫學院皆有法醫學科，且法醫鑑定都委由醫學院。因為大學乃是追求真理、捍衛自由、抗拒政治外力之殿堂，當法醫鑑定由大學負責時，更具有公信力。因此唯有在各醫學院普設法醫學科，才能吸引優秀人才，才是根本解決台灣法醫問題之道。此問題不能再拖了！

台灣「法醫人才培育」及「法醫鑑定」應回歸「大學」

葛謹醫師所稱：「法醫師法第4條，竟容許未經醫師養成教育者，經二年研究所訓練即授予『法醫師』之名銜」（手冊第40頁，實錄第58頁）……，明顯有誤。該條文並無此相關文字，而是規範參加「高考法醫師」之資格而已。

有關台大法醫所修業年限規定為5年，但甲組醫學系畢業研究生可抵以前已修過之部分學分，但仍須經大學評估，且仍須完成論文，幾乎很少有念2年即可畢業者。至於乙組研究生，係依立法院之「附帶決議」，須修畢170學分及論文，且需與醫學系3、4、5年級學生一起上課及實習，以確保應有醫學知識，故最少需5年才能畢業（醫學院相關學系4年再加研究所5年，合計9年的醫學及法學教育）。畢業後尚須通過考選部之高考，且基礎醫學及臨床醫學之考題，亦同樣來自考選部「醫師」高

考之相同題庫。未通過高考及格，仍無法獲「法醫師」資格。與前述《中國時報》1995年9月26日所報導的〈由高檢署法醫中心培訓第一屆『法醫師』訓練班〉，已有非常大的進步。

由上可知，中國人權協會理事長蘇友辰律師對「法醫師法3、4、7、9條」之建議（手冊第57頁，實錄107頁），事實上，雙軌制之法醫人才培育及提升「法醫師」之專業能力皆已納入「法醫師法」。因此，相信將來通過法醫學研究所之訓練，當比未經訓練之「醫師」更為專業。

至於葛謹醫師認為：「……法醫學仍應以醫學為主，……方有『正常發展』之可能，放眼絕大多數民主國家將法醫學置於『醫學院』內，給予足夠專業人員，保障其獨立研究與發展，……」（手冊第41頁，實錄第59頁）。這正是台大醫學院設立法醫學研究所，及「法醫師法」第44條「醫學院或醫院……應設置法醫部門」的精神所在。其主張與「法醫師法」完全一致，也謝謝葛醫師之鼓勵及支持。

根據美國每20萬人口既須要1名法醫師的基本要求[5-6]，美國3億人口既須1,500名法醫師。依潘至信與蕭開平病理醫師資料，美國雖有17,000名病理醫師，但98%以上「病理醫師」都不願從事「法醫」，只有1.97%之少數病理醫師從事專職法醫工作（手冊第17-26頁，實錄第33-44頁）。換言之，美國法醫師只有極少數（340名）名的病理醫師轉進者，僅佔所須1,500名法醫師之22%，仍有約78%從事法醫者，並非「病理醫師」。

因此，美國著名之加州洛杉磯郡驗屍官，南加州大學病理學科教授（主任）Noguchi，在其〈美國法醫制度〉之論文[6]同樣指出：

There is still a great deal of shortage of qualified Forensic Pathologists. One of the reason for which most physicians are not interested in the field of forensic pathology is the exclusive involvement with law, i.e., court, police. Further the practice is generally limited in a government service.（美國仍嚴重缺乏合格之法醫病理師，其理由之一的是沒有興趣與法院及警察打交道，其二是該工作只是公務員而已〔薪水偏低〕。）

There was a slow recognition of this field by the university in recent years. Without educational and research opportunity, it is difficult to attract qualified Forensic Pathologist to conduct medicolegal investigation.（因此，美國近年來也逐漸思考除非由從事教學及研究的大學執行法醫鑑定，否則將很難吸引優秀的法醫病理醫師投入法醫領域。）

同樣的，台灣「法醫鑑定品質」之提升，仍有賴大學之參與，因為醫學院具有醫學相關各領域最優秀的人才及資源。也因此，醫學院具有法醫學科（所）的國家，如英、德、法、日、中國大陸等，其法醫鑑定都是委由大學法醫所或其法醫鑑定中心執行。

VI 法醫人的社會角色：專業、良知、公義

　　因為「大學除了法醫學之研究、教學之外，法醫鑑定之實務，主要也是由大學負責。這種受委託，從事有關科學性之公正判斷之業務，乃是因為大學是學術之重鎮及政治中立之殿堂」（ところて，わが国では，法医学の研究、教育のみならず，実務も主として大学行われているが，これは科学的で公正な判断が要請される業務を委ねるには，学問の府であり，中立が保障されている大学が最も相応しいと考えられるからである）。

　　這是日本九州大學，法醫學教授永田武明，在其「法醫學」教科書[16]特別強調大學服務社會之必要性與重要性，以及日本由大學執行法醫鑑定之原因。

　　另外，德國杜塞多夫大學，法醫學研究所（Institute of Forensic Medicine，Düsseldorf University）不僅接受警方及司法單位之委託鑑定，也接受私人之委託鑑定，受害者可經由警方或直接與該大學法醫學研究所聯絡。另外，也接受杜塞多夫大學醫院有關病人受暴力之傷害以及毒物相關之中毒、車禍、職業病及環境病等之鑑定。這也是台灣社會及律師界一直要求的機制，絕不能僅依政府公部門（法務部或衛生署）的唯一鑑定報告，就判生判死！

　　這也是蘇友辰律師所建議「為了維護鑑定機構的獨立、中立、公正、……法醫鑑定應獨立於法務部之外，……」之高見（手冊第57頁，實錄第108頁），筆者完全贊同。「法醫師法」

第 44 條「各醫學院或附設醫院……應設立法醫部門」，就是要落實將「法醫鑑定」回歸「大學」之精神及制度。也是落實與同為歐陸法系之德、法、日、中國大陸等之法醫制度。但此理想之實現，尚有一段很長的路要走。因此，在台灣各醫學院法醫學科（所）尚未普遍設立（至少公立醫學院應先設立）之前，法務部法醫所的過渡功能仍有其必要。

歐洲法醫學已發展二百多年，日本也近百年，其法醫學術皆蓬勃發展，且其法醫鑑定由大學執行，亦獲社會之肯定及尊敬。由大學負責法醫鑑定之制度，應能提升台灣法醫鑑定品質。

台灣「法醫學教師荒」之突破

由於台灣多年來未培育法醫人才，亦罕有至國外進修學位或在國外從事法醫的學者，以致台大法醫學研究所年年都招不到法醫學專任教師，特別是「法醫解剖」之教師。因為台大醫學院要求的條件與各科、系、所、之要求同樣嚴格，除了最基本的法醫學相關博士學位，尚須有國際認可的法醫學專業之 SCI 論文，甚至是第一作者及續優論文等等之要求，且年年仍須繼續評估，所謂「Publish or Perish」（論文或淘汰），以致空有教師名額，但卻無人前來應徵，如何能招到法醫專業之教師？因此，而被教育部提醒要設法改善。雖然曾考慮由本校法醫學研究所優秀的畢業生，派往先進國家深造，但以目前台大的制度，

僅獲碩士學位者根本無法進入教師行列,除非條件趨向有彈性或再設立博士班,但無師資可聘,如何設立?

也希望教育部能提供公費出國進修法醫學的機會,讓法醫學研究所之優秀畢業生,能早日到國外接受法醫學各領域之深造,而台大也能以新領域創設之不易,以較彈性之制度,聘用將來進修回國之年輕法醫學者,期加速台灣法醫學之發展,進而設立博士班研究所,自行培育法醫人才。

結論:請用「理性」、「文明」及「學術」說服人

台灣唯一培育法醫人才之「台大醫學院法醫所(5年制)」初成立迄今6年,也才剛有畢業生,其法醫專業水準尚須經畢業後之繼續訓練及學習,若立即要求其達到國際教授級的品質,既不切實際也不可能!而法醫實務制度之「法醫師法」也才實施5年,人才之培育需要時間及經費,有賴政府、社會、及國人之支持,如有夠水準的法醫學人才,歡迎到大學參與教學、研究及服務之教師團隊,共同為台灣法醫之發展貢獻心力。

當美國法醫學者對美國法醫制度之缺失仍不斷的提出反省[17-18],甚至執行瑪麗蓮夢露等法醫鑑定大案之美國著名法醫學者Noguchi[6],在與日本法醫學教授討論美國及日本法醫制度時,亦虛心的提出美國法醫制度之缺點及檢討。另外,對「Forensic

Pathology」（法醫病理學）僅以「Forensic Autopsy」（法醫解剖）為主，與「Forensic Medicine」（法醫學）所包含的法醫精神學、法醫齒學、法醫人類學、法醫毒物學、法醫分子生物學……等醫學及自然科學之廣大法醫學領域並不相符，「法醫病理學」是否等於「法醫學」，仍有許多不同意見。

另外，Noguchi 在其「Coroner[19]」（日譯為檢死官）[20] 一書之卷頭，特書：「The principle of forensic medicine. There is no road to follow. It is up to us to carve a new road.」（法醫學之發展，雖無原則可資遵循，但仍要靠法醫人勇往直前，開創新路徑）。

由此可知，各國法醫之發展及制度，並無可循之路，應依各國國情之不同，而找出一條可行之道，任何國家的法醫制度都不可能完美無瑕[17-18]，何況「欲加之罪何患無辭」。但台灣少數幾位到過美國訓練一年法醫的「病理醫師」，卻以偏概全的將美國法醫制度，自以為是「世界唯一最好的」，應對各國法醫制度之優劣作更深入的研究。

事實上，除了美國的自我反省之外，歐洲對美國的法醫制度及訓練也有所批評[21]，重要的不是那種制度，而是如何落實「大學」法醫學者對社會應有之角色，以提升法醫鑑定品質。因此，大學機制仍是國際公認的最佳選擇。請少數反對之「病理醫師」，能以「理性」、「文明」、「學術」，並提出「科學」文獻及證據服人，而不是故意扭曲事實或自以為是的，以侮辱的語言暴力，只有「病理醫師」才有能力作法醫！

參考文獻

1. 郭宗禮、邱清華、陳耀昌：對「醫界法醫師法之疑慮」之回應。台灣法醫學誌 2009;1（1）:39-40.
2. 施肇榮：法醫師法之妥適性研討會，醫聲論壇（醫師公會全聯會），檢自：http://forum.doctorvoice.org/viewtopic.php?f=1&t=53437
3. 邱清華：法醫師法餘波蕩漾。台灣法醫學誌 付梓中
4. 黃秀華：武漢大旅社—白色恐怖下最曲折離奇冤獄案，初版第一刷。台北，前衛出版社，1996。
5. 李汝晉：不務正業。景福醫訊 1993;10（5）:23-5.
6. Kurosu M, Nihira M, Watanabe T, Noguchi TT: 米國 檢死制度（Death Investigation System in the United States）. 日本法醫學雜誌 1991;45: 351-9.
7. 水野礼司：M.E.（Medical Examiner）System. 日本法医学雑誌 1950;4:225-7.
8. 吉田謙一：事例に学ぶ法医学。東京，有斐閣ブックス，2001:2-4。
9. Brinkmann B, Cecchi R, Du Chesne A: Legal Medicine in Europe -- Quo vadis? Int J Leg Med 1994;107:57-9.
10. 郭宗禮・邱清華・陳耀昌：各國法醫制度的比較。台灣法醫學誌 2009; 1（1）:33-38.

11. DiMaio, DJ, DiMaio D: Medicolegal Investigative Systems. In: Forensic Pathlogy. 2nd ed., Boca Raton, FL, CRC Press, 1992:7-19.
12. 何川凉：法医学。東京，日本 事新報社出版局，1977:2-3。
13. 侯一平：我國法醫高等教育的特色。中國高等醫學教育 1999;6:11。
14. 四川大学华西法医鉴定中心。檢自：http://www.legalmed.org/index.htm
15. Molina DK, Wood LE, Frost RE: Is routine histopathologic examination beneficial in all medicolegal autopsies? Am J Forensic Med Pathol 2007;28:1-3.
16. 永田武明、原三郎：法医学，第三版。東京，南山堂，1992。
17. Luke JL: "Disadvantaged" medical examiner systems. Am J Forensic Med Pathol 1994;15(2):93-4.
18. Prahlow JA, Lantz PE: Medical examiner/death investigator training requirements in State medical examiner system. J Forensic Sci 1995;40(1):55-8.
19. Noguchi T, DiMona J: Coroner. New York. Arthur Pine Association, 1993.
20. トーマス野口、ジョゼフ・デイモーナ： Dr. 死官。佐瀬稔譯。東京，講談社文庫，1995。

21. Mavroforou A, Michalodimitrakis E: Forensic pathology on the threshold of the 21st century and the need for harmonization of current practice and training. Am J Forensic Med Pathol 2007;28:1-3.

（本文原刊載於：台灣法醫學誌，2卷2期（2010年），頁5-15。）

《法醫師法：催生與革新》

法醫師法修法應否廢除高考法醫師之法醫解剖資格

李俊億
國立台灣大學醫學院法醫學研究所 教授

一、前言

　　法醫師法於民國 94 年 12 月 28 日公布並於隔年 12 月 28 日施行。如今依該法規定通過法醫師專技高考（含未具醫師資格）之法醫師（第 3 條、第 4 條條文參照，下稱高考法醫師）甫入地檢署服務，其專業尚待發揮之際，反對該等法醫師具有法醫解剖資格者，卻於去年乘延長醫師落日條款修法之便，透過法務部修法會議形成法醫師法修法版本1，回復立法前醫師不經訓練與考試即可直接執行法醫檢驗或解剖業務，此項修法建議雖已經立法院否決，惟近日反對者又於檢討法醫師法之際提出相同主張，並進一步欲廢除高考法醫師依該法第 9 條規定取得之法醫解剖資格。就我國現況而言，究係具醫師資格者可不經國家考試直接執行法醫解剖鑑定工作較為適當？抑或依法經過嚴格法醫學專業訓練並通過國家考試取得證照之高考法醫師適合

DOI: 10.6134/tjfm.2013.0501.05
1　立法院第 8 屆第 1 會期第 9 次會議議案關係文書，收文編號：1010002045。
2　立法院第 6 屆第 1 會期第 4 次會議議案關係文書，收文編號：0940000828。
3　李俊億：江國慶冤死案的致命科學證據。台灣法醫學誌 2011;3（2）:1-10.

Ⅵ 法醫師法修法應否廢除高考法醫師之法醫解剖資格

擔任法醫解剖鑑定工作？為使各界明瞭，茲提出下列評估重點供修法參考。

二、修法勿忘立法初衷

行政院於民國 94 年 3 月 7 日函請立法院審議「法醫師法草案」，草案總說明提及立法理由略為：近年來，由於「屍體檢驗爭議引起民怨」、「案件疑點無法適時釐清影響司法公信力與政府人權保障政策」、「法醫師職等再提高之空間已數有限」、「法醫師薪資與法官、檢察官相差無幾，但仍無法與可同時領取固定薪資及高額獎勵金之醫師相比」。因此法醫師之來源，「不能」再仰仗醫界之人力，需另闢人才管道，建立健全制度。其相關之考試、證照與執業制度等，「自成獨立體系」，「制度上徹底與醫師分流」，以解決「目前法醫師人才短缺之困境，進而提高檢驗、解剖屍體及法醫鑑定之品質及水準，貫徹人權之確保。」2 亦即經由考試、證照與執業健全制度之建立，可實現立法初衷所揭示之品質、效率與專職目標。

三、法醫鑑定品質是否提升？

有病理醫師強調，由病理轉入法醫解剖鑑定只需研習法醫與鑑識專業科目各約 2 小時即可具備法醫解剖鑑定之專業能力；而高考法醫師即使受過醫師之養成教育與嚴謹的法醫學學程訓練，惟因不具醫師與病理醫師資格，因此仍不具法醫解剖鑑定之專業，不可賦予法醫解剖資格。但由近年震驚國人且已定讞

之江國慶冤死案顯示,該案法醫鑑定之爭議均與病理無關,甚而疑似因病理醫師所提供之錯誤法醫鑑定結果而造成3。如今冤獄既已定讞,法醫改革刻不容緩,是否應檢討彼時負責法醫鑑定之病理醫師於未接受再教育前不得執業?然冤獄案未見檢討,卻檢討並未造成冤獄之高考法醫師不應具有法醫解剖資格,怎不令人有「岳飛打張飛」與「雨天打小孩出氣」之感嘆?此舉將使提升法醫鑑定品質之立法期待難以實現。尤其若病理醫師僅研習數小時之法醫鑑定知識即進行法醫鑑定工作,例如法醫鑑定報告所出現之 DNA 或毒物證據之研判等,將使檢察官或法官誤信渠等亦具此等領域之專業,而採為審判證據,將嚴重影響判決之正確性,亦難期待能保障人權與維護社會公義,由江國慶案與蘇建和案即可得知。

目前在法務部法醫研究所(下稱法醫所)擔任法醫解剖工作之病理醫師(包含編制內之組長、正副研究員與兼職法醫師),大多曾在美國實習法醫解剖工作,對美國之法醫解剖鑑定均非常熟悉,也推崇其制度。惟制度之引進若未能符合國情,或只引進對特定人有利之部分,則恐難服眾。筆者借調法醫所擔任所長期間審核法醫鑑定報告時,發現該所之病理醫師執行法醫解剖鑑定工作竟無死亡原因與死亡方式之研判指引,因而要求業務主管參考美國法醫協會(National Association of Medical Examiner, NAME)所制訂之死亡方式研判指引[4],提出

---

[5] Hanzlick R, Hunsaker JC, Davis GJ: A guide for manner of death classification.1st ed. Atlanta, GA: National Association of Medical Examiners, 2002.

Ⅵ 法醫師法修法應否廢除高考法醫師之法醫解剖資格

法醫所之官方版本,作為當時13位負責法醫解剖鑑定病理醫師之作業指引,但所得回應卻是:「如果訂定研判指引,我們的鑑定報告很容易被質疑。」雖然如此,筆者仍要求制定,然迄至筆者回任台大教職仍未見蹤影。

　　國內法醫解剖鑑定制度若欲師法美國,應先建立執業之標準作業程序,並進行法醫解剖鑑定之認證。如今法醫所由病理醫師所執行之法醫解剖,如遺體剖驗、臟器觀察、檢體採集、物證標識、採證記錄、污染防護等尚且未建立標準作業程序,如何能證明其專業能力?尤其國內法醫師法實施前之制度即是師法美國法醫鑑定制度,惟渠等自美學成歸國卻未能依據所學建立制度而各自為政,殊為可惜。長久以來國內法醫解剖鑑定人員,不問能力,只問是否為病理醫師?是否為自己人?致有法醫感嘆:「法醫不缺人,缺的是自己人」,導致法醫鑑定人才不濟。為改善此現象,始有法醫師法之制定,以國家考試方式進用人才,建立專業之法醫師制度。如今依據法醫師法規定通過國考之公職法醫師在地檢署僅服務一年餘,尚未有利弊可供檢討下,即興修法之議,欲廢除該等法醫師之解剖資格,並回復法醫師法立法前之法醫制度,讓台灣之法醫解剖鑑定資格再度回歸到少數人身上,倡議者在未見成效前何苦如此心急,令人不解?

四、法醫專業是否有效分工？

國內法醫資源有限，法醫鑑定應有效分工以提升鑑定效率與品質。在縱向分工上，依據法醫所民國 100 年度之年報[5]顯示，當年度全國法醫解剖案計 2,320 件，該所受理 1,910 件，佔全國案件之 82.3%，此類案件之性質與非法醫所解剖之案例無異。此現象顯示，屬中央機構之法醫所直接擔任了地檢署之法醫解剖案例，缺少縱向分工機制，無法發揮該類案件之指導與監督功能，亦失去縱向分工之驗證機制。

在橫向分工上，法醫鑑定需要結合各種醫學與鑑識科學的專業，結合的專業越多，法醫鑑定之正確性將越高。依據前開年報顯示，該所當年度受理解剖案 1,910 件，其中尚需透過毒物分析研判死亡原因者有 1,800 件，進行血清證物鑑定身分者有 461 件。以毒物分析協助死亡原因研判比例達 94.2%，顯示擔任法醫解剖鑑定之病理醫師獨立透過病理觀察研判死因的案例係屬少數。為了追求真相及保障人權，法醫鑑定應盡可能結合各項專業意見，如病理、毒化、血清、臨床醫學等，必要時均應為研判依據，如此橫向分工方能獲得可靠之結論。

目前若修法廢除高考法醫師之法醫解剖資格，則未來地檢署法醫解剖工作仍需由法醫所支援，亦即在政府組織內不但無法建立縱向分工之法醫品質驗證機制，法醫解剖鑑定品質亦難提升。尤其高考法醫師已逐漸在各地檢署服務，假以時日將成

---

[5] 一百年度法醫鑑定業務統計年報。法務部法醫研究所，2012 年 7 月。.

VI 法醫師法修法應否廢除高考法醫師之法醫解剖資格

為法醫工作之主體，法務部若能善加利用，則法醫相驗與解剖鑑定工作可由專職之專業人士負責，與目前委外鑑定相較，在專業之穩定性與時效性上更有保障。而法醫所作為國家級之法醫鑑定單位，除目前提供毒化與血清鑑定服務外，其病理鑑定不應僅在服務該所法醫師之解剖鑑定，亦應橫向分工，提供各地檢署法醫解剖所需之病理鑑定服務，以符合其服務地檢署法醫鑑定之存在目的。

五、法醫鑑定效率是否提升？

筆者於民國 97 年 12 月至 101 年 11 月間借調至法醫所擔任所長，發現法醫解剖鑑定報告皆由法醫師徒手書寫製作，再由法醫所委請專人繕打，如此現象在司法系統應屬罕見，尤其檢察官與法官製作之司法文書幾已全面自行繕打編輯，唯獨法醫解剖鑑定報告之製作仍停留在手寫年代，此在科技單位更屬罕見。手寫報告之繕打與校對均極費力耗時，有時甚至有達 5 校者，校對後病理醫師又非立即處理，如此來回影響鑑定效率至鉅。筆者雖於 98 年起即要求改善，但都被拒絕，令人遺憾。其間法務部曾進行人力評鑑，評鑑委員檢討法醫鑑定時程為何需時二月，而其中撰寫報告與打字校對即需費時三週頗不合理。當時筆者回以上述狀況，並表示要求渠等繳交電子檔案，但不願配合並表示將集體退出，讓政府找不到人可解剖而造成民怨與法醫鑑定危機，此為長期以來只許病理醫師解剖之後果。對

此筆者規劃多年應依據法醫師法改革,以解決法醫師荒並提高效率,防止再被罷工要脅。但改革疑似使既得利益者反彈,是否致其急於修法廢除高考法醫師之法醫解剖資格,以永保法醫解剖不落外人之手?

目前高考法醫師經司法特考進用之公職法醫師已不乏受過法醫解剖實務訓練者,提升法醫鑑定品質與效率之改革方案應可啟動。少數病理醫師若視改革措施為強其所難,則政府應斷然處置,以專職之公職法醫師取代。然而,若修法廢除高考法醫師之法醫解剖資格,只容具有病理醫師資格者才具有法醫解剖資格,則上述法醫鑑定品質、效率及法醫師荒等困境又將回到原點,法醫解剖鑑定恐將永成少數人之禁臠,主管機關不可不慎。

六、法醫鑑定成本是否降低?

目前法醫所委外解剖案件之鑑定費每件 19,000 元,就一般熟知之委外鑑定應是鑑定人應提出完整的鑑定報告予委託單位,然而此委託鑑定卻只是取得鑑定人之一份手寫鑑定報告草稿,法醫所尚需提供出差費、聘請專人打字、提供毒化鑑定與血清鑑定等,最後完成鑑定報告時間大約於解剖後兩個月,有些甚至更久,如此效率迭生民怨。然若為地檢署自行或委外執行法醫解剖者,每件僅 3,000 元,若不需做毒化鑑定,約 2 至 3 天即可出具鑑定報告。兩相比較,相同的法醫解剖鑑定工作,法醫

VI 法醫師法修法應否廢除高考法醫師之法醫解剖資格

所需比地檢署多付出 6 倍以上之鑑定費，其所需之時間更是數十倍以上，如此豪奢浪費公帑之舉，主管機關豈能袖手旁觀？

由此可見，若修法廢除高考法醫師之法醫解剖資格，只容許具有病理醫師資格之法醫師始具法醫解剖資格，則上述以高成本實施的法醫解剖現況，仍將持續存在，甚至隨著有資格者逐漸減少，未來鑑定成本可能更高，最終待現行解剖者凋零而無以為繼時，政府可能才會驚覺現行法規始為治本之道，然恐將為時晚矣。

七、政府機關之法醫鑑定是否適合由兼職法醫師擔任？

目前政府機關之法醫解剖工作多由曾在國外實習法醫解剖一年之病理醫師轉入之法醫師擔任，其中僅 4 人專職，其餘皆為兼職，而在法醫所兼職接受委託從事法醫解剖鑑定者約 12 位。兼職法醫師縱使專業能力強，但在鑑定效率與成本上都有上述難以配合之處。尤其在目前交互詰問制度下，未來鑑定人出庭作證機率大增，若兼職之病理醫師未能配合出庭作證、解剖鑑定無標準作業程序、鑑定書未能附足鑑定研判之證據資料（如解剖及病理證據），而法醫所若亦無法提出此類佐證資料，則國家法醫鑑定之公信力將受嚴重挑戰，主管機關應未雨綢繆，不可視而不見。法醫解剖鑑定若仍繼續停留在依賴兼職法醫師的「過渡」階段，則鑑定品質的穩定性及法醫人才的培養，將難以維持。

高考法醫師若能進入法醫單位擔任專職工作，解決司法鑑定疑難，提供司法偵審參考，始能發揮最大貢獻。近年來通過法醫師專技高考者有 25 位，其中考取公職法醫師進入地檢署工作者有 11 位，地檢署檢驗員考取法醫師轉任公職法醫師者有 3 位，如表 1 與表 2。由數據顯示，98 年以前錄取者均未進入公職服務，99 年以後錄取者，則大都順利進入地檢署擔任專職法醫師，顯示近年來加強法醫師人才培訓與建立法醫專業制度，方能留住法醫人才，解決法醫師荒。筆者在法醫所 99 至 101 年間推動法醫師培訓計畫，依據該計畫規劃，在 101 年底將有 19 位法醫師具有法醫解剖與病理鑑定之能力，這些法醫師若分發至各地檢署服務，對地檢署的法醫鑑定將有莫大貢獻，但這些從實務機關才能獲得的經驗，皆因法醫所病理組未能配合訓練而破滅，殊為可惜。

表 1　民國 96 至 101 年間通過法醫師專技高考取得法醫師資格之統計

分類	96～97 年	98 年	99 年	100 年	合計
檢驗員	0	0	0	0	3
非檢驗員	4	1	3	9	22
合計	4	1	3	9	25

註：檢驗員係指在地檢署法醫室服務者。

表2　民國 100 至 101 年間考取或轉任公職法醫師人數之統計

分類	100 年	101 年	合計
檢驗員	0	3	3
非檢驗員	2	9	11
合計	2	12	14

註：參加公職法醫師考試者必須先取得法醫師資格。

八、結語

　　醫師未取得獸醫師資格者不可執行獸醫業務；未取得牙醫師資格者不可執行牙醫業務；同理，未取得法醫師資格者亦不可執行法醫業務，而現行法醫師法並未限制醫師或病理醫師經由考試取得法醫師證照執行法醫業務之管道，因此不宜另開方便之門，讓未依法取得法醫師資格之醫師執行法醫業務。法醫師法第9條之規定：「依刑事訴訟法規定所為之檢驗或解剖屍體，非法醫師或受託執行之執業法醫師，不得為之。」係法醫專業品質之保障，不宜輕言修改。筆者擔任法醫所所長時接待來訪之荷蘭阿姆斯特丹醫學中心之醫師，問其在荷蘭國家法醫所兼任法醫解剖工作有無酬勞，其回稱只領阿姆斯特丹醫學中心之薪水並無額外酬勞。相形之下，我國法醫所若未給付每個解剖案例 19,000 元之鑑定費，不知還會有多少法醫所之兼職法醫師願繼續為死者伸冤，擔任法醫解剖工作？亦不知還會有多少病理醫師會熱衷研究法醫師法，提出修法意見？值得省思。

（本文原刊載於：台灣法醫學誌，5 卷 1 期（2013 年），頁 47-50。）

《法醫師法：催生與革新》

讓屍體相驗回歸法醫師專業處理

邱清華
中華民國法醫師公會 理事長

　　日前（2013.10.10）報載，「顛倒死因，地下法醫狂賺死人錢」，「冒牌法醫，車禍死因寫乳癌」，「明知是服毒自殺，卻擅自開立死亡證明，死因也草率交代」等情，新竹張姓開業醫師掛著「榮譽法醫」招牌，隨便開立死亡證明，此種狂接屍體相驗案，八年處理4,700多件，每件收費三千元至三千六百元，進帳將近二千萬元。

　　令人憂心的是，此種由開業醫師代為執行屍體法醫檢驗工作的所謂「行政相驗」，各地均有，多年來對司法單位相驗屍體，雖有助益，唯開業醫師醫務繁重，尚兼此重任，係基於服務之熱誠，然須負法律責任，多有力不從心之感。如有專業法醫師取代其工作，亦係一種解脫。然此種「行政相驗」，著實隱藏了不少問題，間恐或有他殺或自殺案件，可能被認為是病死或自然死亡而火葬、土葬了事，難免造成冤情，難以伸反，不無違反人權保障。況死得不明不白，是人生最大的不幸，值得有關當局重視。

　　相（檢）驗屍體，無論是「行政相驗」（自然死者）或「司法相驗」（他殺者等），皆應是法醫師的專業職責範圍，唯因

Ⅵ 讓屍體相驗回歸法醫師專業處理

過去法醫並未專業化,且因人才不足,故將「行政相驗」不得已委由衛生所醫師或開業醫師代為執行,然因他們未具有法醫學專業背景,檢驗屍體並非其專長,強人所難,亦非所宜。

醫師之專業為「醫療疾病」;法醫師的專業是「屍體鑑驗」,二者有異。據初步清查該張姓醫師所開立的死亡證明書,即有22件有問題,其中有無冤情?人命關天,或有他殺案件而被蒙蔽以致加害者兇手逍遙法外,釀成司法刑案的大漏洞?

目前,該是法醫鑑驗的改革時刻了,法醫人才已逐年增加,台大法醫學研究所每年有多名碩士級畢業生,經國家高考法醫師及格,投入法醫行列,足堪重用。科學在進步中,醫學分科在所難免,各有所專,各司其職,為提升法醫品質水準,正確的法醫鑑驗是追求司法改革重要的一環,這是我們不可迴避的責任。

鄭重呼籲法務部與衛生福利部相互協商,將「行政相驗」回歸法醫專業;請法務部於各地檢署增加法醫師員額(實則首將原有外借流用的19名法醫師名額歸建即成),接手處理所有屍體相驗,讓司法正義得以發揚、人權保障得以維護、使全民得以安心。

(本文原刊載於:台灣法醫學誌,5卷2期(2013年),頁46-47。)

附錄：

顛倒死因 地下法醫狂賺死人錢

意外寫乳癌、自殺寫自然死亡…75歲醫師8年狂接4700相驗案 進帳2000萬 昨被檢方起訴 他說是「便民」

記者羅緗綸、王慧瑛／新竹市報導

　　新竹縣復安診所負責人張沿注，被控勾結殯葬業者，隨便開立死亡證明，明明是意外死亡，卻寫乳癌死亡，形同「地下法醫」，開立不實死亡證明，昨被依詐欺、偽造文書等罪嫌起訴。

　　檢方查出，七十五歲的張沿注年紀雖大，但狂接相驗案，八年處理四千七百多件，平均一年六百件，每件收費三千元至三千六百元，光相驗，就進帳近二千萬。

　　檢方偵查期間，張沿注被羈押二個多月，診所停業，八月交保後申請復業，診所昨重新開業，親友送祝賀花籃，他卻在同一天被起訴；他說：「心情如洗三溫暖」。檢方將另依醫師懲戒辦法函請主管機關調查。

　　新竹主任檢察官陳佳秀表示，竹檢去年處理一件苗檢囑託相驗案，是婦人喝農藥自殺，發現家屬竟取得張沿注開立的死亡證明書，追查出張濫開死亡證明書行之有年。

VI 讓屍體相驗回歸法醫師專業處理

　　清查張開立的四千餘件死亡證明書，查出廿二件有問題，如跌倒導致顱內出血致命，或喝農藥自殺，家屬經殯葬業者、警員牽線，找張開立死亡證明書，張虛偽勾選死因「病死或自然死」。

　　家屬說，張相驗草率，僅檢查瞳孔、脈搏，未翻動遺體。除相驗費用，還要收車馬費一千五百元。

　　「以後不敢再接相驗了。」張沿注說，他是抱著助人、便民想法接案，「我還有良知」，遇孤苦家庭沒收費，否認背賭債才濫開死亡證明。

　　至於被檢察官認定不實的廿二件相驗案，張沿注稱是家屬沒說死者跌倒，看不出顱內出血，才認為是自然死亡；喝農藥自殺也開自然死亡證明，「是誤判」。

　　張的診所沒護士，掛著「榮譽法醫」招牌，名片上也印「榮譽法醫」。但新竹地檢署根本沒這號人物。

　　張沿注曾涉詐領健保費案，捐款三萬給社福團體獲緩起訴。濫開死亡證明書不是第一次，二〇〇五年間，八個月大男嬰在保母家遭棉被覆蓋口鼻窒息死亡，張照開死亡證明書，火化前工作人員發覺有異報警，檢方雖未起訴，但移付懲戒罰款。

【2013-10-10/ 聯合報 /A12 版 / 社會】

VII

第七章——
第七時期：邁入新境（2010～）

請政府協助落實法醫師法第四十四條之規定

陳耀昌
前台大法醫學研究所所長

2005年年底立法院通過「法醫師法」，這是我國朝野重視法醫制度、提升司法品質、保障人權的一大宣示。更可貴的是第四十四條「醫學院或其附設醫院、一定規模以上之教學醫院，應設置法醫部門；其設置辦法，由中央衛生主管機關會同相關機關定之。」的訂立，更彰顯了「法醫師法」的前瞻與進步，表示朝野期待建立法醫鑑定機制的獨立性。

因為目前我國的法醫鑑定及犯罪鑑定實務單位，不論是法務部的法醫研究所或調查局，或是刑事警察局的法醫室及犯罪實驗室，本質上均屬於檢、調及警政系統。由逮捕人犯及起訴人犯的單位來做法醫及犯罪鑑定，有球員兼裁判之嫌。而在人事制度上，台灣的法醫師編制不是在法務部檢察署受檢察官統屬，就是隸屬法務部法醫研究所。因此台灣竟然完全沒有中立第三者的法醫鑑定機構或犯罪鑑定中心，這對司法人權而言，是一大缺陷。

在先進國家，莫不強調法醫鑑定的中立性與超然性。在日本，所有的司法解剖均在大學之法醫教室為之，獨立於檢警系

VII 請政府協助落實法醫師法第四十四條之規定

統之外。在歐洲亦然。在美國,人事方面的醫驗官(medical examiner)是完全獨立的,不受官方檢察系統的統屬。即使已經如此,美國人認為還不夠好。2009年11月,美國的國家科學院(National Academy of Science)向國會提出報告,希望加強司法鑑定單位的超然及自主,原文是:「所有法醫鑑定及犯罪鑑定實驗室及人員皆應脫離執行機構或檢察單位之控制,以建立此領域之獨立性(remove all public forensic lab and facilities from the control of law enforcement agencies or prosecution office to establish independent federal entity)。」

在行政院版的「法醫師法」中,原本並沒有第四十四條,要感謝「司改會」的先進在立法院提出修正案,因為立意深遠,迅即得到立委們的支持共識。加入此條,成了法醫師能維持專業超然的法律依據。

法務部與衛生署也很快在2006年12月28日(即法醫師法正式施行之日)公布「醫學院或醫院法醫部門設置辦法」,明令醫學院或其附設醫院應設法醫部門。在第三條明文規定,「應」提供下列服務:一、法醫鑑定。二、法醫師法第九條所定檢驗或解剖屍體。三、法醫諮詢。四、法醫教學。第七條又明文規定「法醫部門應具下列設施:一、法醫解剖室……。二、法醫相關實驗室及認證:包括病理、毒物、血清及DNA等鑑定設備。」

因此，若第四十四條能落實執行，將可大幅提升台灣法醫制度的獨立性、公信力及司法人權形象。

然而，徒法不足以自行。自「法醫師法」施行三年半以來，事實上全國仍未有醫學中心作設立「法醫部門」之規劃。以筆者任職之台灣大學而言，因為擁有全國唯一法醫師培育機構的台大法醫學研究所，此一「法醫部門」之設立，不僅是宣示台灣法醫鑑定機構的超然性，更是人才培育之所需。「法醫實務部門」之於法醫學研究所學生，其重要性就如「附設醫院」之於醫學院學生。

筆者忝為台大法醫學研究所所長，任內六年，爭取設立此一「法醫實務部門」，不遺餘力，但卻一籌莫展。此間原因繁多，但簡而言之，一般人會認為「法醫實務部門」之設立，是為了「法務部」，但目前「大學醫學院」或「法醫學研究所」歸教育部所轄；而一般實務或服務部門，則屬於「附設醫院」業務，與衛生署較相關。因此，要在教育與衛生體系內去爭取設立「大學醫學院／醫院法醫部門」之空間、人員、及設備之預算編制，幾乎完全沒有著力點，有若緣木求魚，令我萬分挫折。

我自1998年8月因林滴娟案赴中國大陸後，有所感慨，由是以培養法醫人才、健全台灣法醫制度為己任。十二年來，欣見台大法醫學研究所之成立及法醫師法之制定。而台大法醫學研究所篳路藍縷，於今六年，但已成學生報考之大熱門。今年評鑑，被列為「待觀察」，適時凸顯「大學法醫部門」未能成

VII 請政府協助落實法醫師法第四十四條之規定

立之缺失,反是好事。筆者在此六年所長任期期滿之日,藉報章之一隅,向政府作此呼籲,請政府能協調「法務」、「衛生」、「教育」三大部會,向大學伸出援手,落實法醫師法第四十四條之規定,以完整建立我國的法醫良善制度。

(本文原刊載於:台灣法醫學誌,2卷1期(2010年),頁1-2。)

法醫研究生赴中國大陸接受法醫解剖實驗

邱清華

　　為加強「台大法醫學研究所」畢業生之法醫解剖實際經驗，特與設在廣州市的「南方醫科大學」法醫學研究所暨法醫鑑定中心洽定，承蒙同意接受四名畢業生前往進行為期三個月（2010年8月至10月）之實習及研究。此為 2009 年 12 月 5 日至 6 日由本學會召開「第一屆兩岸法醫學術交流論壇」後，繼續開拓海峽兩岸法醫新生代學術交流之具體實踐，為雙方法醫學術合作發展之重要里程碑。

　　此一計畫方案，緣起於台大法醫學研究所學生必修科「法醫相驗、解剖及實習」，此科須由具有實務經驗的老師帶領學生習作，以熟練法醫相驗與解剖的法醫專業技術，未料，台大法醫學研究所本身的其中病理學教授竟然拒絕教導法醫解剖，令人不解，學生大感失望。尤有進者，學生不得已往校外尋求援助；就在法務部法醫研究所實習法醫解剖時，又遭該所法醫病理組人員所拒絕，並對學生加以斥責，以「你們不是醫師，也不是醫學生」，所以不得參與解剖實習，他們說，因為解剖是屬於「醫療行為」，凡解剖不是醫師或醫學生就不得執行或學習解剖。

Ⅶ 法醫研究生赴中國大陸接受法醫解剖實驗

我等作為老師也深感痛心而無奈。這些打擊法醫學生實習解剖的用心如何，令人難測，實則按所謂「醫療」是指對活人而言，對活人的病痛加以解緩，以期生命得以延續而所作的行為也。然解剖是針對屍體而實施，以法律言，屍體是「物」而非「人」；是「物體」而非「人體」。衛福部主管「人體」；內政部管「屍體」。各有所司，不宜混淆。因此，妄稱屍體解剖是醫療行為，莫非要對屍體進行「治療」，而讓其起死回生乎?!

若細究其緣由，阻擋他人學習解剖屍體，是基於見解之不同，抑或另有不便明說的原因呢？

正當學生徬徨之際，適時第一屆兩岸法醫學術交流論壇正在台北舉行，大陸方面知悉此種狀況後，廣州的南方醫科大學法醫學院王慧君主任等甚表關切，並見義勇為立即表示願意歡迎我方法醫同學到該院實習解剖，並安排住宿等方便措施，令我方甚為欣慰。

自 2010 年迄今 7 年來，每年均有學生前往實習，迄今前後 7 年計有 20 人赴中國大陸完成其解剖實習，獲取實際解剖經驗，已有 9 人於各地檢署服務，貢獻所學，惟不無遺憾，僅部分在職的法醫師，實際參與解剖工作，故仍須努力以關切其領域。

（本文第一段原刊載於：台灣法醫學誌，2 卷 1 期（2010 年），頁 57。）

建構法醫鑑定的覆鑑制度

邱清華
台灣法醫學會　名譽理事長
中華民國醫事法律學會　名譽理事長
中華民國法醫師公會　副理事長

一、前言

1. 法醫制度不僅牽涉醫事科技問題，本質上是司法人權的伸張。法醫鑑定的正確性直接影響審判的公平性，不僅涉及個人生命及社會正義，更影響國家人權與國際形象。
2. 法醫鑑定不但在刑事訴訟證據方法中扮演重要角色，更是解決相關醫療糾紛與公正司法裁判不可或缺之關鍵。
3. 然而，目前我國司法實務界與參與訴訟之當事人對於鑑定人或鑑定相關的專業能力、公正性、客觀性等問題，則有越來越多的批評與改革之呼聲。
4. 針對目前鑑定制度在現實面與表象面的相關爭議，如何建立公平性且具高度公信力之鑑定機制，實為我國司法審判之要務。

二、執行研究計畫

　　基於上述，台灣法醫學會承接法務部委託進行「建立法醫鑑定與刑事鑑識覆鑑機制」研究計畫，除由邱清華名譽理事長

為主持人及連同郭宗禮理事長負責策劃外,並邀台灣大學法律學院科技整合法律研究所合作,承該所王兆鵬所長、王皇玉教授、與交通大學林志潔教授、陳鋕雄教授等為共同主持人,協力分工合作,切實執行,投入心力研究,經過一年的辛勞,經已完成,且提出成果報告,殊深感謝,特彙編為本刊本期專輯,以饗讀者。

三、法界與民眾遭遇的困境

1. 由於法院刑事判案往往必須以法醫鑑定為根據,然因司法人員並非以醫學為專業,故對如何判斷及採納法醫鑑定報告的意見煞費心思,令人困擾。

2. 在實務上,不論在刑事或民事訴訟,司法單位經常面臨到不同鑑定機構或專家提出不同的鑑定結果,該如何取捨?同一機構一鑑再鑑,如何取信於民?個人鑑定與機關鑑定,如何決定孰優孰先?及在醫療糾紛鑑定中,如何增加透明性及避免醫醫相護之問題,又如何著手?鑑定機關拒絕派員出庭接受交互詰問,如何解決?

3. 律師界面對法醫鑑定的「一鑑定局」而無覆鑑的機會感到失望與無奈。法院審判有三審制度,法醫鑑定卻祇有「一鑑」而定局,又如何令人信服?

4. 民眾由於對司法信心不足,導致藉自主救濟而表達其不滿。以醫療糾紛言,時有所謂「醫療糾紛自力救濟三部曲」

的呈現,即:「丟雞蛋、灑冥紙、抬棺材」,以表達抗議其心中之不平。

四、刑事訴訟法上的「鑑定」處理方式

事實上,依據刑事訴訟法(#207、208)也曾提及對鑑定的處理多種方式,如「首次鑑定」、「增加鑑定人」、「繼續鑑定」、「另外鑑定」、「審查他人之鑑定」等等,惟尚缺完整程序機制,有待補強。

五、法醫鑑定的現況

1. 法務部法醫研究所為唯一執行法醫解剖的機關。
2. 目前僅接受司法機關囑託辦理;不接受民間委託鑑定。
3. 一人作解剖,一人負責鑑定。
4. 一次鑑定而定局。僅接受原委託機關函詢。
5. 尚缺外部監督機制。

六、法醫鑑定制度的理想目標

理想的法醫鑑定制度,必須符合「公正、公平、公開」的三大原則,且須以「合法、合理、合情」為基調。在實務上,法醫鑑定期待能達到下列理想目標:

1. 建構法醫鑑定的層級制,對有質疑的鑑定個案,能有覆鑑的機會,藉以釐清真相。
2. 依法出庭接受交互詰問。
3. 提供法官、檢察官醫學諮詢管道。

VII 建構法醫鑑定的覆鑑制度

4. 接受處理兩造的陳述意見。
5. 鑑定程序處理趨向透明化。

七、如何建構覆鑑機制？

1. 建立覆鑑制度，追求真相的呈現。
2. 由民間學術團體辦理覆鑑，以期客觀、公平、公正。
3. 法醫學術團體的特色：屬「醫學」卻非「醫療」。
4. 法醫師與醫師不同：二者屬「同行」卻非「同業」。
5. 由法醫學術團體因應個案性質召開覆鑑委員會，邀請相關高階專業人士為委員。
6. 由會議決定覆鑑結果。
7. 派員出庭接受交互詰問。

八、鼓勵落實改善方案

（一）前期：由法醫學團體辦理

1. 建立一個公正客觀而具公信力的覆鑑單位。
2. 覆鑑機制的鑑定報告雖具有層級性，惟不具強制性。
3. 以民間學術團體為主導力量，力避行政力介入。
4. 覆鑑委員須兼具專業能力與公正立場的雙重條件。
5. 覆鑑報告期待具有權威性，不再借重國外專家來台。
6. 應收取覆鑑費，以利維護超然立場。
7. 限期完成覆鑑，及時提出鑑定報告。

(二) 後期：成立「法醫鑑定扶助基金會」。

1. 政府支援成立財團法人。
2. 參採法醫學術團體的作法與經驗。
3. 聘有專任的鑑定專業人員。
4. 依專業分科分組鑑定，提升鑑定品質。

「鑑定」名詞辨解芻議

1. 初鑑：第一次鑑定、初步鑑定。
2. 重鑑：原機構已做鑑定，但有瑕疵，而重做的鑑定。
3. 復鑑：原機構鑑定已完成，並未發現瑕疵，為期慎重而復做的鑑定。
4. 複鑑：不同機構各自個別執行鑑定，分別提出鑑定報告，屬平行性鑑定。
5. 再鑑：初鑑後，由不同機構再做一次鑑定。
6. 覆鑑：初鑑後，由較高階機構重覆做一次鑑定，屬層級制鑑定。

（本文第一段原刊載於：台灣法醫學誌，3 卷 1 期（2011 年），頁 1-2。）

Ⅶ 建構法醫鑑定的覆鑑制度

VIII

第八章──
第八時期：大軍壓境（2015～）

《法醫師法》驚濤駭浪
——修法乎！毀法乎！

邱清華
中華民國法醫師公會 理事長
台灣法醫學會 前理事長
台灣冤獄平反協會 常務監事

一、緣起緣落，事在人為

（一）台灣法醫的困境就是法醫人才不足，鑑定品質低落，歷時半世紀矣！其肇因是在過往的五十多年中，醫學系畢業生達 6 萬人之多，但從事專職法醫工作者僅 4 人而已，因此，屍體相驗由開業醫師（非法醫專業）來做，而屍體解剖則被少數幾名病理醫師所把持壟斷，因欲獲取高額解剖費而不願放手，影響法醫鑑定品質甚鉅。

（二）為打破此種困境，「中興以人才為本」，必須先有優秀人才始有革新的希望。然而，在法律上、傳統上，法醫師是由醫師轉任的。可是醫師卻幾全不願從事法

DOI: 10.6134/tjfm.2015.0702.06
通訊作者：邱清華；10002 台北市中正區中山南路 7 號 3 樓，中華民國法醫師公會
E-mail: drchchiu@yahoo.com.tw

醫工作,因此,必須毅然決然,下定決心,打破此種固有的觀念,即法醫的來源除醫師外,須另闢蹊徑,就是招收其他醫學相關學系(如藥學、醫技、復健、護理、公衛、營養等)畢業生,再給予數年嚴格的醫學及法醫學訓練,經國家法醫師考試及格後,可獲得法醫師資格,執行法醫業務。此即所謂法醫師來源的「雙軌制」;而且法醫師是獨立的專業人員,亦即所謂與醫師分割的「分流制」。

(三)基於上述的理念,必須依賴訂定《法醫師法》始能落實。此外,國立台灣大學醫學院成立法醫學研究所,招生分甲組(醫師組)及乙組(醫事人員組)。甲組二年畢業,乙組五年畢業,均獲法醫學碩士學位,均須參加國家法醫師考試及格後,取得法醫師資格,投入職場,共為「追求法醫卓越,維護社會公義」而努力。

(四)正當法醫改革欣欣向榮之際,主管機關法務部,突然擬藉修法之名而以毀廢《法醫師法》為實,進行一連串的動作,此即本案的始末也。

二、背景困境,面對挑戰

(一)2002年4月25日,台大醫學院法醫學科發表「建立台灣健全之法醫師培訓和進用制度」建言書,由該科前後任主任／代主任－－陳耀昌、方中民、郭宗禮、邱

清華等四人所共同具名,這是第一次公開宣布法醫改革之道的文獻。

(二)《法醫師法》於 2005 年 12 月 28 日制定公布,歷經三次修正。首二次皆為小修正,不傷正題。

(三) 最近一次修正,是 2012 年 5 月至 6 月間,行政院(法務部)以法醫人力不足,以免引發民怨為理由,提出 7 個條款要修正,經立法院司法及法制委員會與衛生環境委員會聯席會議,經各位立法委員熱烈討論,尤其是尤美女委員、林岱樺委員出力最多,各委員對法務部所持之理由,甚表疑慮,何況其所謂人力不足,實可經由法醫師新血逐年加入法醫行列,便可緩解。惟如目前在青黃不接之時,可同意將醫師代行法醫業務工作之年限由 6 年延長為 9 年。然而,在所延長增加的 3 年中,一方面可讓新制法醫師逐年加入司法鑑定工作。另一方面,立法院也附帶決議,在今後二年內必須對《法醫師法》作全盤檢討後,再向立法院提出報告。

(四) 2014 年,二年期滿,法務部卻遲遲未提出任何檢討案,令人納悶不已。

(五) 至 2015 年,法務部姍姍來遲,不提則已,一提出修法草案,果然一鳴驚人。未料,所提出之法案,竟然是企圖毀棄《法醫師法》的法案,按原《法醫師法》本

係由法務部所推出，目的是要徹底改變法醫師既有生態，以提升法醫鑑定水準，主軸是法醫師與醫師分流，擬解開醫師不願從事法醫工作的死結，採取雙軌制，即除醫師可作為法醫師的來源外，另闢其他醫事人員管道，在接受法醫相關 5 年專業教育訓練後，也可參加國家法醫師考試及格，即獲法醫師資格，得從事法醫師工作。醫師（含病理專科醫師）雖因已有醫學相關教育，然其所受法醫教育仍十分有限，故尚須接受法醫全科專業課程訓練 2 年後，參加國家法醫師考試，獲得法醫師資格，共同為我國法醫鑑定品質精進而努力。原《法醫師法》立法最終目的，就是一舉解決法醫人力荒的困境。

三、預設立場，著手籌劃

（一）法務部本部（含主管法醫師業務的檢察司）對法醫專業業務究屬外行，因此，所作所為悉聽其屬「法務部法醫研究所」之意見，尤在當時 2012 年新任科長宋守中先生上任後，此種作為更為明顯。而即埋下今日法醫發展的種種擋路石。由於該研究所主管係由檢察官出任，雖對法醫愛護有加，但難免被這些病理醫師所左右，這真是台灣法醫發展之不幸也。

（二）在立法院附帶決議下，法務部只好開始著手成立「修法小組」，以全盤檢討《法醫師法》，由該部政務次長吳陳鐶先生主持，然而，在修法小組成員結構中，除法界先進外，在法醫專業中卻有奇異的安排，在 7 位法醫師中，即有 6 位全是病理醫師出身的法醫師，可知其用心如何了！

（三）又令人驚奇的，原本法醫界的意見應受重視，始為正辦。然該小組雖有邀請中華民國法醫師公會為成員，卻拒不邀請「台灣法醫學會」出席，雖經二次去公函要求補邀，仍遭嚴拒。但卻邀請「台灣病理學會」出席。令人詫異的是，《法醫師法》的修法問題，竟不邀法醫學會，卻邀病理學會，其用意至明，表示執意要廢棄法醫新制度到底，此時，我們始大徹大悟，法務部的心態決意已十分明顯。

（四）該小組在開會初期，就已經一面倒的偏頗了，繼而即全盤接受病理醫師的意見，對非醫師出身的法醫師只限作屍體相驗工作，屍體解剖限由病理醫師才可執行，這是法務部修法的主軸。

（五）在小組召集人吳陳鐶次長忽視民意，刻意偏頗立場下，該「《法醫師法》部分修正草案」旋向行政院提出，其後發展如下：

1. 行政院於 2015 年 5 月 21 日正式通過後,翌日即函請立法院審查。
2. 同年(2015 年)10 月,吳陳鐶次長出任為司法院大法官去了。
3. 立法院交由司法及法制委員會審查。
4. 司法及法制委員會於 2015 年 11 月 4 日召開該草案公聽會。

四、醞釀抗爭,步步為營

(一)在 2015 年,法務部修法小組決議要走回頭路,明顯表達是要回歸未立《法醫師法》之前的狀態,即法醫屍體解剖限由醫師(病理醫師)來執行,換言之,法醫師反而不能執行法醫原有的法醫屍體解剖職務,反而改由醫師(病理醫師)來越俎代庖,這不是本末倒置,豈有此理嗎?醫師與法醫師不同,醫師主掌治療疾病;法醫師負責司法鑑定(包括屍體相驗與屍體解剖)。尊重專業是最起碼的要求,醫師是醫師;法醫師是法醫師,二者業務內涵亦有所不同,專業各異,不容混淆。

(二)法務部既早已有定見,吃了秤砣鐵了心,法醫界自也不能等閒視之,也開始籌劃適當對策與部署。為了鑑定專業的提升,義不容辭,必須維護專業的尊嚴,醫師如此侵門踏戶的要占盡法醫師的便宜,孰可忍!孰不可忍!

（三）法務部吳陳鐶次長既是如此堅決的反《法醫師法》，那麼，更高一級的羅瑩雪部長是部中最高領導，她的想法又該是如何？基於李俊億教授及筆者與羅部長皆為舊識，或亦可值得一探，於是在去年（2014年5月7日）年中，有機會與羅部長會面，相談甚歡，似有共識，吾等寄以厚望矣！未料，最後發現事與願違，頭腦、口舌、四肢動作之間，並非一致，仍存有一段相當的距離。今年（2015年）10月31日，在某場合，巧遇羅部長，她曾向我表達歉意，然於事無補矣！

（四）此外，也感受政府衙門的確是一個醬缸，再有理想的人，一掉進缸中，九牛也拉不回來。由於政府根本是科員政治，科員、科長的意見提出，層層長官不加思索，何況非其專長，又疏於諮詢民間學術機構或團體之意見，故層層長官多不表異議，一律加以「如擬」，「如如擬」，最後，因循苟且，竟成案為部會重要政策，一誤再誤，只好硬著頭皮堅持到底，而無法自拔矣！如此遠離事實更遠，理想自不必談，忽視民意更不可以道里計矣！

（五）既無望於法務部，何不對其上級單位－行政院作接觸，然主管法務部的政務委員也是法界出身，在目前台灣法律教育之下，又在政府行政機關的框架中，恐難望有超脫的作為。何況，行政院只是一個過水的機構，

一向對其所屬部會,多採尊重的態度,少有異見,故也不必多費心思,不如決戰於立法院吧!

(六) 立法院到底是民意機構,委員來自社會各階層、各黨派,或可不受官僚體制的牽制,不無袖裡乾坤翻轉的可能,因此,要打破政府僵固的作為,在此一搏矣!首先,立法院既是最高民意機構,對各黨派不論大小,均應一視同仁的尊重,何況法醫鑑定涉及是人命保障與人權維護,並無政治上藍綠之分,因此,對朝野各黨人士均有所接觸,包括國民黨、民進黨、台聯黨及新聯盟等,積極尋求各界支援的力量。

五、修法內涵,違憲違法

當接獲行政院(法務部)《法醫師法》修訂版本,著實極為錯愕與震驚,發現原來法務部不是要修《法醫師法》,而是真的居心要毀廢《法醫師法》,其目的是要壓抑法醫師,捧抬病理醫師,無異欲將《法醫師法》蛻變為《病理醫師保障法》以取代之,也就是解除法醫師專業,而以獨厚病理醫師所量身定做的怪誕法律。如此作為,在法理上,也難作理解,法醫師既依法已與醫師分流,專業並不相同,卻在《法醫師法》中居然冒出另外一種專業「病理醫師」來,怪哉!

因此,法務部竟擬允許病理醫師可不經法醫訓練,亦不須經國家法醫師考試,即可逕取得法醫師資格,僅此一項已違憲

(《憲法》#86)、違法(專門職業及技術人員考試法#1及《法醫師法》#1),該等相關條文,均在在說明專門職業人員必須經國家考試,始能獲得專業資格,因此,僅依此條既違憲、又違法矣!

真不知法務部是執法機構,竟訂出既違憲而又違法的條文,本身知法又犯法,叫人民如何對司法有信任呢!司法機關不尊重法律,叫大眾如何尊重法律呢?

六、悖理虧情,忽視專業

《法醫師法》就是締造法醫新制的藍圖,新制法醫師(指乙組,非醫師出身者)原在大學部完成4年的各種專業課程,獲得學士後,再經考入台大法醫學研究所,專攻法醫學,為期5年後,獲得法醫學碩士學位後,復參加國家法醫師考試及格,合計已達9年矣!如此法醫新秀,卻令其不得執行法醫屍體解剖,只限做法醫屍體相驗,合理嗎?為什麼?只為了保障非法醫師的病理醫師來做法醫工作,如此顛倒是非,合情嗎?更何況,《法醫師法》當初即係由法務部所推動,如今又出爾反爾,自毀立場,自相矛盾,合理嗎?說得通嗎?

七、法制立場,支持制度

(一)立法院設法制局對各種立法草案,均須預作評估後,向立法委員提出建議,以供立法委員的重要參考依據。

Ⅷ 《法醫師法》驚濤駭浪──修法乎！毀法乎！

（二）2015年9月3日上午，法制局召開《法醫師法》修法評估會，邀請中華民國法醫師公會邱清華理事長為專家代表參加出席。

（三）結論如下：

1. 法醫師並未阻擋病理專科醫師投入法醫工作，惟病理專科醫師應接受法醫專業學程後，並通過法醫師考試，才能勝任法醫師工作。
2. 病理專科醫師欲取得病理專科法醫師資格，仍應通過專科法醫師訓練，而非逕取而得。
3. 規定法醫師只能作檢驗屍體而不能解剖屍體，並不妥適。
4. 維護檢驗員之工作權。（詳見本專輯另文）

八、司改團體，聲援反對

由於法務部《法醫師法》修訂草案版本的違憲違法，又欠情理，引發各界不滿。民間司法改革會首先挺身而出，於2015年10月5日舉行記者招待會，呼籲：「法醫專業化，不容走回頭路」，反對法務部《法醫師法》修法案。該會董事長林永頌律師領導幹部，為支持社會正義全力以赴，令人感動與讚佩。

冤獄平反協會也表示法醫必須改革，該會執行長羅士翔律師積極支援，發揮正義力量。

九、公聽會上,仗義執言

(一) 2015 年 11 月 4 日,立法院司法及法制委員會召開《法醫師法》修法公聽會,由召集人呂學彰委員擔任主席。邀請法務部、法醫研究所、地檢署檢察官、台大法醫學研究所、台灣法醫學會、中華民國法醫師公會、台灣醫師公會全國聯合會等單位代表多人出席公聽會討論。

(二) 法務部以乙組公職法醫師專業素養有所不足,且國外多以醫師(病理醫師)執行法醫解剖為理由,而我國若非由醫師做解剖,恐有礙於國際接軌云云。因此,主張屍體解剖應由病理醫師負責處理,國家新制法醫師只限於作屍體檢驗而已。如此作主張,除醫師公會全國聯合會的代表予以贊同外,與會大部分代表多數均未敢苟同,更有不少大力表達反對的意見。

(三) 筆者在公聽會就直接指出:「法務部修訂《法醫師法》的五大謬誤」(詳見本專輯另文),其在初始時即允許醫師(病理醫師)免訓、免經國家考試逕獲取得「法醫師」資格,而成為法醫師的一員後,繼而因其係「病理專科醫師」,隨即搖身一變,即成為「病理專科法醫師」,得來全不費功夫。更嚴重的是,既為病理專科法醫師,為了唯我獨尊,一不做二不休,乾脆把當前規定現有的其他五種專科法醫師(毒物專科法醫師、

生物 DNA 專科法醫師、牙科專科法醫師、精神專科法醫師、及臨床專科法醫師）一舉全部予以摧毀消滅殆盡，以達到單一且唯一專科法醫師，如此可以獨霸天下，唯我獨尊。如此膽大恣意妄為，令人不忍卒讀。綜觀如此精緻的規劃，絕非無法醫專業的法務部官員所能構築，顯然幕後有高人指使所為也。由於官員官職時有調動頻繁，但官僚組織依舊，目前在檯面的主管官員顯然只是代罪羔羊，替前人背黑鍋而已。

（四）台灣法醫學會理事長李俊億教授發言，指出病理醫師執行法醫屍體解剖發生多起謬誤案例，卻未見主管官署作任何處理，該等人員亦未受懲處，而現今仍繼續在執行法醫屍體解剖，誤人誤己，令人不解。

（五）台大法醫學研究所華筱玲所長呼籲重視流浪法醫師問題，現已有 12 名之多，法醫人才培育應強調教、訓、考、用的連貫性，避免教育資源的浪費。

（六）私立中山醫學院蔡崇弘教授表示，目前連當褓母都需具備褓母證照，希望病理醫師如有意從事法醫業務，應先修畢法醫學程後參加國家法醫師考試，便可取得法醫師資格，以各位的聰明才智，考取如囊中取物輕而易舉，何懼之有？又何必強調要免試呢？

十、醫師公會，全力護盤

（一）由於法務部的版本，是偏向醫師及病理醫師的利益，擬規定醫師就可以執行法醫師的工作，等於否定了法醫師的專業，任何醫師皆可作法醫師專業的屍體相驗，那何必設有法醫師？尤有進者，屍體解剖限由病理專科醫師執行，連法醫師也禁止做，世界上，竟有如此荒謬的法律，竟有不准法醫施執行法醫師固有工作－屍體解剖，真是不合情理而荒誕不羈，貽笑大方而令人無法接受。

（二）中華民國醫師公會全國聯合會認為早期法醫師是由醫師轉任過來的，不同意法醫師專業化，忽視現代科學專業分工的重要性，堅持法醫師工作可由醫師為之，否則就是不公不義，天理何在？因此，對於法務部擬廢棄《法醫師法》的修法，至表贊同，並於2015年12月3日及12月7日先後兩次在台大校友會館舉行記者會，並宣稱若未來法醫由未具醫師資格的人出任，品質淪喪，是向下沈淪的惡法，有違公平正義云。

十一、法醫團體，公義呼聲

（一）在2015年11月4日，全國法醫學術團體，含台灣法醫學會、中華民國法醫師公會、台大法醫學研究所等三單位，共同以此法務部修法提案破壞法醫制度，將造成法醫鑑定品質無以確保，呼籲全案退回行政院。

(二) 對於醫師公會全聯會基於會員利益所發出的聲明,而呼籲支持法務部。法醫界回應認為發動擬推翻《法醫師法》,這才是不公不義的作為,因此,當日(2015年12月7日),國立台灣大學法醫學研究所、台灣法醫學會、中華民國法醫師公會,國立台灣大學法醫學研究所研究生、畢業生,及流浪法醫師,聚集於台大校友會館,舉牌「法醫要專業」、「法務部製造法醫肥貓」、「法醫專業化,不要走回頭路」,以示抗議。中華民國法醫師公會邱清華理事長、台灣法醫學會李俊億理事長、國立台灣大學法醫學研究所華筱玲所長、郭宗禮名譽教授、翁德怡副教授,及畢業生等多人,均親自到現場表示法醫師應有執行屍體相驗與解剖的基本專業權利,不容他人剝奪。次日(2015年12月8日),《自由時報》A8版出現大標題:「誰來驗屍?醫師、法醫唇槍舌劍－《法醫師法》修法互槓!」

(三) 由於法務部執意修法,並無停步或協議之空間,法醫民間團體台灣法醫學會與中華民國法醫師公會於2015年12月11日,特再度發表緊急聲明,嚴正表示對法務部修法草案悖離民意,破壞法醫制度,無法苟同。

十二、各黨立委,多有關注

《法醫師法》牽涉法醫鑑定品質的提升,為人一生之中人權保障的最後一個關卡。因此,法醫師的專業與全民有密切的

關係，立法委員自然必須面對，而且必需通過立法委員的同意始能完成立法程序，民進黨尤美女委員與林岱樺委員，在上次修訂《法醫師法》時即曾大力支持《法醫師法》立法意旨，此次再修法，繼續努力投入關注，堅持維護正義立場，堅持醫師也須受訓、考試及格後，始能成為法醫師，居功厥偉。民進黨黨鞭柯建銘委員辦公室也為人權問題，表示正確動向，令人感佩。國民黨方面，顏寬恆委員在起初就表示為了維護法醫師制度，任何人要成為法醫師，必須經過法醫專業訓練及國家法醫師考試後，始得為之，但只是對於檢驗員的去留，卻堅持為了保障渠等工作權，應允其繼續執行檢驗員工作，不無遺憾。

十三、服務熱忱，不分地域

（一）法務部口口聲聲說對外島無法醫，無缺又無錢，難付所求，有必要繼續開放讓醫師作法醫業務。法醫界卻深不以為然，因為只要有開缺，新制法醫師有意願前往任何外島或偏遠地區，人員供應絕無問題。法務部卻以外島地區，法醫個案件數過少，認為設置法醫缺額，不合經濟原則，故不願辦理，卻一直主張要讓醫師繼續越俎代庖擔任法醫的工作。

（二）於是法務部建議作一調查問卷，要法醫學研究所畢業生（含流浪法醫師）填寫問卷是否願往外島、偏遠地區服務，原以為無人願意前往，未料，反應熱烈，所有的人都樂意前往任職，人員問題應可解決。

(三) 結果，又出意料，法務部卻以宿舍供應、外島交通等困難，恐法醫師無法久任為由，此案又無疾而終了。

十四、立院奮戰，終獲通過

(一) 2015年11月18日（星期三）立法院司法及法制委員會開會審查《法醫師法》修正案，由於人數不足，宣告流會。

(二) 2015年11月25日（星期三）立法院司法及法制委員會再度開會審查，這是一個關鍵的日子。由呂學樟召集委員主持，在場有主管機關法務部及謝國樑委員、尤美女委員、顏寬恆委員、蘇清泉委員、司法院、衛福部等，大家共同熱烈討論，最後，決議下列三個重要條文，予以修正如下：

1. 第9條：「依刑事訴訟法規定所為之檢驗屍體，除本法另有規定外，由法醫師、檢驗員為之。解剖屍體，除本法另有規定外，由法醫師為之。」

2. 按此條此意義，表示檢驗員可繼續做屍體檢驗，且無年限限制。此其一。另表示屍體解剖限由法醫師為之，醫師（原則上）已不得再作刑事訴訟法所規定之屍體解剖了。此其二。

3. 第48條：「醫師自本法施行滿九年起，不得執行刑事訴訟法規定之檢驗，解剖屍體業務，但重大災難

事故，或離島、偏遠地區適用特約法醫師或榮譽法醫師後人力不足時，不在此限。」

4. 按此條明確指出醫師不得再執行檢驗、解剖屍體業務，但有但書明訂重大災難事故，或離島，偏遠地區則屬例外。

5. 第49條刪除。原條文為：「檢驗員自本法施行第十二年起，不得執行刑事訴訟法規定之檢驗屍體業務。」

6. 按此條文被刪除，是此次修法的最大遺憾，檢驗員的工作權自然應予保障。對官階及俸祿均應作合理的安排。但因渠等所接受法醫教育頗為不足，深恐影響法醫鑑定的正確性，因此，法務部應積極籌劃合理的補救措施。

（三）2015年12月3日，中華民國醫師公會全國聯合會（醫師全聯會）召開「非醫師卻作法醫，天理何在？不公不義！」記者會。

（四）2015年12月4日，立法院朝野黨團協商討論決定，將司法及法制委員會審查完竣之「《法醫師法》部分條文修正草案」排入院會第26案，進行二、三讀議程。

（五）2015年12月7日，中華民國醫師公會全國聯合會再度召開「拒絕向下沈淪惡法，還給全民公平正義法醫制度」記者會。

（六）同日，全國法醫學術團體（國立台灣大學法醫學研究所、台灣法醫學會、中華民國法醫師公會）共同召開「法醫要專業」、「法務部製造法醫肥貓」、「法醫專業化，不容走回頭路」、「反對行政院版《法醫師法》修正草案」、「支持司法及法制委員會初審通過修正草案」等主張記者會。

（七）2015年12月11日，立法院院會順利通過二讀、三讀由司法及法制委員所審查通過的「《法醫師法》修正案」，在場無人表示反對。

十五、通過之後，威嚇餘音

（一）2015年12月11日，當《法醫師法》修正案通過之後，立法委員蘇清泉（其本身即係中華民國醫師公會理事長）甚感不平，立即上台表示遺憾。其後，在其臉書（Facebook）上表示：「……讓乙組法醫師也具檢驗屍體、解剖屍體之權利？！在醫事司的堅持及反對下，將來從訓練資格下手，用醫療法／醫師法來牽制！！」

（二）上述醫師全聯會的宣示，似有獲衛福部（醫事司）支援，擬用醫療法／醫師法來牽制法醫師的訓練，可見其心有未甘，只是醫師是由醫師法來管理的，而法醫師是以《法醫師法》為依據的。醫師主理病患醫療，主要以活人為對象；法醫師負責司法鑑定，主要以死人為對象。二者主管機關亦不同，一為衛福部，一為

法務部。兩種專業，執掌業務各異。若擬越部會而大動作干預，恐落得風馬牛不相及，衛福部恐得再三思而後行呢！

（本文原刊載於：台灣法醫學誌，7卷2期（2015年），頁10-15。）

Ⅷ 《法醫師法》驚濤駭浪──修法乎！毀法乎！

《法醫師法》修法評析

邱清華
中華民國法醫師公會 理事長
台灣法醫學會 前理事長
台灣冤獄平反協會 常務監事

一、背景

（一）《法醫師法》於 2005 年 12 月 28 日總統府公布，並於一年後（2006 年 12 月 28 日）開始實施，迄今已近十年。

（二）《法醫師法》之宗旨：「為建全法醫師制度，提升鑑驗水準，落實人權保障，維護社會正義及促進民主法治，特制定本法。」

（三）法醫師主管機關為法務部，曾於 2012 年以「法醫人才不足」為理由提出修正案，擬修訂 8 個條文，實則與原《法醫師法》立法的宗旨大相逕庭，故未獲立法委員的認同，其結果除其中一條有關醫師得擔任法醫師工作的落日條款（#48），由六年延長為九年外，其他各條均未獲立法院通過。

DOI: 10.6134/tjfm.2015.0702.05
通訊作者：邱清華；10002 台北市中正區中山南路 7 號 3 樓，中華民國法醫師公會
E-mail: drchchiu@yahoo.com.tw

（四）當時，立法院並通過附帶決議，著法務部於二年內對法醫師制度進行檢討，迄今已近三年，遂有近日法務部提出修法案。

（五）然而，事過境遷，當前法醫人才已有過剩之勢，各地檢署已無法醫師空缺，目前待業法醫師已達六人之多。因此，法務部修法之理由，已不復存在，更無必要。

二、關鍵

（一）由於原規定法醫師係限由醫師轉任，惟因待遇、升遷、環境等因素下，六十年來醫學系畢業生有六萬多人，但從事專職法醫師者僅為四人，尚不及萬分之一，但法醫為人權保障所必需，況犯罪率上升，法醫的需求益形迫切，在後繼無人的情況下，因此，不得已援用開業醫師、檢驗員等「非法醫專業人士」協助屍體檢驗事宜。由於當時尚無法醫制度，故法醫屍體解剖部分，只好委由病理醫師來執行。未料卻因此造成病理醫師長期獨攬法醫解剖工作，而致法醫水準難以提升。

（二）尤有進者，病理醫師又不願擔任全職法醫師，只願作兼職的、外包的法醫業務，其關鍵即在於兼職可賺取巨額的法醫解剖津貼，每人每年可獲數百萬元之外快，利之所趨，絕難放棄，更因而造成少數人的小圈子包辦、壟斷台灣法醫解剖，拒絕開放、拒絕進步，最令人心有戚戚焉！

（三）由於台灣法醫解剖被少數人所把持、操控，且採中央專權制，絕大部分的法醫屍體解剖皆由中央（法務部法醫研究所）一條鞭調派病理醫師至各地執行，導致全國司法系統的本身法醫鑑定團隊難予成軍，在各地地檢署法醫師名額僅有一、二位的情形，法醫業務未蒙重視，法醫工作難於落地生根，法醫鑑定水準自難提升，影響刑事案件之偵察方向與審判公正性至鉅。

（四）基於上述，有賴建立健全的法醫制度，法務部於2003年起推動《法醫師法》立法，於2005年獲立法院通過，以期司法人權維護，伸張社會正義。

三、依《法醫師法》已完成的改造目標

（一）成立「台大法醫學研究所」碩士班（2003年8月），培育法醫專業人才，開拓多元法醫人才。採取法醫來源「二元制」，即招生分二組：「醫師組」（二年制）及「醫事人員組」（五年制）。二組畢業生，皆須考取國家法醫師考試後，均為「法醫師」，具相同的法醫師資格。

（二）通過《法醫師法》（2005年12月）。

（三）法醫師與醫師徹底分流，法醫師具有其獨立的專業資格，並建立證照制度。

（四）醫師主掌治療疾病；法醫師擔負司法鑑定。二者業務迥然不同，是二種不同的專業。

（五）釐定專科法醫師制度，計有病理、毒物、DNA、精神、臨床及牙科等六種專科法醫師。

（六）目前已有台大法醫學研究所碩士班畢業生二十二人考取國家法醫師高考，並投入職場，已分發至各地檢署服務，成為法醫生力軍。

四、法醫反改革的力量，死灰復燃

掌控台灣法醫解剖的少數病理醫師，合計僅為數位而已，卻大力反對《法醫師法》的實施，並致力於推動修正《法醫師法》，實則以修訂為名，而遂其廢止《法醫師法》的目標。他們透過種種手段，促使法務部提出修法案，以期達到其目的。

五、法務部修訂《法醫師法》的立場與手段

（一）擬修法刪除《法醫師法》第4條第2項：「前項第一款法醫學研究所應修課程，另以細則定之。」此恐係認知錯誤所致，原條文是提出作為法醫學研究所應修課程，以期符合國家法醫師考試之要求，此與學校自主並無關聯，學校當局是否要成立以法醫學研究所，或其課程，如何訂定，均由校方自行決定。因此，本項不應刪除。

（二）首先，其修法的重點，就是要使病理醫師可免試取得法醫師資格（修正條文 #4 之 1）。按此一條文實即在踐踏法醫專業。蓋法醫師既已與醫師分流，法醫師獨

立作業與醫師何關?況此修法主張明顯違反憲法 #86:（略）「專門職業及技術人員執業資格應經考試院依法考選銓定之。」醫師竟可免試而跨入他業（法醫師），業已違反《法醫師法》（原條文 #3）及「專門職業及技術人員考試法」(#1)，違法違憲，不足可取。

(三) 其次，病理醫師可輕易免試取得「法醫師」資格後，又搖身一變，可不經訓練，也不必考試。只要透過甄審，就可直接取得「病理專科法醫師證書」（修正條文 #6）。病理醫師真是天之驕子，可一再順利闖關，直取病理專科法醫師，於情理法都讓人無法苟同。

(四) 按專科法醫師不僅病理一種，尚有毒物、DNA、精神、臨床及牙科等合計六種專科法醫師，故本條與事實不符，不可修訂（修正條文 #7）。

(五) 再三，所提法醫師竟不得執行法醫解剖，且限由病理醫師（免試而兼任法醫師者）才可執行，著實令人震驚，查法醫師的基本職責就是屍體檢驗與屍體解剖（原條文 #9），現竟修法禁止合法法醫師執行屍體解剖，而讓病理醫師繼續獨攬屍體解剖，豈有天理?！該原條文為本法之核心，無須更動，更不必修訂。

(六) 病理法醫師欲操控解剖屍體、製作解剖報告書等系列法醫相關作業，係屬自彈自唱以利自肥而已，顯非合理，且有違本法的立法精神（修正條文 #11）。

(七) 擬准許非法醫師之「醫師」,「檢驗員」無限期可執行法醫業務,無異於摧毀法醫制度,則我國法醫鑑定品質如何得以改善?(修正條文#11之1)。

(八) 擬刪除原第13條條文,無非是藐視其他法醫專業科目而予以廢除,而讓「病理專科法醫師」獨活,排除異己,扼殺法醫其他專業發展的空間,顯非有當(修正條文#13)。

(九) 詎料,復變本加厲,竟將合格法醫師執行屍體解剖者,當作「密法醫師」看待,處以重刑,即「處六月以上五年以下有期徒刑……」。令人驚愕萬分,居然將合法法醫師處以「密法醫師罪」,真是匪夷所思。此舉無非是「病理醫師」自抬身價,達到獨占「法醫解剖」的目的,剷除非我族類,為一己之利而阻礙法醫科學的進步,實不可取(修正條文#37)。

(十) 將醫院應設置附設法醫部門之條文予以虛級化,即將「應設置」改為「得設置」,該條文即成廢文矣,即拆毀法醫後援基地,不讓其他法醫人才參與,唯病理醫師獨大(修正條文#44)!

(十一) 擬准醫師繼續執行屍體解剖及死因鑑定之期限又再多延長五年,此舉不啻是再度打擊法醫專業,讓非法醫專業之醫師繼續作法醫工作五年,與法醫師專業發展相牴觸,實屬非當(修正條文#48)。

(十二) 擬廢除第 49 條，該條原為提升法醫水準，規定檢驗員自《法醫師法》施行屆滿 12 年起，不得執行屍體檢驗，現擬將該條刪除，即將使檢驗員長期可執行法醫檢驗業務，則法醫素質如何提升？不無有違《法醫師法》立法宗旨。

六、結語

(一) 綜觀上述，法務部此次所提修訂《法醫師法》之目的竟為縱容少數（五至七人）「病理醫師」的權益而設計，專為此等少數的人員而量身定做，勢將造成台灣法醫全面發展的絆腳石，將為司法人權極大的挫折，令人不忍卒睹。法務部出爾反爾，朝令夕改，既立法卻又毀法，自毀立場，令人無法苟同。

(二) 基於現行的《法醫師法》經已實施十載，奠定了基礎根基，法醫司法鑑定團隊尚在萌芽之際，未來發展復有可待之時，法務部卻推動加持以病理醫師為中心的一廂情願的作法，而遽行大翻盤修法之議，實不可取，且於情於理於法均有所違逆，如此藉修法之名，而行廢法之實，不修也罷！

(三) 簡而言之，現行《法醫師法》之條文，已有包容建置法醫新制度的周延設計，針對國內法醫譜出發展的可行方向，並迎合國際法醫潮流以期接軌，堪稱完備。未料，法務部所提修正條文既脫離現實，復從未與民

間法醫學術團體（台灣法醫學會）等協商溝通；亦未徵詢各地檢署基層公職法醫師，而僅聽取該部法醫研究所的意見，作為修法依據，片面之詞，洵屬閉門造車，至為偏頗，恕難認同。

建議全法條文不宜作更改、修訂，建請退回法務部，請其尊重《法醫師法》，全新考量依法行政，共為提升台灣法醫鑑驗水準而努力。

（本文原刊載於：台灣法醫學誌，7卷2期（2015年），頁7-9。）

《法醫師法》修法：質疑與釋疑

邱清華
中華民國法醫師公會・理事長
台灣法醫學會・前理事長
台灣冤獄平反協會・常務監事

一、法醫師人員不足，必須修法？

答：當前法醫師人員並非不足，而且是供過於求。目前，且已有失業的「流浪法醫師」達12人之多，無法貢獻所學，不無遺憾。由於法務部、地檢署不開放員額，待業法醫師的情況將更為嚴重，因為每年台大法醫學研究所均有畢業生投入職場，將何以消化？因此，目前已無修法需要。

二、《法醫師法》第48條規定：「醫師自本法施行屆滿第九年起，不得執行刑事訴訟法規定之檢驗、解剖屍體業務。」按該規定至今（2015）年12月28日屆滿，如不延期，則法醫業務（屍體相驗及屍體解剖）是否會受到影響？

DOI: 10.6134/tjfm.2015.0702.07
通訊作者：邱清華；10002 台北市中正區中山南路7號3樓，中華民國法醫師公會
E-mail: drchchiu@yahoo.com.tw

答：這其實過慮了，以前由於法醫人才不足，或可能有影響。如今法醫人才已供過於求，自不會有問題發生。茲分述如下：

(一) 法醫屍體相驗部分

1. 由於醫師協助屍體相驗原只占小部分，僅 3.3% 而已，依今（2015）年 1 月至 8 月的統計，編制外的委外醫師（含所謂榮譽法醫師、法醫顧問或兼任法醫師）在總相驗數 12,508 件中，僅占 417 件，即 3.3%，因此，由醫師執行的屍體相驗為數甚微，無足輕重。

2. 由於台大法醫學研究所碩士畢業生考取國家法醫師高考及公職法醫師考試後，已投入 16 處地檢署任職者，計有 21 名，且復有 12 名待職之法醫師（俗稱「流浪法醫師」），可隨時支援屍體相驗，在法醫專業方面，他們總比僅修過 1 個學分法醫學的醫師為強。退而言之，縱如有大災難發生，則中華民國法醫師公會分布各地的 40 多名在民間任職、具法醫師資格的會員也可動員加入屍體相驗行列，足可應付突發變故之發生，故人力支援不足為慮也。

(二) 法醫屍體解剖部分

目前，法醫屍體解剖係完全由具病理醫師出身的法醫師負責，並不受本第 48 條之影響。更何況法醫師新血，正在接受法醫解剖訓練，將逐步投入法醫師職場，人力將必為充沛，更無問題矣！

《法醫師法：催生與革新》

三、但是，若萬一發生飛機失事或天災發生時，屍體相驗要大量法醫師來檢驗屍體，非藉開業醫師來協助不可，否則民怨難免？

答：在發生大災難時，的確需較多的法醫人員，但三年來已有 21 位法醫師投入 16 個地檢署服務，增加地方法醫實力，大致上已可應付，況法醫師在法醫工作能力與數量上遠比開業醫師為高，更重要的是開業醫師專長為活人疾病治療，屍體鑑定顯非其專業，不宜再繼續做錯誤的施政。退而言之，萬一情形特殊，需較多法醫師人力投入，則目前流浪法醫師 12 人即可運用投入支援，自無問題矣！再退而言之，中華民國法醫師公會可以動員其會員（40 多名法醫師會員），分布全國各地，支援屍體相驗工作，一切迎刃而解矣！職是之故，醫師不必再兼作法醫業務，第 48 條亦不必修訂。

四、醫師與法醫師，何者法醫學專業較優？

答：醫師專業是活人的「疾病治療」；法醫專業是死人的「屍體鑑定」。何者法醫專業較優，不言可喻。按醫師並無法醫專業訓練，醫學系學生僅受過 1 個學分的法醫學課程（甚至有完全未修過法醫學者）；法醫師則受過 60 學分以上的法醫專業訓練，二者以法醫專業言，實不可同日而語。何況，依刑事訴訟法之規定，法醫鑑定的對象為「非病死或疑似非病死者」，而非「病

死者」,因此「病理」不是法醫的首要課題。病理醫師主要是要診斷出病人因何病而死(如肝臟病、心臟病、腎臟病等);而法醫是鑑定死者的死亡方式(如他殺、自殺、意外等),二者迥然不同。

五、法醫師病理訓練不足,對屍體鑑定甚為不利,病理專科醫師則有病理專業,對屍體因病而死者則較為專業,比較有利?是嗎?

答:法醫師養成教育中,是與醫學系學生同班上課,接受同樣的病理學訓練,具有相同的病理學背景,並無二致。至於病理專科醫師專長為病理單科鑑定,但法醫師專長為法醫全科鑑定,始能作較為廣泛性精確的鑑定,以免有所偏頗,何者為優,顯而易見。因此,在法醫專業上,二者確有差異。

六、有說地檢署部分法醫師(指新考取法醫師,其「具法醫學碩士」,但非醫師出身者)既不會做屍體解剖,甚至連相關報告也不會寫,怎能勝任法醫師的業務?

答:(一)按此處是指未能妥善處理需作屍體解剖的個案,此因該等新進法醫師擔任新職,或對業務尚未熟稔,其對法醫解剖之技巧,原應可應付自如,但因其在屍體解剖實務訓練時,受到法務部法醫研究所病理醫師的刻意排斥,認為該等法醫

師非醫師出身，故就自作主張拒絕給予法醫屍體解剖訓練，以致該等法醫師對解剖訓練較為生疏，自當可予以理解與同情。惟如假予時日，給予充分訓練，應可勝任屍體解剖，當無疑問。

(二) 然而，有部分法醫師基於法務部法醫研究所的違抗命令拒絕給予法醫屍體解剖之訓練的嚴峻情形下，遂自費前往國外學習法醫解剖技巧，且經已學成返國，投入地檢署任職，執行法醫屍體解剖，應可勝任，期待經驗累積後，成為法醫專家。

(三) 至於法醫屍體相驗報告之撰寫，每一位法醫師都具有能力，無庸置疑。

七、有公職資深法醫師、兼職法醫師、及新進公職法醫師（具法醫學碩士）等，三者中，何者較具公信力，為何法院只會傳喚資深法醫師作證？

答：(一) 法院傳喚公職資深法醫師作證係屬自然道理，一則習慣使然，二則對該等法醫師也較熟稔，且或有合作經驗，故也。

(二) 對於兼職法醫師因其本職是在醫學院或醫院擔任病理醫師，主要工作是病理業務，而非法醫業務，且因其是業餘兼職性質，未必專注法醫

業務,或只為獲取高額的屍體解剖費津貼,所以,其法醫專業如何?或因此未獲法官垂青。

(三) 至於新進公職法醫師,係法醫本科畢業,受法醫全科專業訓練(包括法醫病理學、法醫毒物學、DNA、臨床法醫、法醫精神學、賠償醫學、法律學等),並非如病理醫師僅單一專注於病理學而已。新進法醫師因新任就職,經驗有待累積,惟以長遠觀之,其甚具法醫鑑定發展潛力,終將成為法醫專家,必使人刮目相看。

八、有謂病理醫師是如何的專業,且接受多年的病理訓練等等,故應免訓、免試而取得法醫師證書資格,請問合理、合法嗎?

答:病理醫師縱受多年病理訓練,仍屬病理範圍,病理醫師究是醫師,而非法醫師。法醫師是獨立的司法專業人員;醫師係醫療專業人員,其中分流已經10年,不容再作混淆。惟病理醫師經修習法醫師專業學程後,便可參加法醫師高考,及格後,即可取得法醫師資格。

九、有謂醫師歷經解剖病理專科(4年),法醫病理專科(1年)等訓練,連同原大學醫學系課程(7年),合計達12年之久,始成為病理專科醫師。反觀法醫師僅大學4年及研究所5年,合計僅9年而已。其訓練年資不足,恐有欠精良,對嗎?

答：此實係誤解也，法醫師 9 年教育僅是基礎訓練，只不過是起跳而已，另有不同的專科訓練，如病理專科法醫師另需加 4 年，合計 13 年，已超越病理醫師（僅 12 年）1 年。臨床專科法醫師須另加 6 年，合計 15 年矣！牙科專科法醫師須另加 4 年，合計 13 年。毒物專科法醫師須另加 4 年，生物專科法醫師也是需加 4 年。綜上，各科專科法醫師均有嚴謹的訓練課程，年限也相當長，品質更有保證。

十、有謂國際上法醫師多係由醫師或病理醫師轉任，我國法醫師若非由醫師出身者擔任，恐被譏為水準低落，難與國際接軌？

答：此一疑慮常被提及，實情則剛巧相反。

（一）首先，國際上，很多國家法醫工作確係由醫師或病理醫師轉任，但其工作成效不一定好，因為醫師或病理醫師僅專精一科（病理科），但法醫師判斷死因，不是單靠病理病因，主要是判斷非病死有關的，還有毒物學、DNA、精神法醫學、牙科法醫學、臨床法醫學，及鑑識科學等等，皆非病理醫師之專長也。

（二）我國法醫屍體解剖，多年來，即亦係病理醫師所執行迄今，但卻誤診頻出，冤案不斷，因此，病理醫師作屍體解剖，問題本就有一籮筐。

(三) 國際上，法庭詢問法醫人員時常詢及資格，有無醫師證書或病理醫師證書？但因各國國情不同，規定不同，不一定係全由病理醫師作屍體解剖。只要是各國所規定的解剖人資格，即必須尊重各國之規定，這是他國「內政」，互不干涉也。

(四) 我國法醫新制所產生的新制法醫師為全科法醫訓練，獲有法醫學碩士學位，假以時日，經驗將更豐富矣！其法醫專業，勢將超越病理醫師。

(五) 惟當萬一涉外案件時，我國法官詢其對對方解剖人員有無法醫師資格，對方恐僅有醫師或病理醫師資格，而無法醫師資格，但我們也只得尊重對方的規定，接受對方的鑑定報告書。

(六) 明乎上述，所謂屍體解剖在外國多係由病理醫師執行，我國必須也應效法遵從，否則便無法與國際接軌之說詞，實屬無稽之談也。

(本文原刊載於：台灣法醫學誌，7卷2期（2015年），頁16-18。)

法務部修訂《法醫師法》的五大謬誤

邱清華
中華民國法醫師公會 理事長
台灣法醫學會 前理事長
台灣冤獄平反協會 常務監事

　　法務部昧於法醫學國際發展趨勢及國內法醫人才的困境，竟提出修訂《法醫師法》案，獨厚「病理醫師」，為其量身定製，勢將不利於法醫鑑定品質的提升，影響人權保障維護及社會正義伸張。

一、允許病理醫師免試成為法醫師

　　法醫師專業為死因鑑定，主要對象為死人；醫師的專業為治療疾病，主要對象為活人。由於二者職責、專技皆有所不同，依法醫師法之規定，法醫師與醫師經已徹底分流，為二種不同的專業人員。

　　法務部允許醫師免試成為法醫師，違反《憲法》規定（#86）：「專門職業及技術人員職業資格應經考試院依法考選銓定之。」

DOI: 10.6134/tjfm.2015.0702.08
通訊作者：邱清華；10002 台北市中正區中山南路 7 號 3 樓，中華民國法醫師公會
E-mail: drchchiu@yahoo.com.tw

VIII 法務部修訂《法醫師法》的五大謬誤

及違反「《專門職業及技術人員考試法》（#1）」：「專門職業及技術人員之執業，依本法以考試定其資格」。又違反《法醫師法》（#3）規定：「中華民國人民經法醫師考試及格，並經主管機關核發證書者，得充法醫師」。綜上，法務部既違憲，又違法，不足可取。

二、允許開業醫師（原即非法醫專業）繼續執行法醫業務

原法准許延長 6 年，期滿後已准延長 3 年，共計 9 年，法務部擬又再延 6 年，至 2021 年。可見法務部對法醫專業毫不重視，執迷不悟，長期沿用非專業人員執行法醫業務，令人不解，不無遺憾。

三、允許僅受短期（數個月）法醫訓練的檢驗員

執行屍體相驗，且允許長期任職，缺乏退場機制，藐視人權保障。

四、允許廢除法醫師專科制度

讓病理專科法醫師單科獨大，並消滅其他法醫專科（毒物專科法醫師、DNA 專科法醫師、牙科專科法醫師、精神專科法醫師、臨床專科法醫師等五種專科）。按科學愈進步，分科應愈多，此舉無異開倒車，倒退嚕，走回頭路。

五、悖離民意,忽視民間學術團體意見

修法草擬過程中從不諮詢台灣法醫學會,閉門造車,遠離科學,偏袒病理醫師意見,為其所左右而不自知,終將有礙於台灣法醫之發展。

(本文原刊載於:台灣法醫學誌,7 卷 2 期(2015 年),頁 19-19。)

Ⅷ 法務部修訂《法醫師法》的五大謬誤

參加立法院法制局對《法醫師法》修法評估座談會之心得報告

邱清華
中華民國法醫師公會 理事長
台灣法醫學會 前理事長
台灣冤獄平反協會 常務監事

一、緣由

　　立法院設有法制局，對各種立法案草案，均須預作評估後，向立法委員提出報告，以供立法委員作為立法的重要參考依據。

　　由於立法草案涵蓋至廣，涉及內政、外交、經濟、財政、國防、司法、教育、衛生、環境等，幾乎無所不包，且不無觸及各方專業知識，立法委員人人背景不同，法制局能預先研讀草案，加以評估，以供立法委員參酌，自有利於精準切合社會之立法需求，自屬必要，且具意義。

二、背景

　　《法醫師法》於 2005 年 12 月 28 日制定公布，迄今歷經三次修正。為因應立法院第 8 屆第 2 會期第 9 次會議，針對法醫師

DOI: 10.6134/tjfm.2015.0702.09
通訊作者：邱清華；10002 台北市中正區中山南路 7 號 3 樓，中華民國法醫師公會
E-mail: drchchiu@yahoo.com.tw

VIII 參加立法院法制局對《法醫師法》修法評估座談會之心得報告

養成,各項職責之可能性及必要性,檢驗員之角色定位,相驗、解剖及死因鑑定等業務,應否由醫師或病理醫師或法醫師職掌,法醫師具備醫師專業與否,是否需負責不同業務等問題,要求法務部於2年內重新檢討法醫師制度所作的「附帶決議」提出報告。因此,對行政院向立法院所提出的法案,須先製作評估報告。

三、行政院《法醫師法》修法草案擇要

行政院(法務部)以「專業、效能、正確、公信」為目標,依法醫師之專業如何區分,而得執行解剖屍體及死因鑑定業務。其修正草案主要重點如下:

(一)病理專科醫師可投入法醫領域,增定其得申請全部科目免試,逕以取得法醫師資格。

(二)擬一舉取消現行專科法醫師有病理、精神、臨床、牙科、毒物、生物等六種分科,僅剩餘「病理專科法醫師」為獨一專科。

(三)言明醫師、檢驗員得執行依刑事訴訟法規定之檢驗屍體業務。

(四)言明依刑事訴訟法規定,執行解剖屍體及死因鑑定業務由病理專科法醫師為之。

四、開會日期、地點

(一)2015年9月3日(星期四)上午 10:00

(二)於立法院之法制局第 305 室

五、參加人員

（一）主席：李組長淑娟

（二）報告撰寫人：李郁強女士、趙俊祥先生

（三）出席人員：

1. 學者專家：中華民國法醫師公會邱理事長清華
2. 行政機關代表：法務部檢察司賴科長玉佳、法務部法醫研究所王主任振中
3. 局內出席人員：陳副研究員瑞基、楊助理研究員芳苓

六、發言摘要

（一）邱清華理事長：

1. 台灣法醫問題就是在於沒有法醫資格的人在從事法醫工作，不尊重專業，是讓台灣法醫水準低落之肇因，醫師不是法醫師，令醫師從事法醫工作，其鑑定品質必令人擔憂不已。

2. 病理醫師不是法醫師，其僅有病理解剖專業，未接受完整的法醫 DNA、法醫毒物學、法醫牙科學、臨床法醫學、法律學等專業科目訓練，不足擔任法醫師的業務。

3. 檢驗員由於法醫專業訓練不足，恐難擔大任，不無影響相驗的正確性，且波及人權的維護，因此，3 年後（2018 年 12 月 28 日）可予退場，其階段性任

務業已完成，但其工作權仍應予保障，待遇也應予以維護，可派轉任辦理法醫助理或其他行政事務。
4. 病理醫師擬免試獲取法醫師資格，是違憲、違法的，不足可取。

（二）賴科長玉佳：
1. 認為新制法醫師專業背景不足。
2. 有必要延長醫師執行解剖的年限。
3. 認為病理醫師可免試成為法醫師，是為了提高病理醫師從事法醫工作意願。
4. 世界各國法醫師都是具有醫師資格，我國無須具醫師資格，關係到涉及事物之公信力，以及與外國接軌的問題。

（三）陳副研究員瑞基：
對於偏遠區域配置法醫師之人力不足時，是否可由醫師充任？

（四）王主任振中：
1. 為提升法醫鑑定品質，因而設置台大法醫學研究所，目前培育人數已經30餘人，但法務部地檢署員額不能增加。
2. 邱清華教授的確是草擬《法醫師法》重要成員，該法沒有抄襲中國大陸或其他國家，而是考量我國實際的需要，本人亦曾參與草擬。

七、討論

(一) 綜觀該評估報告，並參與評估座談會，深感主事者對台灣法醫現況具有深切瞭解，觀察敏銳，對解決方案亦有精闢的見解，令人讚佩。

(二) 邱清華理事長為法醫界受邀之學者專家，其所發表意見甚多與該評估報告之觀點，不謀而合，所見略同，令人欣慰。

(三) 對法務部所提修法草案，遠離現實，不合情理，又有違憲違法之嫌，恐非妥適。

(四) 唯一美中不足而有遺憾者，是允許檢驗員繼續長期留任，雖然係對其工作權的保障，尚可理解，然由於檢驗員受制於法醫專業養成不足，對法醫死因鑑定恐有力所不逮，難免影響人權保障及社會公益的維護，然而，此項小部分人的工作權若與全民的人權作相較，孰重孰輕，不言可喻。在權衡利害得失之下，應讓檢驗員享有優遇的退場機制，保障其官階及待遇，轉任他職，如此，空缺也可釋出，復可讓公職法醫師進場服務，以提高法醫相驗水平，方是良策。

八、結論

(一)《法醫師法》並未阻擋病理專科醫師投入法醫工作，惟法醫業務所涉不只病理學，病理專科醫師應接受全

Ⅷ 參加立法院法制局對《法醫師法》修法評估座談會之心得報告

部法醫專業學程,並通過法醫師考試,才能勝任法醫師工作。

(二) 病理專科醫師並未具備法醫師所應具備之所應有之知能,病理專科醫師欲取得病理專科法醫師資格,仍應循經專科法醫師訓練,而非逕取而得。

(三) 行政院擬廢除高考法醫師之法醫解剖資格,則法醫解剖鑑定品質恐難提升。司法案件之法醫鑑定是「非病死」之死因鑑定,可能涉及毒物、血液、分子生物等,與其解剖由病理專科醫師為之,不如建議照原規定由法醫師為之較妥。

(四) 草案第 11 條配合第 9 條之提議修正,保障檢驗員之工作權,第 1 項增列「檢驗員」。

(五) 規定法醫師只能作檢驗屍體而不能解剖屍體,讓解剖屍體、死因鑑定報告之製作專屬於病理專科法醫師,並不妥適。

(六) 草案第 44 條宜須由主管機關全盤衡量各區域及業務之需要,指定適當的醫學院或其附設醫院設置法醫部門,方能達到目的。

(七) 在法醫教學訓用制度已逐漸步入正軌,過去委託醫師執行檢驗、解剖屍體業務應隨之日落。唯為避免在發生重大災難需醫師協助解剖、驗屍的情況,建議將醫師執行檢驗、解剖屍體業務,改為但書規定。

（八）維護檢驗員之工作權，亦須提供檢驗員在職進修管道。

（本文原刊載於：台灣法醫學誌，7卷2期（2015年），頁20-22。）

Ⅷ 參加立法院法制局對《法醫師法》修法評估座談會之心得報告

法醫鑑定攸關正義，法醫資格應由國家考試獲得

華筱玲
國立台灣大學醫學院法醫學研究所 所長

一、《法醫師法》事關全民之司法人權，不應該在未全盤考慮且未充分討論時，匆匆修法。

二、《法醫師法》當年立法時，對法醫制度有許多深入探討及評估，所以才立法，考慮法律之穩定性，目前並無充分理由在未全盤考慮下修法。

三、專業分工的時代早已來臨，法醫師的專業訓練不應被忽略。本所欣見病理科醫師經完整學習及訓練考取執照後執行業務，但不能在未完整學習、訓練及考試後直接取得執照。

四、本所學生不論甲組或乙組，都經過許多法醫相關專業課程的訓練及見、實習才能畢業，參加國家考試，他們的專業知識及能力，不容抹煞。

五、病理解剖與司法解剖不同，本所乙組學生與台灣大學醫學系學生一起上課（課程包括：大體解剖學與實習、組

DOI: 10.6134/tjfm.2015.0702.10
通訊作者：華筱玲；10002 台北市中正區中山南路 7 號，國立台灣大學醫學院法醫學研究所
E-mail: hwahl013@ms10.hinet.net

織學、生理學甲、胚胎學、微生物學免疫學及實驗、法醫學、臨床醫學總論一、臨床醫學總論二、臨床醫學總論三、法醫檢驗醫學、病理學甲及實驗、藥理學、藥理學實驗、寄生蟲學甲、臨床實（見）習學、環境與健康、生物統計與流行病、衛生政策與健康保險……等）及考試，與台大醫學系學生相同的試卷且必須 70 分才及格，經過如此嚴格的學習過程才能畢業，還要經過國家考試取得法醫師資格，不能因為他們不是醫學系畢業，就認為他們畢業後沒有資格以法醫師專業身分作司法解剖。

考入本研究所且經過漫長學習及嚴格考核畢業的學生，都是以「法醫師」為職志的學生，所以願意到深山荒野或在解剖室、不避腐臭，認真從事專職法醫師工作，且對法醫學潛心研究。本所畢業之法醫師，在地檢署能不論週末、假日、夜晚及時作司法解剖，對法醫工作敬業樂業的態度應受肯定，與病理科醫師比較，以「法醫師」為職志的法醫師，當然比較適合作包括司法解剖的法醫工作。

（本文原刊載於：台灣法醫學誌，7 卷 2 期（2015 年），頁 23。）

IX

第九章──
第九時期：脫離險境（2016～）

冤案不斷，政府卻爛搞《法醫師法》

李俊億
國立台灣大學醫學院法醫學研究所 教授

　　行政院會（2015年）5月21日通過《法醫師法》部分條文修正草案，將送請立法院審議。其重點有二，一、病理專科醫師可以免試取得法醫師考試及格資格，二、法醫解剖只能由病理專科法醫師為之。此次修法幾乎是將《法醫師法》規範之法醫專業訓練與考試制度徹底取消，令人驚訝行政院是否自我感覺良好，法醫鑑定品質無須再求精進？法務部究竟是要維護病理醫師之跨行就業權？抑或應維持法醫鑑驗品質、保障人權？令人憂心。

　　只消幾個月的時間，政府就忘了近年來媒體聚焦之重大刑案疑雲，如蘇建和案、江國慶冤死案、南投四死案、日月明功案及洪仲丘案等，其中之法醫鑑定爭議不斷且鑑定者皆為病理專科醫師之法醫師，顯示《法醫師法》要提高鑑定品質之立法目標尚待努力，尤其法務部作為上述爭議案件之主管機關，未

DOI: 10.6134/tjfm.2015.0702.13
通訊作者：李俊億；10002 台北市中正區中山南路7號，國立台灣大學醫學院法醫學研究所
E-mail: jimlee@ntu.edu.tw
（本文彩色圖，請至電子期刊瀏覽 http://doi.org/10.6134/tjfm）

IX 冤案不斷，政府卻爛搞《法醫師法》

見檢討該等病理醫師之法醫鑑定能力與責任，卻急於開放病理專科醫師免試取得法醫師資格，令人不解。猶記江國慶冤死案發生時，總統震怒指示要全面檢討，不要怕家醜外揚。如今這些冤案的鑑定責任有檢討嗎？有誰在乎嗎？如果這些病理醫師有接受《法醫師法》規範的法醫專業訓練之學程，或許這些被害者家屬可以早日看到正義。

台大法醫學研究所教授李俊億表示，《法醫師法》部分條文修正草案，令人憂心（資料照，記者張嘉明攝）

如果這些病理醫師有接受《法醫師法》規範的法醫專業訓練之學程，或許這些被害者家屬可以早日看到正義。圖左為冤死士兵江國慶母親（資料照，記者楊國文攝）

《法醫師法》並未阻擋病理專科醫師投入法醫工作，只是病理醫師不應有特權，應與所有醫師一樣，接受法醫專業學程與通過法醫師專技高考，才能擔任法醫師工作，以確保法醫鑑定之品質。此次修法法務部並未徵詢法醫學界及團體之意見，卻一意孤行，希望行政院懸崖勒馬停止修法，並要求法務部檢

討上述冤案法醫鑑定疏失之責任,提升法醫鑑定品質,避免再生冤獄。(台大法醫學研究所教授、台灣法醫學會理事長)

(本文原刊載於:台灣法醫學誌,7卷2期(2015年),頁29-30。)

IX 冤案不斷，政府卻爛搞《法醫師法》

《法醫師法》修法為何獨厚病理科醫師？

姚崇略
高雄地方法院檢察署 檢察官

　　6月14日某病理科醫師投書談〈誰能讓屍體說話〉，其中論及《法醫師法》的修法，如何讓更多病理科醫師投入法醫工作，筆者對此稍有瞭解，故為文回應。

　　法醫師為解剖工作，當然必須要有基礎的醫學知識，才能正確判斷死者因何原因而死，但是到底發生什麼事情才導致該死因的出現，那就是檢察官應該要調查的事情，一個死亡案件，不會因為法醫解剖鑑定後就可以結案，所以就算法醫師能讓屍體說話，恐怕也只是說出一半罷了。法醫師與檢察官可以說是一種相互協力的關係，而不是像該醫師所說，法醫師係隸屬在檢察官之下。

　　「法醫病理專科醫師由病理專科醫師取得」這句話，筆者贊同，但也只說對了一半。既然該病理科醫師也肯認「法醫師應該是比病理醫師更高層次」，那麼病理醫師要獲得法醫師資格就必須依照現行《法醫師法》，修習法醫學相關課程，並通

DOI: 10.6134/tjfm.2015.0702.15
通訊作者：姚崇略；80144 高雄市前金區河東路188號，高雄地方法院檢察署
（本文彩色圖，請至電子期刊瀏覽 http://doi.org/10.6134/tjfm）

IX 《法醫師法》修法為何獨厚病理科醫師?

過考試後取得。但法務部日前提出修正草案,讓病理醫師免試取得法醫師資格,理由竟然是因為擔心病理科醫師沒時間準備法醫師考試。這麼「貼心」的舉措,不知道法務部是真心認為這樣的方式可以提升解剖鑑定水準,還是只為了保障病理科醫生「兼職」當法醫的權利?

法醫師為解剖工作,當然必須要有基礎的醫學知識,才能正確判斷死者因何原因而死(資料照,記者楊政郡攝)

依現行《法醫師法》考試通過的法醫師,無一不是修習法醫學相關課程並經過考評後,在其現在的崗位上兢兢業業工作,但法務部不是想辦法安排讓這些「全職」法醫師在工作之餘可以接受另外的病理課程訓練,以將來取得病理專科法醫師資格,提升整體解剖鑑定品質,而是用荒唐的理由要求修法,讓病理科醫師免試取得法醫師的資格,這種獨厚病理科醫師的作法,不知是為了什麼?(高雄地檢署檢察官)

(本文原刊載於:台灣法醫學誌,7卷2期(2015年),頁33。)

法醫與病理各有所長

翁德怡
國立台灣大學醫學院法醫學研究所 副教授

　　法醫學的定義是「法律」加上「醫學」,並非只加上「病理學」,「法醫學」應為一項專業。無可否認的「法醫病理學」是「法醫學」一門重要的次專科,但是「法醫病理學」並不等於「法醫學」。我相信病理科醫師可以經過一段時間的研究,對於「法醫解剖學」就有相當的瞭解。但就像「醫學」相對於「藥學」一樣,雖然臨床醫師人人都會開藥,當初藥劑師在推動藥事法時也有很多醫生也大力反對,但現在大家都承認,因為有了藥師的調劑權,對病人的用藥安全增加了許多保障。

　　法醫學應該是綜合現場、法醫解剖、法醫毒物、法醫分子生物學、甚至是臨床法醫學、法醫精神醫學等綜合判斷的一項科學。如果我國的法醫學若只偏向某一次領域,極有可能造成結果的誤判(這之前已經有許多慘痛的教訓)。類似情況也發生在臨床醫學上,曾經有一段時間,醫界過度強調專科,甚至是次專科領域的結果,造成心臟科醫生只會看心臟相關問題,

---

DOI: 10.6134/tjfm.2015.0702.26
通訊作者:翁德怡;10002 台北市中正區中山南路 7 號,國立台灣大學醫學院法醫學研究所
E-mail: wengtei2@ntu.edu.tw

IX 法醫與病理各有所長

腸胃科醫生只會腸胃問題，如此的分科精細，其實會陷急症病人於極度危險中。舉例來說，病人胸痛來急診就診，可能是屬於心臟科領域的急性心肌梗塞、也可能是心臟外科領域的主動脈剝離、也可能是胸腔內科領域的肺炎、也可能是胸腔外科領域的氣胸、也可能是腸胃內科領域的胃食道逆流、也可能是一般外科領域的腸胃道穿孔，如果醫界只有縱向專精各領域的醫生，而沒有橫向綜合鑑別診斷的第一線醫生，豈不是陷病人於極度危險之中，所以醫界近年也極力反思，積極推動全面的醫學教育，若我們將法醫退縮侷限於「法醫病理」領域，豈不是與時代潮流脫軌。故我認為應該訓練一個第一線的全面性的法醫師，先找出問題，再進行深入性縱向的全面思考，這樣才能對我國司法正義有所提升。

我國病理科醫師有限，可否請法務部先調查，國內的病理科醫師若經過法醫病理專科訓練，有多少人願意「全力」投入第一線法醫師相關工作，否則徒有具領有「法醫師」執照的醫師，卻缺少從事「法醫師」實際工作的醫師，這樣對我國的司法正義提升有何幫助？這和我國護理目前面臨的困境類似，其實全國領有護士或護理師執照的人很多，但只有50%領有執照的人從事第一線護理工作，所以護理師仍是十分缺乏的。

再者病理科醫師平時臨床醫學工作十分繁重，除了例行解剖外，是否仍有餘力就提升我國法醫水準而努力？大家都知道現在的世界是一個「大數據」的時代，雖然我國的治安良好在

《法醫師法：催生與革新》

世界上名列前茅，但無可否認的歹徒的施暴方式也在全面改變進化中，若我們不盡力建立國人犯罪相關行為手段、現場跡證、被害傷勢等相關資料庫，建立國人死亡案件的相關資產，加以分析，我國的司法正義將難以提升。舉例來說，近年來世界各國無不盡力發展「死後影像診斷」的相關研究，也就是利用電腦斷層或核磁共振來推測死者的死因，雖然此項影像虛擬檢查目前仍不及法醫解剖學的完整，但是影像檢查還是有相當的優點，尤其是具有再現性，可以彌補解剖後無法復原的不足，且影像學可以重組、影像擬真化，些日新月異的科學技術，應用在法庭上的案件陳述，可以增加法官、家屬、及其他相關人士對案情的瞭解，比起血淋淋的照片，對於家屬的二次傷害也可以降低、對事實的重建也有相當的助益。此一專門學問，在國外（甚至是大陸）都已經行之有年，但我國卻未曾採用，原因就在於我國真正第一線從事法醫的人力不足，無法有人投入的資料蒐集和研究。若之後僅靠病理科醫師投入法醫相關臨床工作，請容我說一個殘忍的現實面，病理科醫師從事臨床病理研究所得到期刊點數，遠大於投稿法醫期刊所得到的點數，試問病理科醫生真的會願意投入法醫相關研究嗎（此研究不是指學術象牙塔裡的研究上，是指能應用在國人司法正義上的相關研究）？若一直無人投入資料蒐集分析，我國落後世界的法醫水準可能不只以 10 年論，我想是落後 20 到 30 年。大家也都知道犯罪的手段具有相當的地域性和特異性，故本土資料的建立，

IX 法醫與病理各有所長

絕非到時候去買歐美日本的資料就可以急起直追的。此資料庫的建立，對於以後現場第一線檢察官決定死者是否需要解剖，一定會有所幫忙，如此也可以大為減輕檢察官在第一現場的壓力。

我們很高興病理科醫師也有意願投入法醫師的行列，但誠如以上所說，第一線的法醫師是一個橫向的領域，病理科醫師的專長是縱向的瞭解，所以培育橫向的第一線法醫師，再和有經驗的法醫解剖醫師密切合作，建立我國犯罪的資料庫，如此對於我國司法正義的提升才能有所助益。

（本文原刊載於：台灣法醫學誌，7卷2期（2015年），頁51-52。）

讓專業培養專業化

陳珮珊
國立台灣大學醫學院法醫學研究所 助理教授

　　台灣醫學人才濟濟，在相關領域皆有卓越的表現，優秀成績是全民有目共睹，然各領域蓬勃精進之際，遺憾獨缺法醫學之發展。原法醫師來源為醫師轉任，由於民俗文化的關係，僅使少數醫師願意投身台灣法醫學領域，在 2004 年之前，僅由少數專職的前輩先進苦撐，但一門科學的發展，若無人才的投入與完善的教育培養，實難成為成熟、進步的科學，更何況這門科學所呈現的證據將為法庭判案上的重要依據；幸而 2004 年，國家為解決專職法醫師不足之窘境，成立台大法醫學研究所，銜負起培養優秀、專業、專職之法醫師，同時招收醫師與一般醫學院畢業之學生就讀，給予法醫專業訓練，學習法醫學知識，須通過台大醫學系與法醫所的各項嚴格修課考試、與考取法醫師執照及高考錄取後，方能成為公職法醫師，於各地檢署服務，此乃解決台灣專業法醫師人數不足，為台灣枯涸已久的法醫學注入活血。然而，近日提出《法醫師法》修正條文第 4 條之 1

DOI: 10.6134/tjfm.2015.0702.27
通訊作者：陳珮珊；10002 台北市中正區中山南路 7 號，國立台灣大學醫學院法醫學研究所
E-mail: paishanchen@ntu.edu.tw

Ⅸ 讓專業培養專業化

「為鼓勵病理專科醫師投入法醫領域,增訂其得申請全部科目免試以取得法醫師考試及格資格。」此提案將使台灣積極栽培「專業」法醫師的《法醫師法》形同虛設,我們的法醫師栽培教育至今不過十年,與其他歐美先進國家相比不過在學步階段,因此,法醫學是門政府亟需重視的科學,也是門亟需由國家積極發展的科學,它是為了伸張正義而存在,是為解決人民法律問題而存在,絕非因為「鼓勵」而可犧牲法醫學的嚴肅專業性,此絕非人民之福!

(本文原刊載於:台灣法醫學誌,7卷2期(2015年),頁53。)

法醫專業化，不容走回頭路

財團法人民間司法改革基金會（新聞稿）

目前《法醫師法》第 3 條及第 4 條規定，要擔任法醫師者，須受法醫學之專業訓練，並通過國家考試，始得擔任法醫師，由此以確保法醫之專業性。然而，法務部卻以「充裕法醫業務人力」為由，欲修法讓病理醫師不必受法醫訓練並且免試，只要申請即可取得法醫師資格。這種作法讓法醫喪失專業，必須反對。

法醫師具有不同於病理醫師之專業。因為病理醫師的訓練是為了確認「病死」之病因（如肝病、腎臟病、肺病……等），而法醫則須確認「非病死或疑似非病死」者之死亡方式，究竟是自殺、他殺，或是意外。這部分判定所需之訓練與病理醫師之訓練十分不同。讓病理醫師直接免試取得法醫師資格，可能會因欠缺專業而作出錯誤之死因鑑定而製造冤錯案。例如江國慶冤案之法醫即出身病理醫師，卻因為不懂 DNA 鑑定，錯指江國慶涉案。

少數壟斷國內解剖案件，出身病理醫師的法醫師，正是這次退步修法的推手。他們因為任職於法務部法醫研究所，或是與法醫研究所關係良好，取得大量的解剖業務，由此大賺外快

DOI: 10.6134/tjfm.2015.0702.11
通訊作者：財團法人民間司法改革基金會；10486 台北市中山區松江路 90 巷 3 號 7 樓

（因為按件計酬）。此可參 2014 年 4 月 9 日監察院調查報告中的數據（如表1）。

表 1　法務部法醫研究所解剖鑑定法醫師之酬勞統計

法醫所編制內法醫師（共 3 名）			
姓名	解剖（件）	死因鑑定（件）	年度支領之薪酬總額（元）
蕭○平	345	359	4,264,423
潘○信	405	406	4,053,248
曾○元	104	104	2,588,780
合計	854	869	10,906,451
陳○宏	278	271	5,177,000
饒○東	298	295	5,621,000
孫○棟	276	284	5,364,000
合計	852	850	16,162,000

註：法務部法醫研究所102年度編制內之3名法醫師與承辦案件量前3高之兼任法醫師，所辦理案件數量暨相關薪酬情形。這些法醫師不僅要跑遍全國接案，兼任者也可能還有其本職，平均下來將近一天一件的業務量，是否能保有高品質，實在令人懷疑。

　　前述法醫師不去反省退步修法的缺失，甚至還阻礙現行《法醫師法》的推行。按照目前的《法醫師法》，若經法醫學研究所畢業並且通過實習者，即可報考法醫師考試，考試及格者即取得法醫師之資格，得執行法醫師之業務。這項立法是因應過去我國以公費培養兼具醫生資格之法醫師，所有學生於完成學業後，皆不願成為專職法醫師而去當醫師的窘境。為了解決此窘境，法醫學研究所開放讓非醫學系畢業者報考，規定其須補

修醫學院之學分,但限制其不得擔任醫師,僅能擔任法醫師,由此已培訓出一批年輕一輩之公職法醫師。但是前述法醫師藉口這些公職法醫師不具「醫師」資格,不願指導這些年輕一輩之公職法醫師解剖,也不允許其執行解剖業務,自己繼續壟斷解剖業務,造成法醫界傳承上的斷層。

因此我們呼籲,立法院不應通過法務部所推動之退步《法醫師法》修法,相關權責單位並應有效解決少數法醫壟斷解剖業務,法醫傳承出現斷層之現象,以符現行法制,強化法醫之專業性。

【時間】2015 年 10 月 5 日(一)上午 10:00 ～ 10:30

【地點】立法院中興樓 103 室(台北市濟南路一段 3 之 1 號)

【出席】中華民國法醫師公會理事長邱清華博士
　　　　國立台灣大學醫學院法醫學科暨研究所教授李俊億老師
　　　　民間司法改革基金會董事長林永頌律師
　　　　冤獄平反協會執行長羅士翔律師

【新聞連絡人】國立台灣大學醫學院法醫學科暨研究所教授李俊億老師
　　　　　　民間司法改革基金會董事長林永頌律師

民間司法改革基金會
反對《法醫師法》部分條文修正記者會新聞稿
2015 年 10 月 5 日 10:00 發出

(本文原刊載於:台灣法醫學誌,7卷2期(2015年),頁24-25。)

法務部製造「法醫大肥貓」的真相——並以修改《法醫師法》作為加持

財團法人民間司法改革基金會

一、自一甲子以來，台灣法醫人才凋敝，法醫水準低落，影響司法公正、國家治安與人權保障至鉅。迄今，六十多年來，台灣醫學系畢業生有 6 萬餘人，然從事專職法醫師工作者，僅寥寥 4 人，嚴重不符國家需求，法醫師荒之狀況甚為嚴重。

二、有鑑於斯，培育法醫人才係國家的重大政策，立法院於 2005 年 12 月 28 日通過《法醫師法》，規定成立法醫學研究所，獨立培育養成「法醫師」，衝破法醫師原限由醫師出任的藩籬，除招收醫師（甲組，2 年制）外，另招收醫學院相關科系畢業生（乙組，5 年制，即須多增修 3 年醫學系相關課程及實習等，合計 5 年）。二組畢業均授予法醫學「碩士」學位，得報考「法醫師」高考，取得相同的「法醫師」資格。國人期待有專業能力的法醫新血加入法醫鑑定行列，一新國人耳目，安定社會人心。

DOI: 10.6134/tjfm.2015.0702.12
通訊作者：財團法人民間司法改革基金會；10486 台北市中山區松江路 90 巷 3 號 7 樓

三、台大醫學院法醫學研究所係台灣首一、唯一的法醫學府，自 2004 年成立以來，目前依據《法醫師法》通過訓練與考試及格者已有 48 位畢業生，其中 12 位法醫師期待能到地檢署擔任公職法醫師，但因無員額，導致成流浪法醫師。

四、此次法務部擬修訂《法醫師法》欲保送「病理醫師」免受訓、免考試即可取得法醫師資格，除將破壞國家考試制度外，亦將嚴重影響法醫鑑定品質。

五、病理醫師原即可循受訓與考試方式取得法醫師資格。

六、法醫的主要業務是執行刑事訴訟法規定的「法醫屍體相驗」及「法醫屍體解剖」，其「鑑定」報告是司法偵查、起訴、裁判的重要依據。然而，目前的法醫困境是，多年來「法醫屍體相驗」係由僅受過 6 個月短期法醫訓練的「檢驗員」擔綱，其鑑定品質能不令人憂心？甚至部分地區連「檢驗員」也不足，只好委請一般開業醫師以「榮譽法醫師」的名義來兼任幫忙，以免停屍過久，無法下葬或火葬而造成民怨。可是，開業醫師並非法醫專業，他們在醫學院求學期間，僅修習 1 學分之「法醫學」課程，甚或完全未修，如何能有夠品質的法醫相驗水準？

七、其次，在「法醫屍體解剖」方面，即當發現屍體為非「自然死／病死」時，則由檢察官要求「法醫師」進行「法醫屍體解剖」，問題是「法醫師」何處尋？綜觀全台灣

亦不過才有 4 名「公職」法醫師而已。多年來，係由「法務部法醫研究所」以外包、約聘、傭兵、兼任方式延聘在醫學院、醫院擔任病理醫師，派遣至全省各地執行「法醫屍體解剖」。然而，病理醫師之專業為鑑定「病死」之病因（如肝病、腎臟病、肺病……等）；而「法醫屍體解剖」主要是鑑定「非病死或疑似非病死」之「死亡方式」（如自殺、意外、或他殺而死），二者之專業及目標各不相同，因此，縱使部分病理醫師曾赴國外學習法醫解剖者也算在內，全國可執行法醫解剖的病理醫師僅屬少數 15 人，而實際從事法醫解剖者僅約為 10 人，然幾乎集中在少數 3~4 人之手。

八、然而，問題是由於延聘病理醫師從事「法醫屍體解剖」者，集中於少數人，惟因法務部每年編列 4,000 萬元的「法醫解剖費」（約 2,000 例）是以發放外快的方式，解剖 1 例，給付新台幣 19,000 元，故依案件之多寡，有時一日為趕業績可解剖 3~4 具，便可日進 6~7 萬元。然而，上述「法醫屍體解剖」採取外聘派遣兼任制的臨時措施，竟相沿成習，一施數十年，將異常變為正常，蓋主管機關從未思作改革，以致各地檢署原有法醫師職缺不予補實，卻將其員額改作他用，徒呼奈何？

九、尤有進者，「法醫屍體解剖」長期為少數病理醫師所壟斷之下，而各地檢署又無「法醫師」缺額之情況下，此

IX 法務部製造「法醫大肥貓」的真相──並以修改《法醫師法》作為加持

種因陋就簡,不求進步,各種謬誤的解剖鑑定,層出不窮,如江國慶案等,影響人權、人命及有違社會正義至鉅。

十、不論是《法醫師法》在當初進行立法以及最近醞釀促成修法,甚至宣稱要廢《法醫師法》的過程中,徹底反對《法醫師法》最烈的,原來就是這些少數外聘兼任「法醫解剖」的病理醫師。他們反對法醫新制度、反對訓練法醫新血、反對法醫師執行解剖、反對臨床法醫、⋯⋯等,總之,他們徹頭徹尾反對《法醫師法》,反對法醫改革,傾盡全力作梗,成為法醫新制度的絆腳石,然他們為何如此?經詳加追究,發掘真相結果,原來癥結所在,是他們因執行「法醫屍體解剖」所獲龐大利益實在太誘人了,好得不願放手!也不知放手了!因此,勢必反對到底了!這話怎麼說呢?

十一、查法務部法醫研究所每年編列有「法醫屍體解剖」費用 4,000 萬元,每年解剖屍體約 2,000 具,幾乎集中為少數專任(三位)及外聘兼任(三位)病理醫師所包辦,每人一年有高達約數百萬元之額外收入,俗稱「外快」,但外快卻遠超過其現有公職之薪資,竟達二倍以上,令人嘖嘖稱奇,驚嘆不已!這也是近年來,該少數病理醫師一再反對「法醫法」及新制「法醫師」的主要原因。

十二、根據監察院趙昌平委員及沈美真委員「調查報告」（2014年4月9日）「有關法務部法醫研究所解剖案件配置機制等情」顯示委外之兼任法醫師（取前3名），每人外快都在500萬元以上，其本職若為400多萬元，二者合計將進千萬元矣（如表1）！實駭人聽聞，不愧為最高收入的公教人員了（按總統薪資僅約600多萬元）。但是否有違「公務員服務法」、「教育人員任用條例」、「公立各級學校專任教師兼職處理原則」，相關大學聘書、大學附設醫院醫師領取專勤獎勵金承諾書等規定，不無疑慮。

表1 法務部法醫研究所解剖鑑定法醫師之酬勞統計

法醫所編制內法醫師（共3名）			
姓名	解剖（件）	死因鑑定（件）	年度支領之薪酬總額（元）
蕭○平	345	359	4,264,423
潘○信	405	406	4,053,248
曾○元	104	104	2,588,780
合計	854	869	10,906,451
陳○宏	278	271	5,177,000
饒○東	298	295	5,621,000
孫○棟	276	284	5,364,000
合計	852	850	16,162,000

註：法務部法醫研究所102年度編制內之3名法醫師與承辦案件量前3高之兼任法醫師，所辦理案件數量暨相關薪酬情形。這些法醫師不僅要跑遍全國接案，兼任者也可能還有其本職，平均下來將近一天一件的業務量，是否能保有高品質，實在令人懷疑。

十三、查「法醫肥 」的作為雖為其個人行為，但唯此驚人之收入影響法醫新制度的發展，且其蓄意阻檔法醫新血投入法醫解剖鑑定行列，有礙法醫發展，影響法醫品質、且使法醫新血投閒置散，無缺可就，浪費國家人才，不言可喻。如此行徑，如此巨額外快，如此肥貓，社會公義何在？令人不得不正面迎對此項既有利益者，對其所作所為的種種為一己之私的行為，加以譴責，為期弘揚社會公平正義，並祈早日落實《法醫師法》新制度，敬請主持公義，嚴正查處，是所至禱。

十四、以上所述種種俱係實情，為期發現真實，應請主管機關法務部迴避，以免有介入袒護之嫌，敬請即由客觀中立的「行政院人事管理總處」及教育部，依法查處之。

民間司法改革基金會
反對《法醫師法》部分條文修正記者會新聞稿
2015 年 10 月 5 日 10：00 發出

（本文原刊載於：台灣法醫學誌，7 卷 2 期（2015 年），頁 26-28。）

全國法醫學術團體共同聲明
（修法前）

李俊億[*]・邱清華[**]・華筱玲[***]
[*] 台灣法醫學會 理事長
[**] 中華民國法醫師公會 理事長
[***] 國立台灣大學法醫學研究所 所長

一、主旨

本次行政院之《法醫師法》修法提案，將造成法醫鑑定品質無以確保之後果，建議立法院應予全案退回。

二、緣由

行政院會 2015 年 5 月 21 日通過《法醫師法》部分條文修正草案（合計 17 條），此次修法將推翻法醫師之專業學程與考試取才制度，讓病理專科醫師可以特權免試取得法醫師考試及格資格，與法醫解剖限制只能由病理醫師之法醫師為之。

三、理由

（一）法醫與病理專業不同，病理醫師在醫學生時期僅選修至多 2 學分之法醫學，若通過修法，法醫鑑定品質將難以確保。

（二）法醫冤案，如蘇建和案、江國慶冤死案、南投四死案、日月明功案及洪仲丘案等，其中之法醫鑑定爭議不斷且鑑定者皆為病理專科醫師之法醫師，顯示未經受訓與考試及格之病理醫師之法醫鑑定能力應有問題。

（三）現行《法醫師法》並未阻擋病理專科醫師投入法醫工作，病理醫師不應有特權，應與所有醫師同等待遇，接受法醫專業學程與通過法醫師專技高考，才能擔任法醫師工作，以確保法醫鑑定之品質。

（四）此次修法，法務部並未徵詢法醫學界及團體之意見，卻一意孤行，令人遺憾。

四、建議

（一）本次修法提案破壞法醫制度，將造成法醫鑑定品質無以確保，應予全案退回行政院。

（二）要求政府追究國人矚目之蘇建和案、江國慶冤死案、南投四死案、日月明功案及洪仲丘案等法醫鑑定疏失之責任，提升法醫鑑定品質，避免再生冤獄。

（本文原刊載於：台灣法醫學誌，7卷2期（2015年），頁2。）

全國法醫學術團體共同聲明（修法後）

李俊億 [*] **・邱清華** [**]
[*] 台灣法醫學會 理事長
[**] 中華民國法醫師公會 理事長

　　今日（2015 年 12 月 11 日）立法院三讀通過《法醫師法》修正案，使法醫制度走向正確的發展，使法醫師有機會執行其所應有的屍體相驗與解剖的職務，期待有精確的法醫鑑定，有助於司法偵查與裁判的執行。由於近日媒體報導頗有被誤導，甚至有認為法醫界阻擋醫師參與法醫工作，事實上絕非如此，只要醫師修習法醫專業課程，並經考試及格，即可成為法醫師的一員，共為保障人權，伸張社會公義而努力。

　　《法醫師法》於 2005 年 12 月 28 日立法通過公布實施，法醫師已經與醫師徹底分流，事實上，二者職業內涵的確不同，醫師是負責治療疾病，法醫師是職司司法鑑定，實為二種不同的專業人員。法律遵從也有所不同，一為《醫師法》，一為《法醫師法》，各有依據。主管機關亦各異，一為衛福部，一為法

DOI: 10.6134/tjfm.2015.0702.03
通訊作者：李俊億；10002 台北市中正區中山南路 7 號，國立台灣大學醫學院法醫學研究所
E-mail: jimlee@ntu.edu.tw

務部。醫師與法醫師性質有異,各有不同的任務,醫師是醫師,法醫師是法醫師,不容混淆。

此次修法成功,承蒙朝野各黨派及法務部等官署,經獲得共識,群策群力,經立法院司法暨法制委員會審議,終獲三讀通過,全國法醫界謹致敬意,並表由衷的謝忱。

(本文原刊載於:台灣法醫學誌,7卷2期(2015年),頁3。)

「法醫師法」邁向新境界
——向下扎根，向上提升

邱清華

中華民國法醫師公會 理事長
台灣法醫學會 前理事長
台灣冤獄平反協會 常務監事

一、背景

（一）2016年5月20日，民進黨執政，國民黨成為在野黨，角色互換，政黨輪替已成為民主政治常態。然而，無論何者執政掌權，我們關心的是司法的改革與人權的維護，而法醫是肩負著司法鑑定的使命，對今後台灣法醫專業的發展，自備加關注。

（二）「法醫師法」於2015年12月11日修訂，通過其第9條：「依刑事訴訟法規定所為之檢驗屍體，除本法另有規定外，由法醫師、檢驗員為之。解剖屍體，除本法另有規定外，由法醫師為之。」尤有進者，該法復明確規定：「醫師不得執行刑事訴訟法規定之檢驗、解剖

DOI: 10.6134/tjfm.2016.0801.05
通訊作者：邱清華；10002 台北市中正區中山南路7號3樓，中華民國法醫師公會
E-mail: drchchiu@yahoo.com.tw

屍體業務。」（第 48 條）至此，法醫師的專業地位得以確立，是法醫發展的重要里程碑。

(三) 總統蔡英文在競選時提出的司法改革政見，其中有一項就是：「充實檢、警、調之偵察器材及鑑識設備，建立證據蒐集及鑑識作業標準，研議設立鑑識科學之專責機構，提升科學辦案能力，藉以確保法務科學之可靠及可信性。」

(四) 值此時空背景，法醫前境如何？值得關心。

二、新局面、新發展

(一) 限法醫師，方可解剖

由於「法醫師法」修訂，明確規定只有法醫師才可作屍體解剖，至於屍體檢驗，限由法醫師或檢驗員方可執行。醫師因非法醫專業，故原擬欲侵占、獨占法醫解剖的專業，恐也不易達成。因此，期待法醫界從此可以擺脫醫師全聯會與病理學會的糾纏，其實該二團體洵屬無辜，只是被少數病理醫師（指擬獨攬法醫解剖的野心家）所挾持利用而不自知。

(二) 向下扎根，在地發展

嗣後，全國所有各地檢署均必須聘用合格的法醫師執行屍體解剖。惟法醫師的解剖技術尚有待加強，此因以往受限於法醫解剖訓練不足的困境，法務部當局應積極辦理法醫解剖補強方案，使全體法醫師皆具有精湛的屍體解剖專業，負起解剖及

鑑定的職責，以求最終可達到的是，每一地檢署均有能力獨立執行法醫解剖及鑑定，無須倚賴外援便可作業，而在當地就可以順利完成，法醫專業得以向下扎根，提升解剖效率，縮短待剖時間，無負全體國民之期待。

(三) 向上提升，客觀公正

向上提升，客觀公正：由於法醫屍體解剖幾乎全被法務部法醫研究所完全獨攬壟斷，尤有進者，該所所作法醫解剖及鑑定，並無任何專業機關可予以監督，而其解剖鑑定卻又頻頻出包（如蘇建和案、江國慶案、鄭性澤案等），顯示其品質令人憂心。何況，此種在法務系統，球員兼裁判的作法，為人所詬病久矣！基於上述，成立一個高階的、客觀的、獨立的再鑑定組織，有其必要，除可監督法務部法醫研究所外，並需負責訂定法醫鑑定政策、綱領、標準作業程序（SOP）等，必要時，得進行實驗室覆鑑、實地查驗、文書查證等作業。

(四) 發起呼籲，組新機關

民間司法改革基金會（司改會）發起呼籲設立國家級司法科學組織單位，推動司法科學政策，中華民國法醫師公會及台灣法醫學會亦曾參與發起。此項呼籲若被新政府所採納，則法醫鑑定勢必也納入其中，因為法醫學原即係司法科學的重要的一支，吾等寄以厚望矣！

三、結論：期待「法醫鑑定團隊」建制完成

（一）奮鬥多年，呈現成果

回顧前塵，推動「法醫師法」立法迄今，已整整經過了 14 年頭，無非是冀望台灣法醫鑑定的水準得以提升，法醫人才供應豐沛，法醫學術能夠與國際接軌。如今看來，雖已有初步的成效，但與目標仍有一段距離，有待大家繼續共同努力奮鬥。

（二）法醫鑑定，精益求精

在實務方面，打破法醫解剖由中央壟斷的陋規後，必須迅速建立三級制的「法醫鑑定團隊」，也就是：各地檢署負責執行第一線的法醫相驗、法醫解剖及法醫鑑定；法務部法醫研究所擔負疑難雜症的處理及複雜案件的解剖，這是第二級；如果仍有爭議未決的個案，則須送最高級司法科學組織單位，進行最終的鑑定，提升時效，以利司法偵察、審判的終結。如此一個完整的系統性法醫體系，如能順利運作，法醫鑑定水準必然突飛猛進，人民對司法鑑定信心將大為增強，亦即「法醫鑑定團隊」建制終獲完成之時矣！

（本文原刊載於：台灣法醫學誌，8 卷 1 期（2016 年），頁 44-45。）

X

第十章──
第十時期：邁入新境（2017）

後語：感動與感謝

邱清華
中華民國法醫師公會 理事長
台灣法醫學會 前理事長
國立台灣大學法醫學科 前代主任
中華民國消費者文教基金會 前董事長

2015年12月11日，立法院通過的《法醫師法》修正案，是台灣法醫發展史上最重要的里程碑之一，期待從此擺脫醫師全聯會十多年來的糾纏。

《法醫師法》是針對台灣法醫的惡劣生態，打破數十年來，法醫解剖、鑑定，被少數病理醫師所壟斷的困結，《法醫師法》是一重要的解方。如今，修法之後，冀望可發揮其撥亂反正的功效。

《法醫師法》立法自公布迄今，已足足滿10周年，在立法前，首由台大法醫學科（台灣唯一）發動、鼓吹、宣傳、爭取，就耗費了3年8個月的日子，如此迄今，一共過了近14個年頭了，回首前塵，往事依稀，波濤駭浪，司法改革，豈是一件容易的事！

DOI: 10.6134/tjfm.2015.0702.01
通訊作者：邱清華；10002 台北市中正區中山南路7號3樓，中華民國法醫師公會
E-mail: drchchiu@yahoo.com.tw

Ⅹ 後語：感動與感謝

　　法醫鑑定在本質上，是人權的維護與社會公義的伸張，也是人生最後一次人權保障關卡。在台灣法醫發展史上，另一重要里程碑，就是在多年前，於總統府人權諮詢委員會上，蘇友辰委員／律師首提催生法醫師法案，其時，尤美女律師、陳耀昌醫師、及本人亦均係委員，共同協力，終獲通過，得在行政與立法過程中更為暢通，促使法醫改革更跨出一大步。

　　此次修法過程中，可謂艱辛備嘗，處在第一線的尤美女委員備受同儕及醫界壓力，其堅忍不拔的精神，令人贊佩。感謝林岱樺委員大力支持。顏寬恒委員主張法醫師考試制度必須維護，是明確的方向。陳耀昌教授協調立法委員支持，熱誠可嘉。蔣念祖主任說服執政黨黨鞭，在被阻擋邊緣下，力挽狂瀾，功不可沒。朱琬琳助理是支援內外的溝通大使，集中力量，發揮作用，終獲成功。司法改革基金會林永頌董事長及各位伙伴多月來動員力量，媒體應對，發揮效果。冤獄平反協會羅士翔執行長，穩定守護，支持有加。還有，遠在台中的蔡崇弘教授，發出正義之聲，令人感動。此外，台大法醫所李俊億教授、郭宗禮教授、華筱玲所長、翁德怡副教授、陳珮珊助理教授及本人，全體師生、畢業生，群策群力，共同投入。至於其他直接、間接關心、支援法醫改革的前輩與朋友，更令人感受到人間的溫暖，滿懷著感動與感謝。

　　這是一幅溫馨的畫面，讓我們携手共同為法醫公義再邁進吧！

附錄一：《法醫師法》（未修正版）

現在法規名稱：法醫師法

修正時間：中華民國 102 年 1 月 16 日

立法沿革：中華民國 102 年 1 月 16 日總統華總一義字第 10200007561 號令修正公布第 53 條條文

第一章　總則

第 1 條　為健全法醫師制度，提昇鑑驗水準、落實人權保障、維護社會正義及促進民主法治，特制定本法。

第 2 條　本法之主管機關為法務部。

第 3 條　中華民國人民經法醫師考試及格，並經主管機關核發證書者，得充任法醫師。

第 4 條　具有下列各款資格之一者，得應法醫師考試：

　　一、公立或立案之私立大學、獨立學院或符合教育部採認規定之國外大學、獨立學院法醫學研究所畢業，並經實習期滿成績及格，領有畢業證書。

　　二、公立或立案之私立大學、獨立學院或符合教育部採認規定之國外大學、獨立學院醫學、牙醫學、中醫學系、科畢業，經醫師、牙醫師、中醫師考試及格，

領有醫師、牙醫師、中醫師證書,且修習法醫學程,並經法醫實習期滿成績及格,或經國內外法醫部門一年以上之法醫專業訓練,領有證明文件。前項第一款法醫學研究所應修課程,另以細則定之。

第 5 條　有下列情事之一者,不得充任法醫師:
一、曾受一年有期徒刑以上刑之裁判確定。但因過失犯罪者,不在此限。
二、曾犯毒品危害防制條例之罪,經裁定觀察勒戒、強制戒治或判刑確定。
三、依法受廢止法醫師證書處分。
四、曾任公務人員而受撤職處分,其停止任用期間尚未屆滿,或現任公務人員而受休職、停職處分,其休職、停職期間尚未屆滿。
五、經中央衛生主管機關指定之醫療機構證明有精神障礙或其他心智缺陷,致不能勝任法醫師職務。
六、受監護或輔助宣告。

前項第一款至第三款情事,其已充任法醫師者,撤銷或廢止其法醫師資格,並追繳其證書;有前項第四款至第六款情事,其已充任法醫師者,於各該款原因消滅前,停止其業務之執行。

第 6 條　法醫師經完成專科法醫師訓練,並經主管機關甄審合格者,得請領專科法醫師證書。

專科法醫師之分科及甄審辦法,由主管機關會同中央衛生主管機關定之。

第 7 條 非領有法醫師證書者,不得使用法醫師名稱。

非領有專科法醫師證書者,不得使用專科法醫師名稱。

第 8 條 請領法醫師證書,應填具申請書及檢具資格證明文件,送請主管機關核發。

第二章　檢驗及解剖屍體

第 9 條 依刑事訴訟法規定所為之檢驗或解剖屍體,非法醫師或受託執行之執業法醫師,不得為之。

第 10 條 屍體經檢驗後,有下列情形之一者,法醫師應以書面建請檢察官為解剖屍體之處分:

一、死者之配偶或直系血親請求解剖。

二、可疑為暴力犯罪致死。

三、死因有危害社會公益或公共衛生之虞。

四、送達醫療院所已死亡,且死因不明。

五、於執行訊問、留置、拘提、逮捕、解送、收容、羈押、管收、保安處分、服刑等過程中死亡。

六、軍人死亡,且死因不明。

七、意外事件中之關鍵性死亡者。

八、未經認領顯可疑為死因不明之屍體。

九、其他非解剖無法查明死因。

> 附錄一:《法醫師法》(未修正版)

第 11 條 法醫師檢驗屍體後,應製作檢驗報告書;解剖屍體後,應製作解剖報告書;鑑定死因後,應製作鑑定報告書。
前項文書製作之格式,由主管機關定之。

第三章 執業

第 12 條 未具有醫師、牙醫師、中醫師資格而領有法醫師證書者,依聘用人員聘用條例或公務人員任用法規定,在司(軍)法、行政機關擔任法醫師職務連續滿二年且成績優良者,始得申請執行法醫師鑑定業務。
具有醫師、牙醫師、中醫師資格而領有法醫師證書者,在司(軍)法、行政機關擔任特約法醫師或榮譽法醫師職務連續滿二年且成績優良者,始得申請執行法醫師鑑定業務。
前二項申請,由主管機關審查;其審查辦法,由主管機關定之。

第 13 條 法醫師之執業項目如下:
一、人身法醫鑑定。
二、創傷法醫鑑定。
專科法醫師之執業項目如下:
一、性侵害法醫鑑定。
二、兒童虐待法醫鑑定。
三、懷孕、流產之法醫鑑定。

四、牙科法醫鑑定。

五、精神法醫鑑定。

六、親子血緣法醫鑑定。

七、其他經主管機關指定之法醫鑑定業務。

第 14 條 法醫師應向主管機關申請執業登記，領有執業執照，始得執業。

法醫師執業，應接受繼續教育，並每六年提出完成繼續教育證明文件，辦理執業執照更新。

第一項申請執業登記之資格、條件、應檢附文件、執業執照發給、換發、補發與前項執業執照更新及其他應遵行事項之辦法，由主管機關定之。

第二項法醫師接受繼續教育之課程內容、積分、實施方式、完成繼續教育證明文件及其他應遵行事項之辦法，由主管機關定之。

第 15 條 有下列情形之一者，不得發給執業執照；已領照者，廢止之：

一、經撤銷或廢止法醫師證書。

二、經撤銷或廢止法醫師執業執照未滿二年。

第 16 條 法醫師執業，應加入法醫師公會。

法醫師公會不得拒絕有法醫師資格者入會。

第 17 條 法醫師歇業或停業時，應自事實發生之日起三十日內，報請主管機關備查。

法醫師復業者，準用關於執業之規定。

法醫師死亡者，由主管機關註銷其執業執照。

第 18 條 法醫師應親自執行業務，並製作紀錄，載明執業內容。

前項紀錄應親自簽名或蓋章，並加註執行年、月、日。

前項紀錄應保存二十年。

第四章　義務

第 19 條 法醫師應本於醫學專業知能，誠實公正態度執行職務，發現醫學真相及保障司法審判品質。

第 20 條 法醫師執行職務或業務受有關機關詢問、諮詢或委託鑑定時，不得為虛偽之陳述或報告。

第 21 條 法醫師除依前條規定外，對於因業務知悉或持有他人之秘密，不得無故洩漏。

第 22 條 法醫師對於災害之相關事項，有配合災害防救法執行之義務；違反者，依該法各該條規定處罰之。

第 23 條 法醫師執行職務或業務，應遵守誠實信用之原則，不得有不正當行為或違反、廢弛其職務或業務上應盡之義務。

第 24 條 法醫師不得以自己或他人名義，刊登招搖之啟事或廣告，或以其他不正當方式為宣傳。

第 25 條 法醫師執行職務或業務，發現罹患傳染病或疑似罹患傳染病者，應依傳染病防治法規定辦理。

第五章　公會

第 26 條　法醫師公會由法醫師十五人以上之發起組織之。法醫師公會應設於中央政府所在地。

第 27 條　法醫師公會由人民團體主管機關主管。但其目的事業,應受主管機關之指導、監督。

第 28 條　法醫師公會置理事、監事,於召開會員大會時,由會員大會選舉之,並成立理事會、監事會,其名額如下:

一、理事三人至九人。

二、監事一人至三人。

理事、監事任期均為三年,其連選連任者,不得超過二分之一;理事應分別互選常務理事,其名額不得超過理事總額三分之一,並應由理事就常務理事中選舉一人為理事長。但監事僅有一人者,其連任以一次為限。

第 29 條　法醫師公會應訂定章程,造具會員名冊及選任職員簡歷名冊,送請人民團體主管機關立案,並送主管機關備查。

法醫師公會應訂定倫理規範,送主管機關備查。

第 30 條　法醫師公會之章程,應載明下列事項:

一、名稱及會所所在地。

二、宗旨、組織任務或事業。

三、會員之入會及出會。

四、會員應納之會費及繳納期限。

五、理事、監事名額、權限、任期及其選任、解任。

六、會員大會及理事會、監事會會議之規定。

七、會員應遵守之公約。

八、經費及會計。

九、章程之修改。

十、其他處理會務之必要事項。

第 31 條　法醫師公會有違反法令、章程者,人民團體主管機關得為下列之處分:

一、警告。

二、撤銷其決議。

三、撤免其理事、監事。

四、限期整理。

前項第一款、第二款處分,亦得由主管機關為之。

第六章　獎懲

第 32 條　法醫師對法醫學研究或業務發展有重大貢獻者,主管機關應予表揚或獎勵。

第 33 條　法醫師有下列情事之一者,由主管機關或法醫師公會移付懲戒:

一、犯罪之行為,經判刑確定。但因過失犯罪者,不在此限。

二、業務上重大或重複發生過失行為。

三、執行業務違背法醫師倫理規範或法醫師公會章程之行為,情節重大。

四、其他業務上不正當行為。

法醫師公會對於應付懲戒之法醫師,得經會員大會或理事、監事聯席會議之決議,送請法醫師懲戒委員會處理。

第 34 條 法醫師懲戒之方式如下:
一、警告。
二、申誡。
三、限制執業範圍或停止執行業務二個月以上二年以下。
四、廢止執業執照。
五、廢止法醫師證書。

第 35 條 法醫師移付懲戒事件,由法醫師懲戒委員會處理之。

法醫師懲戒委員會應將移付懲戒事件,通知被付懲戒之法醫師,並限其於通知送達之翌日起二十日內提出答辯或於指定期日到會陳述;未依限提出答辯或到會陳述者,法醫師懲戒委員會得逕行決議。

被懲戒人對於法醫師懲戒委員會之決議有不服者,得於決議書送達之翌日起二十日內,向法醫師懲戒覆審委員會請求覆審。法醫師懲戒委員會、法醫師懲戒覆審委員會之懲戒決議,應送由主管機關執行之。

> 附錄一：《法醫師法》（未修正版）

第 36 條　法醫師懲戒委員會、法醫師懲戒覆審委員會之委員，應就不具民意代表身分之法醫學、法學專家、學者及社會人士遴聘之，其中法學專家、學者及社會人士之比例不得少於三分之一。

法醫師懲戒委員會及法醫師懲戒覆審委員會之設置、組織、會議召開、懲戒與覆審處理程序、決議方式及其他應遵行事項之辦法，由主管機關定之。

第 37 條　未具法醫師資格，擅自執行本法規定之法醫師業務者，處六月以上五年以下有期徒刑，得併科新臺幣三十萬元以上一百五十萬元以下罰金，其所使用之器械沒收之。但有下列情形之一者，不適用之：

一、合於第四條規定之實習。

二、醫師、醫事檢驗師或其他專門職業及技術人員，依其專門職業法律執行業務，而涉及本法所定業務。

三、行政機關及學校從事鑑定之人員，依相關法律、組織法令規定執行職務或業務，而涉及本法所定業務。

第 38 條　違反第七條規定者，處新臺幣三萬元以上十五萬元以下罰鍰。

第 39 條　違反第十四條第一項、第二項、第十六條、第十七條第一項或第二項規定者，處新臺幣二萬元以上十萬元以下罰鍰，並令限期改善；屆期未改善者，按次連續處罰。

第 40 條 違反第十八條第一項規定,或將法醫師證書、專科法醫師證書租借他人使用者,處新臺幣五萬元以上二十五萬元以下罰鍰,併處限制執業範圍、停業處分一個月以上六個月以下或廢止其執業執照;情節重大者,並廢止其法醫師證書。

第 41 條 違反第十八條第二項、第三項、第二十條或第二十一條規定者,處新臺幣二萬元以上十萬元以下罰鍰。

第 42 條 法醫師受停業處分仍執行業務者,廢止其執業執照;受廢止執業執照處分仍執行業務者,得廢止其法醫師證書。

第 43 條 本法所定之罰鍰、限制執業範圍、停業、廢止執業執照及廢止法醫師證書,由主管機關處罰之。

第七章　附則

第 44 條 醫學院或其附設醫院、一定規模以上之教學醫院,應設置法醫部門;其設置辦法,由中央衛生主管機關會同相關機關定之。

第 45 條 司(軍)法、行政機關法醫師之任用、俸給、考績、獎懲、退休、撫卹、資遣等,適用公務人員有關規定。

第 46 條 本法施行前,依醫事人員人事條例規定任用之現職法醫師,經改依公務人員任用法任用後,其以相當醫事級別參加考績等次,准予比照原銓敘審定合格實授職等考績等次合併計算,依公務人員考績法第十一條第一項規

X 附錄一：《法醫師法》（未修正版）

定，按年核算取得高一職等任用資格；於取得薦任第九職等資格後，所餘考績及年資，得比照合併計算為公務人員任用法第十七條第二項規定之考績及年資；未具公務人員任用資格者，適用原有關法律規定。

第 47 條 本法施行前，經公務人員高等考試或相當之特種考試法醫師考試及格者，得請領法醫師證書。

本法施行前，曾任法務部所屬機關之法醫師，經依法銓敘審定有案者，得請領法醫師證書。

本法施行前，具有下列資格之一者，得於本法施行後三年內，申請取得法醫師證書，執行第十三條所列之業務：

一、具有醫師資格，經司（軍）法機關委託，於國內各公私立醫學校院或教學醫院實際執行檢驗及解剖屍體業務或法醫鑑定業務，連續五年以上。

二、具有醫師資格，經國防部或法務部所屬機關聘為法醫顧問、榮譽法醫師、兼任法醫師及特約法醫師，實際執行檢驗及解剖屍體業務或法醫鑑定業務，連續五年以上。

前項申請辦法，由主管機關定之。

第 48 條 醫師自本法施行屆滿九年起，不得執行刑事訴訟法規定之檢驗、解剖屍體業務。

第 49 條 檢驗員自本法施行屆滿十二年起,不得執行刑事訴訟法規定之檢驗屍體業務。

第 50 條 本法於軍事檢察機關執行檢驗及解剖屍體時,除軍事審判法另有規定外,準用之。

第 51 條 主管機關依本法核發證書或執業執照時,應收取證書費、審查費及執照費;其收費標準,由主管機關定之。

第 52 條 本法施行細則,由主管機關定之。

第 53 條 本法自公布後一年施行。

本法中華民國九十八年十二月十五日修正之條文,自九十八年十一月二十三日施行。

本法中華民國一百零一年十二月五日修正公布之條文,自一百零一年十二月二十八日施行。

Ⅹ 附錄一:《法醫師法》(未修正版)

附錄二：《法醫師法》（修正版）

法規名稱：法醫師法

修正時間：中華民國 104 年 12 月 11 日

公布日期：中華民國 104 年 12 月 23 日

立法沿革：1. 中華民國九十四年十二月二十八日總統華總一義字第 09400212571 號令制定公布全文 53 條；並自公布後一年施行

2. 中華民國九十八年十二月三十日總統華總一義字第 09800324451 號令修正公布第 5、53 條條文；並自九十八年十一月二十三日施行

3. 中華民國一百零一年十二月五日總統華總一義字第 10100269311 號令修正公布第 48 條條文；並自公布後一年施行

4. 中華民國一百零二年一月十六日總統華總一義字第 10200007561 號令修正公布第 53 條條文

5. 中華民國一百零四年十二月二十三日總統華總一義字第 10400150821 號令修正公布第 5、9、48、53 條條文；刪除第 49 條條文；並自公布日施行

Ⓧ 附錄二：《法醫師法》（修正版）

第一章　總則

第 1 條　為健全法醫師制度，提昇鑑驗水準、落實人權保障、維護社會正義及促進民主法治，特制定本法。

第 2 條　本法之主管機關為法務部。

第 3 條　中華民國人民經法醫師考試及格，並經主管機關核發證書者，得充任法醫師。

第 4 條　具有下列各款資格之一者，得應法醫師考試：
一、公立或立案之私立大學、獨立學院或符合教育部採認規定之國外大學、獨立學院法醫學研究所畢業，並經實習期滿成績及格，領有畢業證書。
二、公立或立案之私立大學、獨立學院或符合教育部採認規定之國外大學、獨立學院醫學、牙醫學、中醫學系、科畢業，經醫師、牙醫師、中醫師考試及格，領有醫師、牙醫師、中醫師證書，且修習法醫學程，並經法醫實習期滿成績及格，或經國內外法醫部門一年以上之法醫專業訓練，領有證明文件。
前項第一款法醫學研究所應修課程，另以細則定之。

第 5 條　有下列情事之一者，不得充任法醫師：
一、曾受一年有期徒刑以上刑之裁判確定。但受緩刑之宣告，緩刑期滿而未經撤銷，或因過失犯罪者，不在此限。

二、曾犯毒品危害防制條例之罪，經裁定觀察勒戒、強制戒治或判刑確定。

三、依法受廢止法醫師證書處分。

四、曾任公務人員而受撤職處分，其停止任用期間尚未屆滿，或現任公務人員而受休職、停職處分，其休職、停職期間尚未屆滿。

五、罹患精神疾病或身心狀況違常，經主管機關委請二位以上相關專科醫師諮詢，並經主管機關認定不能執行業務。

六、受監護或輔助宣告，尚未撤銷。

有前項第一款至第三款情事，其已充任法醫師者，撤銷或廢止其法醫師資格，並追繳其證書；有前項第四款至第六款情事，其已充任法醫師者，於各該款原因消滅前，停止其業務之執行。

第 6 條　法醫師經完成專科法醫師訓練，並經主管機關甄審合格者，得請領專科法醫師證書。

專科法醫師之分科及甄審辦法，由主管機關會同中央衛生主管機關定之。

第 7 條　非領有法醫師證書者，不得使用法醫師名稱。

非領有專科法醫師證書者，不得使用專科法醫師名稱。

第 8 條　請領法醫師證書，應填具申請書及檢具資格證明文件，送請主管機關核發。

Ⓧ 附錄二:《法醫師法》(修正版)

第二章　檢驗及解剖屍體

第 9 條　依刑事訴訟法規定所為之檢驗屍體,除本法另有規定外,由法醫師、檢驗員為之。

解剖屍體,除本法另有規定外,由法醫師為之。

第 10 條　屍體經檢驗後,有下列情形之一者,法醫師應以書面建請檢察官為解剖屍體之處分:

一、死者之配偶或直系血親請求解剖。

二、可疑為暴力犯罪致死。

三、死因有危害社會公益或公共衛生之虞。

四、送達醫療院所已死亡,且死因不明。

五、於執行訊問、留置、拘提、逮捕、解送、收容、羈押、管收、保安處分、服刑等過程中死亡。

六、軍人死亡,且死因不明。

七、意外事件中之關鍵性死亡者。

八、未經認領顯可疑為死因不明之屍體。

九、其他非解剖無法查明死因。

第 11 條　法醫師檢驗屍體後,應製作檢驗報告書;解剖屍體後,應製作解剖報告書;鑑定死因後,應製作鑑定報告書。

前項文書製作之格式,由主管機關定之。

第三章　執業

第 12 條　未具有醫師、牙醫師、中醫師資格而領有法醫師證書者，依聘用人員聘用條例或公務人員任用法規定，在司（軍）法、行政機關擔任法醫師職務連續滿二年且成績優良者，始得申請執行法醫師鑑定業務。

具有醫師、牙醫師、中醫師資格而領有法醫師證書者，在司（軍）法、行政機關擔任特約法醫師或榮譽法醫師職務連續滿二年且成績優良者，始得申請執行法醫師鑑定業務。

前二項申請，由主管機關審查；其審查辦法，由主管機關定之。

第 13 條　法醫師之執業項目如下：

一、人身法醫鑑定。

二、創傷法醫鑑定。

專科法醫師之執業項目如下：

一、性侵害法醫鑑定。

二、兒童虐待法醫鑑定。

三、懷孕、流產之法醫鑑定。

四、牙科法醫鑑定。

五、精神法醫鑑定。

六、親子血緣法醫鑑定。

七、其他經主管機關指定之法醫鑑定業務。

Ⅹ 附錄二：《法醫師法》（修正版）

第 14 條 法醫師應向主管機關申請執業登記，領有執業執照，始得執業。

　　　　法醫師執業，應接受繼續教育，並每六年提出完成繼續教育證明文件，辦理執業執照更新。

　　　　第一項申請執業登記之資格、條件、應檢附文件、執業執照發給、換發、補發與前項執業執照更新及其他應遵行事項之辦法，由主管機關定之。

　　　　第二項法醫師接受繼續教育之課程內容、積分、實施方式、完成繼續教育證明文件及其他應遵行事項之辦法，由主管機關定之。

第 15 條 有下列情形之一者，不得發給執業執照；已領照者，廢止之：

　　　　一、經撤銷或廢止法醫師證書。

　　　　二、經撤銷或廢止法醫師執業執照未滿二年。

第 16 條 法醫師執業，應加入法醫師公會。

　　　　法醫師公會不得拒絕有法醫師資格者入會。

第 17 條 法醫師歇業或停業時，應自事實發生之日起三十日內，報請主管機關備查。

　　　　法醫師復業者，準用關於執業之規定。

　　　　法醫師死亡者，由主管機關註銷其執業執照。

第 18 條 法醫師應親自執行業務，並製作紀錄，載明執業內容。

　　　　前項紀錄應親自簽名或蓋章，並加註執行年、月、日。

　　　　前項紀錄應保存二十年。

第四章　義務

第 19 條 法醫師應本於醫學專業知能，誠實公正態度執行職務，發現醫學真相及保障司法審判品質。

第 20 條 法醫師執行職務或業務受有關機關詢問、諮詢或委託鑑定時，不得為虛偽之陳述或報告。

第 21 條 法醫師除依前條規定外，對於因業務知悉或持有他人之秘密，不得無故洩漏。

第 22 條 法醫師對於災害之相關事項，有配合災害防救法執行之義務；違反者，依該法各該條規定處罰之。

第 23 條 法醫師執行職務或業務，應遵守誠實信用之原則，不得有不正當行為或違反、廢弛其職務或業務上應盡之義務。

第 24 條 法醫師不得以自己或他人名義，刊登招搖之啟事或廣告，或以其他不正當方式為宣傳。

第 25 條 法醫師執行職務或業務，發現罹患傳染病或疑似罹患傳染病者，應依傳染病防治法規定辦理。

第五章　公會

第 26 條 法醫師公會由法醫師十五人以上之發起組織之。
　　　　法醫師公會應設於中央政府所在地。

第 27 條 法醫師公會由人民團體主管機關主管。但其目的事業，應受主管機關之指導、監督。

Ⓧ 附錄二：《法醫師法》（修正版）

第 28 條 法醫師公會置理事、監事，於召開會員大會時，由會員大會選舉之，並成立理事會、監事會，其名額如下：
一、理事三人至九人。
二、監事一人至三人。
理事、監事任期均為三年，其連選連任者，不得超過二分之一；理事應分別互選常務理事，其名額不得超過理事總額三分之一，並應由理事就常務理事中選舉一人為理事長。但監事僅有一人者，其連任以一次為限。

第 29 條 法醫師公會應訂定章程，造具會員名冊及選任職員簡歷名冊，送請人民團體主管機關立案，並送主管機關備查。
法醫師公會應訂定倫理規範，送主管機關備查。

第 30 條 法醫師公會之章程，應載明下列事項：
一、名稱及會所所在地。
二、宗旨、組織任務或事業。
三、會員之入會及出會。
四、會員應納之會費及繳納期限。
五、理事、監事名額、權限、任期及其選任、解任。
六、會員大會及理事會、監事會會議之規定。
七、會員應遵守之公約。
八、經費及會計。
九、章程之修改。
十、其他處理會務之必要事項。

第 31 條 法醫師公會有違反法令、章程者，人民團體主管機關得為下列之處分：

一、警告。

二、撤銷其決議。

三、撤免其理事、監事。

四、限期整理。

前項第一款、第二款處分，亦得由主管機關為之。

第六章　獎懲

第 32 條 法醫師對法醫學研究或業務發展有重大貢獻者，主管機關應予表揚或獎勵。

第 33 條 法醫師有下列情事之一者，由主管機關或法醫師公會移付懲戒：

一、犯罪之行為，經判刑確定。但因過失犯罪者，不在此限。

二、業務上重大或重複發生過失行為。

三、執行業務違背法醫師倫理規範或法醫師公會章程之行為，情節重大。

四、其他業務上不正當行為。

法醫師公會對於應付懲戒之法醫師，得經會員大會或理事、監事聯席會議之決議，送請法醫師懲戒委員會處理。

Ⓧ 附錄二：《法醫師法》（修正版）

第 34 條 法醫師懲戒之方式如下：
一、警告。
二、申誡。
三、限制執業範圍或停止執行業務二個月以上二年以下。
四、廢止執業執照。
五、廢止法醫師證書。

第 35 條 法醫師移付懲戒事件，由法醫師懲戒委員會處理之。
法醫師懲戒委員會應將移付懲戒事件，通知被付懲戒之法醫師，並限其於通知送達之翌日起二十日內提出答辯或於指定期日到會陳述；未依限提出答辯或到會陳述者，法醫師懲戒委員會得逕行決議。
被懲戒人對於法醫師懲戒委員會之決議有不服者，得於決議書送達之翌日起二十日內，向法醫師懲戒覆審委員會請求覆審。
法醫師懲戒委員會、法醫師懲戒覆審委員會之懲戒決議，應送由主管機關執行之。

第 36 條 法醫師懲戒委員會、法醫師懲戒覆審委員會之委員，應就不具民意代表身分之法醫學、法學專家、學者及社會人士遴聘之，其中法學專家、學者及社會人士之比例不得少於三分之一。

法醫師懲戒委員會及法醫師懲戒覆審委員會之設置、組織、會議召開、懲戒與覆審處理程序、決議方式及其他應遵行事項之辦法，由主管機關定之。

第 37 條 未具法醫師資格，擅自執行本法規定之法醫師業務者，處六月以上五年以下有期徒刑，得併科新臺幣三十萬元以上一百五十萬元以下罰金，其所使用之器械沒收之。但有下列情形之一者，不適用之：

一、合於第四條規定之實習。

二、醫師、醫事檢驗師或其他專門職業及技術人員，依其專門職業法律執行業務，而涉及本法所定業務。

三、行政機關及學校從事鑑定之人員，依相關法律、組織法令規定執行職務或業務，而涉及本法所定業務。

第 38 條 違反第七條規定者，處新臺幣三萬元以上十五萬元以下罰鍰。

第 39 條 違反第十四條第一項、第二項、第十六條、第十七條第一項或第二項規定者，處新臺幣二萬元以上十萬元以下罰鍰，並令限期改善；屆期未改善者，按次連續處罰。

第 40 條 違反第十八條第一項規定，或將法醫師證書、專科法醫師證書租借他人使用者，處新臺幣五萬元以上二十五萬元以下罰鍰，併處限制執業範圍、停業處分一個月以上六個月以下或廢止其執業執照；情節重大者，並廢止其法醫師證書。

Ⅹ 附錄二:《法醫師法》(修正版)

第 41 條 違反第十八條第二項、第三項、第二十條或第二十一條規定者,處新臺幣二萬元以上十萬元以下罰鍰。

第 42 條 法醫師受停業處分仍執行業務者,廢止其執業執照;受廢止執業執照處分仍執行業務者,得廢止其法醫師證書。

第 43 條 本法所定之罰鍰、限制執業範圍、停業、廢止執業執照及廢止法醫師證書,由主管機關處罰之。

第七章　附則

第 44 條 醫學院或其附設醫院、一定規模以上之教學醫院,應設置法醫部門;其設置辦法,由中央衛生主管機關會同相關機關定之。

第 45 條 司(軍)法、行政機關法醫師之任用、俸給、考績、獎懲、退休、撫卹、資遣等,適用公務人員有關規定。

第 46 條 本法施行前,依醫事人員人事條例規定任用之現職法醫師,經改依公務人員任用法任用後,其以相當醫事級別參加考績等次,准予比照原銓敘審定合格實授職等考績等次合併計算,依公務人員考績法第十一條第一項規定,按年核算取得高一職等任用資格;於取得薦任第九職等資格後,所餘考績及年資,得比照合併計算為公務人員任用法第十七條第二項規定之考績及年資;未具公務人員任用資格者,適用原有關法律規定。

第 47 條　本法施行前，經公務人員高等考試或相當之特種考試法醫師考試及格者，得請領法醫師證書。

本法施行前，曾任法務部所屬機關之法醫師，經依法銓敘審定有案者，得請領法醫師證書。

本法施行前，具有下列資格之一者，得於本法施行後三年內，申請取得法醫師證書，執行第十三條所列之業務：

一、具有醫師資格，經司（軍）法機關委託，於國內各公私立醫學校院或教學醫院實際執行檢驗及解剖屍體業務或法醫鑑定業務，連續五年以上。

二、具有醫師資格，經國防部或法務部所屬機關聘為法醫顧問、榮譽法醫師、兼任法醫師及特約法醫師，實際執行檢驗及解剖屍體業務或法醫鑑定業務，連續五年以上。

前項申請辦法，由主管機關定之。

第 48 條　醫師自本法施行屆滿九年起，不得執行刑事訴訟法規定之檢驗、解剖屍體業務。但重大災難事故，或離島、偏遠地區遴用特約法醫師或榮譽法醫師後人力仍有不足時，不在此限。

第 49 條　（刪除）

第 50 條　本法於軍事檢察機關執行檢驗及解剖屍體時，除軍事審判法另有規定外，準用之。

X 附錄二：《法醫師法》（修正版）

第 51 條 主管機關依本法核發證書或執業執照時，應收取證書費、審查費及執照費；其收費標準，由主管機關定之。

第 52 條 本法施行細則，由主管機關定之。

第 53 條 本法自公布後一年施行。

　　　　本法中華民國九十八年十二月十五日修正之條文，自九十八年十一月二十三日施行。

　　　　本法中華民國一百零一年十二月五日修正公布之條文，自一百零一年十二月二十八日施行。

　　　　本法中華民國一百零四年十二月十一日修正之條文，自公布日施行。

國家圖書館出版品預行編目（CIP）資料

法醫師法：催生與革新 / 邱清華主編. -- 初版. --
新北市：華藝學術出版：華藝數位發行, 2018.03
　面；　公分
ISBN 978-986-437-146-4(平裝)
1.法醫師法 2.法醫師制度

589.56　　　　　　　　　　　　　107003525

法醫師法 催生與革新

主　　　編／邱清華
責任編輯／黃建豪
美術編輯／李佳叡
版面編排／劉又禎

發 行 人／常效宇
總 編 輯／張慧銖
發行業務／林書宇
共同單位／華藝學術出版社（Airiti Press）
地　　址：234 新北市永和區成功路一段80號18樓
電　　話：(02)2926-6006　傳真：(02)2923-5151
服務信箱：press@airiti.com

發　　　行／華藝數位股份有限公司
戶名（郵局／銀行）：華藝數位股份有限公司
郵政劃撥帳號：50027465
銀行匯款帳號：0174440019696（玉山商業銀行　埔墘分行）
Ｉ Ｓ Ｂ Ｎ／978-986-437-146-4
Ｄ Ｏ Ｉ／10.6140/AP.978-986-437-146-4
出版日期／2018年04月初版
定　　　價／新台幣480元

版權所有・翻印必究　　Printed in Taiwan
（如有缺頁或破損，請寄回本社更換，謝謝）